한 세기 전 막스 베버는 『프로테스탄티즘의 윤리와 자본주의 정신』에서 종교적 믿음이 개인과 집단의 경제 활동을 특정 방향으로 이끄는 심리적 효력을 발휘한다는 것을 보여 줬다. 미국의 성공회 신학자 캐스린 태너는 베버의 날카로운 통찰을 21세기 맥락으로 끌고 와서, 금융 지배 자본주의의 위협과 도전에도 무뎌지지 않을 참 사람됨과 풍성한 삶을 위한 신학적 비전을 역으로 제시한다. 베버가 근대 자본주의의 도래에서 칼뱅주의가 한 역할을 사회학적으로 분석했다면, 태너는 신학자로서 현대 자본주의의 폭정에 대한 대안을 찾고자 하나님의 은총을 채무, 상환, 교환 등의 경제 언어와 논리로 설명해 온 서방 기독교의 지혜를 재해석한다. 이로써 고리타분하거나 강압적인 교리주의적 접근 대신 현대인들이 일상에서 실제로 활용하는 익숙한 언어와 이미지를 통해 기독교와 자본주의, 신앙인으로서 정체성과 경제적 활동, 교리와 사회적 행동의 복잡한 관계를 과장 없이 성찰할 수 있는 도발적이면서도 진지하고, 지적이면서도 실천적인 장이 제시된다. 무엇이 현대인의 삶을 이토록 힘들게 만드는지 제대로 파악도 안 되고 주식과 부동산 투자 열풍이 마치 시대정신이라도 된 듯 우리의 마음을 사로잡고 있는 지금, 『기독교와 새로운 자본주의 정신』과 함께 답 없어 보이는 오늘날의 상황을 비판하고 넘어서며 치유하는 기독교 복음의 꺼지지 않는 생명력을 새롭게 경험하길 바란다.

김진혁 횃불트리니티신학대학원대학교 조직신학 부교수

막스 베버는 개신교 윤리와 자본주의의 발흥 사이에 선택적 친연성이 존재한다는 논지를 전개했는데, 태너는 이와 반대로 현대의 금융 자본주의와 기독교 신념은 양립할 수 없다는 주장을 펼치고 있다. 이 책을 읽는 독자들은 그동안 기독교 경제 담론을 장악했던 막스 베버의 논지에서 벗어나 신자유주의 금융 자본주의에 기독교적 알리바이를 제공하는 고리를 끊을 수 있는 단초를 제공받을 수 있을 것이다. 수익성, 효율, 무한 경쟁 속에서 자기 관리를 훈육하는 이 세계의 경제 질서에 문제를 제기하는 사람들에게 일독을 권한다.

최유진 호남신학대학교 조직신학 조교수

막스 베버는 자본주의와 기독교의 관계를 논하면서 개신교 윤리가 자본주의 발전에 기여한 바를 강조했고, R. H. 토니는 역으로 자본주의에 의해 기독교 정신이 오염되는 맥락을 추적했다. 캐스린 태너는 기독교 복음이 현대의 금융 자본주의에 대항하는 공동체 창출을 가능케 하는 잠재력을 지녔다는 데 주목하면서 베버-토니 논제의 테마를 새로운 차원으로 끌어올린다. 태너는 자본주의적 행태를 규정할 뿐 아니라 스스로 재생산을 거듭하는 자본주의 정신에 저항하여, 또한 일체의 영성을 포기한 현대 철학을 뒤로하며, 강력한 복음적 영성만이 근원적 변혁을 이끌 수 있다고 주장한다.

이 책에서는 시장, 기업, 일, 시간, 화폐를 주 매개로 하는 현대 금융 자본주의의 속성과 죄, 회개, 구원, 은혜, 복음으로 표명되는 기독교 원리를 형식상으로는 중첩 및 교차시키고 내용상으로는 대비시키면서, 행위(도덕과 선행)와 은혜뿐 아니라 종말에 대한 깊은 복음적 이해를 바탕으로 기독교 공동체의 가능성을 제시한다. 그 과정에서 저자는 포스트포드주의, 주주 자본주의, 유동성, 노동 유연화, 파생상품 등 우리에게 친숙한 개념들을 소환해 오늘날 금융이 어떻게 일의 성격을 변화시키고, 실물 경제와 분리된 채 어떻게 자체의 확대 재생산을 통해 고도의 수익성을 창출하며 정부, 기업, 개인의 경제 활동에 영향을 미치는지, 그리하여 금융 자본주의 하의 대표적 현상들, 이를테면 주주 자본주의의 강화와 파생상품의 범람이 어떻게 개인 간 경쟁과 불평등의 격화, 국가 복지 체계의 위기와 공동체주의의 파탄으로 이어지는지 조목조목 드러낸다. 무엇보다 저자는 루터, 칼뱅, 베버로 이어지는 개신교의 전통적 노동 윤리—소명 개념에 입각한—를 하나님의 뜻에서 분리시키면서, 일을 통한 성취가 아니라 하나님 및 이웃에 대한 의존성을 인정하는 종교적 기획만이 기독교 공동체를 이루는 길이라고 주장한다.

요컨대 이 책은 복음에 입각한 신학자가 그리스도인에게 들려주는 최고의 현대 자본주의 입문서이면서, 복음이 여하히 가장 근원적인 개혁으로 이어질 수 있는지 보여 주는 고급 교양서다. 현대 자본주의 질서 안에서 안정, 안락, 성공을 추구하는 것이 얼마나 반복음적 태도일 수 있는지, 거기서 살아남는 것 자체가 자칫 얼마나 큰 부채를 짊어지는 일인지 시사하면서 오늘날의 중산층 그리스도인들에게 빚진 자의 의식을 일깨운다. 나아가 신앙/경제 이원론이나 보수/자유 진영 양쪽의 단선적이고 거친 일원적 복음주의를 단숨에 무너뜨리는 동시에, 추상적이고 규범적인 신학적·철학적 사변이나 낭만적·인문학적 논의에 함몰된 채 엄혹한 현실에 대해서는 당위적 언명이나 안이한 침묵으로 일관하는 신학자, 목회자들에게 경종을 울린다. 나는 이 정도로 복음에 투철한 신학자가 이 정도로 정밀하게 현대 자본주의의 속성, 논리, 정신을 논파하며 진정한 복음주의의 당연한 귀결로서 근원적이고 전면적인 변화의 가능성을 제시한 경우를 본 적이 없다.

고세훈 고려대학교 공공행정학부 명예교수, 『R. H. 토니』 저자

이 책에서 캐스린 태너는 현재의 자본주의 신화의 공허함을 드러내고, 정교하고 도발적인 신학적 비전에 근거하여 인간의 안녕을 상상하는 대안적 방법을 제공한다. 금융 근본주의의 교묘한 폭압에 저항하는 힘을 길러 줄 대단히 중요한 책이다.

로완 윌리엄스 케임브리지 대학교, 전 캔터베리 대주교

캐스린 태너는 최고 수준의 뛰어난 기독교 신학자로서, 금융 자본주의에 가하는 그의 예언자적 비판은 강력하고 설득력 있다. 태너는 막스 베버의 고전을 관통하면서, 우리 시대에 상당히 들어맞는 적실성을 가지고 베버의 연구를 미묘하게 근본적으로 뒤집는다.

코넬 웨스트 하버드 대학교

다시 한번, 캐스린 태너는 분야를 뒤바꿨다. 태너가 제시하는 "개신교 반노동 윤리"는 기본적인 기독교 신앙과 이 시대의 자본주의가 심오한 차원에서 서로 양립할 수 없음을 신선하고 명쾌하며 아주 강렬한 방식으로 보여 준다.

이언 맥팔랜드 에모리 대학교

캐스린 태너는 평소처럼 정밀함과 명료성을 가지고, 어떻게 오늘날 우리가 똑같이 오래된 두 길 사이에서 선택해야 하는지 보여 준다. 우리는 '자본주의 정신'으로 규정된 삶을 살 수도 있고 예수 그리스도의 하나님을 따르며 살 수도 있다. 이 책은 더 나은 미래를 위한 길을 제안한다.
켈리 브라운 더글러스 유니온 신학교

우리 시대에, 자본주의는 금융 영역이 지배하며 그 통치권과 통치 범위에 대한 침해를 대부분 떨쳐 내고 우리를 생태 재앙으로 몰고 간다. 캐스린 태너는 기독교 신학이 이 상황에 대해 뭔가 중요하게 할 말이 있음을 놀랍도록 치밀하고 박식하며 설득력 있게 주장한다.
게리 도리언 유니온 신학교, 콜롬비아 대학교

자본주의는 스스로가 모든 것을 설명한다고 믿는다. 그러나 태너는 기독교의 문법이 이렇게 수그러들 줄 모르고 떠들어 대는 자본주의의 이야기를 어떻게 뛰어넘으며 훈계하는지 재기 넘치게 입증한다.
로렌 위너 듀크 신학대학원

기독교와 새로운 자본주의 정신

IVP(InterVarsity Press)는
캠퍼스와 세상 속의 하나님 나라 운동을 지향하는
IVF(InterVarsity Christian Fellowship)의 출판부로
생각하는 그리스도인을 위한 문서 운동을 실천합니다.

ⓒ 2019 by Kathryn Tanner
Originally published in English under the title
Christianity and the New Spirit of Capitalism by Yale University Press.
All rights reserved.

This Korean edition ⓒ 2021 by Korea InterVarsity Press
156-10 Donggyo-ro, Mapo-gu, Seoul 04031, Republic of Korea.
This Korean edition is published by arrangement of Yale Representation Limited
through rMaeng2, Seoul, Republic of Korea.

이 한국어판의 저작권은 알맹2를 통하여
Yale Represented Limited와 독점 계약한 IVP에 있습니다.
신 저작권법에 의하여 한국 내에서 보호받는 저작물이므로
무단 전재와 무단 복제를 금합니다.

기독교와 새로운 자본주의 정신

캐스린 태너
백지윤 옮김

Ivp

린 마리 톤스태드에게

악한 자들이 그 모습을 마음껏 드러내게 하라.
실험은 아직 끝나지 않았으니.

_이사벨 스탕제

차례

감사의 글 13

1장 새로운 자본주의 정신과 기독교의 반응 15
2장 과거의 사슬에 묶여 49
3장 전적 헌신 81
4장 오직 현재만 123
5장 또 다른 세상? 159
6장 어떤 세상? 193

주 251
찾아보기 269

감사의 글

이 책은 2010년에 헨리 루스 3세 연구 기금으로 시작되어, 2016년 봄에 든버러 대학교의 기포드 강연에서 발표할 때까지 6년 동안 연구와 저술이 계속되었다. 머무는 동안 환대를 베풀어 준 데이비드와 마고 퍼거슨 부부에게 깊이 감사드린다.

이 책을 시작해서 끝마칠 때까지 어려운 시간 동안 우정을 나누어 준 분들께 감사드리고 싶다. 캐서린 켈러(Catherine Keller), 버지니아 버러스(Virginia Burrus), 솔 올리안(Saul Olyan), 조이 맥두걸(Joy McDougall), 로럴 슈나이더(Laurel Schneider)와 에밀리 타운스(Emilie Townes), 빌 슈바이커(Bill Schweiker), 서린 존스(Serene Jones), 데이비드 뉴하이저(David Newheiser)와 알다 밸스롭-루이스(Alda Balthrop-Lewis), 미로슬라브 볼프(Miroslav Volf), 데일 마틴(Dale Martin), 쇼어 드라이브의 이웃들, 베릴 새터(Beryl Satter), 그리고 그 기간 예일 신학대학원의 공동체를 구성했던 모든 학생과 동료에게 감사드린다. 테레사 베르거(Teresa Berger), 재키 윈터(Jackie Winter), 가장 특별하게는 이 책을 헌정받는 린 마리 톤스태드(Linn Marie Tonstad), 이 특별한 세 사람은 최선을 다해 나를 보살펴 주었다.

많은 분이 이 책의 원고 전체나 일부를 읽고 의견을 말해 주었다. 그들 가운데는 예일 신학대학원에서 일과 부채에 관한 수업에 참여했던 석사 과정 학생들, 예일 대학교의 신학, 종교철학, 윤리학 분야의 박사 과정 학생들과 교수진[특히 라이언 다르(Ryan Darr), 제니퍼 허트(Jennifer Herdt), 존 헤어(John Hare)], 척 매트웨스(Chuck Mathewes), 캐런 킬비(Karen Kilby), 데이비드 뉴하이저, 대니얼 슐츠(Daniel Schultz), 패트릭 브레넌(Patrick Brennan), 러셀 키트(Russell Keat), 앤드루 프레봇(Andrew Prevot), 테드 스미스(Ted Smith), 예일대학교출판부의 독자 존 티엘(John Thiel), 이언 맥팔랜드(Ian McFarland)가 있다. 또한 예일대학교출판부의 담당 편집자 제니퍼 뱅크스(Jennifer Banks)의 노련한 안내는 내게 큰 도움을 주었다. 로나 존슨 고든(Rona Johnson Gordon)은 막판에 너무 긴 마지막 장의 분량을 줄이는 데 헤아릴 수 없이 귀한 도움을 주었다.

이들 모두는 각자 나에게 하나님의 은혜가 지적이고 선하며 매우 유능한 사람들을 통해 올 수 있음을 일깨워 주는 역할을 했다. 깊이 감사드린다.

1장
새로운 자본주의 정신과 기독교의 반응

이 책의 제목은 막스 베버(Max Weber)의 『프로테스탄티즘의 윤리와 자본주의 정신』(Protestant Ethic and the Spirit of Capitalism)을 떠올리게 한다.¹ 베버는 자본주의가 시작될 때 기독교적 헌신이 그 형성에 얼마나 중요한 역할을 했는지 논한다. 정말로, 자본주의가 사람들에게 한 요구, 즉 기본적 필요를 충족시키기 위해 해야 하는 것 이상으로 일하라는 그 요구의 기이함을 고려할 때, 베버는 자본주의가 시작될 때 기독교의 특정 믿음(혹은 경제 활동에 기능적으로 똑같은 결과를 가져오는 다른 것)이 거의 **필수적**이었음을 시사하는 데까지 나아간다.

베버는 특히 자본주의 초기, 즉 생계를 유지하는 다른 방식들이 존재하던 시절—예를 들어 자급 농업, 물물교환이나 단순 거래 등의 익숙한 방식으로 자활할 수 있었던 시절—에 자본주의 형태의 경제 조직이 요구하는 방식으로 기꺼이 행동하려는 사람들을 과연 어디에서 찾을 수 있었는지 의문을 제기한다. 베버에 따르면, 자본주의가 사람들에게 요구한 것에 관해 자명하거나 흔한 것은 하나도 없었다. 이러한 자명성 결핍을 증명하는 것은 이전의 전통적 삶의 방식을 파괴하는 자본주의의 성향이다.

정말로, 자본주의의 합리성이 당연한 것으로 받아들여지기 쉬운, 이미 산업화된 서구에서 저술하는 베버의 기획 일부는 자본주의를 부자연스럽게 보이도록 만드는 것이다. 그는 오직 자본주의를 문제시함으로써—그 존재와 가치를 지속적으로 고려하기 어렵게 만드는 문제점을 드러냄으로써—자본주의에 대해 자신이 제공하는 종류의 사회학적 설명의 필요성을 보여 줄 수 있다.

따라서, "경제적 수단을 의도적이고 조직적으로 이윤[이라는 목적]에 적응시키는 것"이 베버가 생각하기에 수요가 설정하는 어떤 한계에 대해서도 자유로워 보인다는 점에서, 자본주의는 인간적 기준에서 보기에 기이할 정도로 목적을 결핍하고 있다.[2] 다시 말해, 적어도 초기 단계의 자본주의는 이윤 추구를 행복이라는 목적과 분리시킨다. 그런 방식으로 돈 자체를 목적으로 만들고 근면 자체를 위한 근면을 권장한다. 돈을 아무리 많이 벌어도 만족하지 않는다. 물질적 필요가 충족되더라도 더 많은 돈을 추구하는 일을 잠재우지 못한다. 성취된 행복의 상태와 상관없이 사람들은 언제나 더 많은 돈을 원한다. 정말로, 사람들은 삶의 향유를 기꺼이—아마도 무기한으로—뒤로 미룬 채 더 많은 돈을 벌기 위해 더 열심히 일하는 쪽을 택한다.

자본주의의 전형인 모든 신중한 수단/목적—그런 의미에서 합리적인—계산에서, 이 모든 것에는 부자연스럽고 비합리적이기까지 한 무언가가 있다. 기본적인 물질적 필요 충족이라는 관점에서 본다면, 즉 누군가의 목적이 단순히 그 시대에 이미 정립된 기준에 따라 잘 사는 것이라고 한다면 말이다. 베버가 생각할 때 바로 그것이 자본주의가 시작되어 서구를 지배하기 전의 상황이었다. 베버에 따르면, "자본주의 아래에서는 [인간이] 돈벌이에, 삶의 궁극적 목적이 된 소유에 지배당한다. 경제적 소유는 더 이상 물질적 필요 충족을 위한 수단으로서 [인간에게] 종속되지 않는다. 순진한 관점에서는 너무도 비합리적으로 보이는, 우리가 자연적 관계라고 불러야 하는 것의 이 역전은 자본주의의 영향력 아래 있지 않은 모든 사람에게는 낯선, 자본주의의 결정적인 주요 원칙이 분명하다."[3]

베버는 사람들이 처음에 이런 방식으로 행동하게 된 동기를 종교적 이유가 아닌 다른 방식으로는 설명할 수 없다고 주장한다. 초기 자본주의가 지닌 호소력 뒤에는 종교적 동기가 있었으며, 바로 그것이 사람들이 다른 것을 선택할 수 있었을 때 기꺼이 자본주의를 계속기업(going concern)으로 삼은 이유를 설명해 준다는 것이다. 따라서 그가 볼 때 행복 추구가 아닌 이윤 추구를 위해 열심히 일하는 것이 우선권을 차지하게 된 것은, 그러한 행위가 그 사람의 궁극적 운명을 드러내는 징표로, 즉 사후 구원을 위해 하나님께 선택된 사람이라는 징표로 여겨졌기 때문이다. 이윤 추구를 위해 열심히 일하는 데는 특정한 물질적 목적이 없으며, 그런 방식으로 현세적 기준에서는 그렇게 일하는 것 자체가 목적이 되는데 이는 내세적 목적인 구원을 위한 그 일차적 중요성에 기초한다.[4]

보다 구체적으로, 베버가 생각하기에 이윤 추구를 목적으로 힘들게 일하는 것을 종교적 영향에 의해 심리적으로 승인하는 것은 이중 예정—하나님이 누구는 영원한 구원으로, 누구는 영원한 저주로 예정하신다—을 믿는 칼뱅주의자들 사이에서 절정에 이른다. 자신이 구원과 저주 중 어느 쪽을 위해 예정되었는지 걱정을 잠재우는 사실상 유일한 방법은 물질적 향유에 관심을 두지 않은 채 매일의 행위에서 외양상 절제된 성품을 드러내는 것이다. **만약** 하나님께 은혜를 받아 선택받은 자들 가운데 있다면, 그런 사람이 일상적으로 추구하는 것은 냉정하게 자기를 절제하고 절도가 있으며 향락을 좇지 않을 것이고, 그런 방식으로 일종의 의도하지 않은 결과로 자본주의의 요구에 고분고분할 것이다.

베버는 근면의 의무와 책임을 뒷받침하던 종교적 믿음이 약화될 때에도 그러한 의무와 책임 자체는 남는다고 생각한다. 베버가 그렇게 생각하던 20세기 초 산업 자본주의 전성기 상황이 정말로 그랬다. 사업이 삶의 필수적인 부분이 되었다는 것 외에는 정확하게 왜 그런지 모른 채, "사업이 [사업가를 위해] 존재하는 것이 아니라, [사업가가] 사업을 위해 존재하게" 된 것이다.[5] 사업가가 자신의 부에서 얻는 것은 "일을 잘 해냈다는 비합리적 의식" 외에 아무것도 없다.[6] 일단 자본주의가 계속기업이 되고 나면, 그 자체가 사람들을 이런 방식으로 느끼도록 교육하고 이런 종류의 윤리에 길들이기 때문에, 그들이 종교적인지 그렇지 않은지는 더 이상 중요하지 않게 된다. 정말로, 그러한 노동 윤리(work ethic, 일 윤리)를 위한 특별한 종교적 유형의 토대가 완전히 사라지지는 않겠지만, 이제는 일 자체에 직접 부여되는 가치에 불필요하고 심지어 비생산적인 방해물로 쉬이 여겨질 수 있다.

이 책은 종교적 믿음(특별히 기독교 믿음)에는 의도적이든 아니든 경제 활동에 강력한 심리적 승인을 제공하는 능력이 있다는 베버의 생각을 공유한다. 서구 자본주의 발흥에서 칼뱅주의가 지니는 중요성에 관한 그의 특정 논지가 얼마나 많은 논란을 일으켰든—나는 수년간 이루어진 그러한 논지에 대한 비판을 반박하는 일에는 관심이 없다—그가 종교의 실제 효력에 대해, 즉 그것이 일상생활에서 신자들의 행동을 형성하는 능력, 그리고 그런 방식으로 그들의 경제 활동에도 영향을 끼치는 능력에 대해 말한 것은 여전히 옳다고 본다.

그러한 결정에 일차적 중요성을 갖는 것은 경제 문제에 대한 기독교의 명시적인 윤리적 가르침이 아니라, 베버가 "종교의 심리적이고 실용적인 문맥 안에 기반을 두는, 행동을 자극하는 실제적 충동"이라고 부른 것이다.[7] 그러한 윤리적 가르침이 단독으로 얼마나 진지하게 받아들여지고 행동의 근거가 되는지는 전혀 명백하지 않다. 특별히 종교적 이해관계, 가장 강력하게는 구원과 관련된 이해관계—어떻게 구원을 얻는가, 그리고 어떻게 그것을 확신할 수 있는가—에 따라 권장되는 행동에 대한 효과적인 심리적 승인이 없다면, 그러한 가르침은 정말로 실제적으로는 전혀 무관한 것이 되고 만다. 종교적 이해관계는 행동에 동기를 부여해 사람들이 행동하게 한다. 종교적 개념들은 그러한 이해관계의 성격과 그것이 충족될 수 있는 지침을 구체화한다. 베버는 그러한 종교적 개념들이 종교적 이해관계에 의해 촉발되는 행동이 어떤 철로를 따라 나아갈지를 결정하는 전철수라고 말한다.[8] 그의 말을 보자.

우리는 본래 윤리 개론서에서 이론적이고 공식적으로 가르치는 것이 무엇인가 하는 문제에는 신경 쓰지 않는다. 그것이 교회 규율, 목회 사역, 설교의 영향력을 통해 아무리 큰 실제적 중요성을 행사해 왔다 해도 말이다. 우리는 오히려 완전히 다른 무언가에 관심을 갖는다. 바로 종교적 믿음과 종교 실천에 기인하여 실제 행동의 방향을 결정하고 개인들이 그것을 고수하게 만드는 그러한 심리적 승인의 영향력이다. 이제 이러한 승인은 많은 부분 그 뒤에 있는 종교적 개념들의 특수성에 기인한다. 그 당시 [사람들이] 그 정도로 추상적 교리에 사로잡혀 있었던 것은 오직 그러한 교리와 실제적인 종교적 이해관계 간의 연관성을 볼 수 있을 때에만 이해할 수 있다.[9]

이러한 베버의 접근을 내 방식으로 다시 진술하면, 명백한 실제적 의미를 갖든지 갖지 않든지 종교적 믿음은 단순히 믿기 위한 것이 아니라 살아 내는 것이며, 자신과 다른 이들을 향한 품행, 태도, 행동의 방향을 결정해야 한다. 그러한 믿음은 일의 특정 상태(구원)의 가치를 정립하고 사람들에게 거기 도달하는 방법, 거기로 나아가는 수단, 혹은 적어도 자신이 그 안에 있음을 증명하거나 확인할 수 있는 방법(종종 둘 다인데, 예를 들어 선행을 하는 것)을 알려 줌으로써 그들의 행동에 동기를 제공한다. 또한 종교적 믿음은 일련의 특정한 행동만을 유일하게 합리적으로 보이게 함으로써 효과적으로 행동을 조정하기도 한다. 예를 들어, 만약 세상이 곧 화염에 휩싸여 멸망한다면, 국회의원 선거에 나가는 것보다는 아이다호의 지하 벙커에 숨어 지내는 편이 더 합당할 것이다. 사람이 세상에 대해 믿는 바는 무엇을 하는 게 이치에 합당한지 상당 부분 결정한다.[10]

여기서 두드러지게 중요한 것은 단지 종교적 믿음의 논리적 결과가 아니라 그 심리적 영향력이다. 누군가는 예정론의 논리적 결과가 체념적 운명론이라며, 즉 우리의 운명이 하나님에 의해 이미 예정되어 있고 따라서 우리 손을 떠나 있다면 우리가 선을 행하든 악을 행하든 중요하지 않다며 베버와 논쟁하려 할 수도 있다. 그러나 베버가 역사적 기록이 보여 준다고 믿는 것처럼, 이중 예정이 가져오는 심리적 효과는 자신의 운명에 대한 불안이고 그 불안은 결국 오직 교리가 논리적으로 함축하는 것과는 반대쪽을 가리키는 표지를 통해서만 잠재울 수 있는 것으로 드러난다. 바로 자기 정진에 대한 적극적 헌신을 통한 운명론 거부가 선택받았다는 증거가 되는 것이다.[11]

종교적 이해관계와 그 추구가 일상생활에서 저지당하지 않고 거기서 일어나는 일에 무시할 수 없는 중요성을 부여할 때―예를 들어, 종교적 소명이 (수도원 같은) 특정 종교 기관에 제한되지 않을 때―기독교 믿음은 앞서 지적한 모든 작용 원리에 의해 삶의 행실을 전반적으로 형성하고 모든 면에서 삶을 관통하면서 생활 방식 전체를 수립할 것이며, 이와 더불어 경제적으로도 중요한 영향력을 행사할 것이다.

그렇다면 이 책은 베버의 방법론—종교적 믿음의 실제 효력에 관심을 갖는 인문학적 방법론—을 상당 부분 공유한다. 그러한 믿음의 원천이 무엇이든—특별 계시라고 주장하는 것에서 나왔든 자연 세계에 대한 합리적 조사에서 나왔든—우리가 다루려는 것은 그러한 신앙이 인간의 삶에 가져오는 그 결과, 단지 종교적인 것이 아닌 인간의 보편 관심사에 대한 문제다.

그러나 신학자로서 그러한 방법론을 따르는 나의 목표는 베버의 목표와는 정반대다. 그의 기획과 대조적으로, 나는 기독교 믿음(그 다양한 형태 중에서도 청교도적 칼뱅주의처럼, 아마도 동일하게 기이하겠지만 분명 역사적으로는 널리 퍼져 있는 특정 변종)이 어떻게 **새로운** 자본주의 정신을 뒷받침하기보다 오히려 **약화시키는지** 보여 주고자 한다.

기독교가 가져온 것은 되돌릴 수도 있다. 기독교 믿음이 촉발시킨 행동은 자본주의의 요구와 쉽게 합치될 수도 있고 현저한 긴장 관계를 형성할 수도 있다. 베버도 알았던 것처럼, 중요한 것은 그러한 믿음이 실제 적용될 때 드러내는 특정 성격이다. 기독교 믿음의 모든 갈래가 베버가 자본주의가 시작될 때 일반적으로 나타났다고 생각한 종류의 행동을 종교적 영감으로 승인할 수 있는 것은 아니다. 그가 자본가와 칼뱅주의적 헌신 사이에서 찾을 수 있다고 생각한 경험적 상관성이 무엇이었든, 베버는 그 상관성에 근거하여 다양한 형태의 기본 종교관이 갖는 가능한 실제 파급 효과를 비교하고 대조하는 데 많은 시간을 할애했다. 초기 자본주의에 고분고분했든 아니든, 나의 기독교적 헌신은 내가 보여 주기를 바라는 대로 지금의 자본주의가 요구하는 것과 불화한다.

나는 현재의 자본주의 정신에 비판적인데, 내가 가지고 있는 상당히 특정한 기독교적 헌신이 이를 요구한다고 믿기 때문이다. 그러나 나는 또한 각 장에서 논의를 진행하면서 지금 시대에 조직되는 자본주의는 종교적 헌신과 상관없이도 그러한 비판을 받기에 마땅함을 보여 줄 것이다. 이 자본주의가 개인과 집단에 끼치는 부작용, 사람들이 자신을 이해하는 방식이나 다른 이들과 맺는 관계에 끼치는 기형적 영향 때문이다. 경제생활을 조직하는 모든 방식에는 흠이 있다. 현재의 시스템은 특별히 터무니없는 결함(예를 들어, 자본주의를 조직해 온 다른 방식들에 비하여 지금의 자본주의는 극도의 수입/부 불평등, 구조적 불완전 고용과 실업, 규칙적으로 반복되는 자산 가치의 급등/급락 발생을 조장한다) 외에도, 그 정신이 그러한 결함을 인식하는 것을 방해하는 방식에서 아주 이례적이다. 현재의 시스템에 문제가 제기될 수 있으려면, 그리고 그것이 해결할 수 있는 문제이자 시정이 요구되는 비판 대상으로 간주될 수 있으려면 지금 시대의 자본주의 정신이 약화될 필요가 있다. 그런 일이 일어나기 위해서는, 즉 지금 시대의 자본주의 정신이 실제로 약화되기 위해서는 비슷하게 강력한 힘으로 이와 대립하는 정신을 만날 필요가 있다. 더 이상 종교의 뒷받침이 필요 없는 자본주의는 이제 그 자체의 형상으로 사람들을 형성하는 힘을 가질 수 있다. 다시 말해, 이제 행동을 형성하는 그 자체의 정신을 스스로 생산할 수 있는 것이다. 그러나 삶의 행실을 형성할 수 있는 비슷한 정도의 능력을 갖춘 몇 안 되는 대안적 인생관 중 하나로서 종교는 여전히 그에 저항하는 비판 세력이 될 수 있다.

예를 들어, [피에르 아도(Pierre Hadot)를 따라] 미셸 푸코(Michel Foucault)의 감각에서 보면 현대 철학은 영성으로서의 성격을 철회했다. 철학은 자본주의의 경쟁자로서든 협력자로서든, 과거 스토아주의나 견유주의에서 그랬던 것처럼 인격을 형성하는 삶의 방식을 양성할 수 있는 능력을 상실했다.[12] 푸코는 분명 이전의 영성 형태로 돌아가기를 권유하지는 않지만, 명확하게 그러한 이전의 비기독교적 영성이 보다 자유로운 정신을 지니고 삶의 방식을 실험할 가능성을 제시한다고 생각했다. 이 시대의 자본주의에 의해 조장되는 행동 통제 수단에 효과적으로 저항할 수 있는 사회 실험의 가능성을 보여 준다는 것이다. 즉, 신자유주의적 자본주의가 조장하는 자아실현의 사업가적 주체가 되라는 요구 자체의 방향을 재설정함으로써 말이다. 기독교의 목회 권력이 현재의 통치성(governmentality) 체제들을 어떻게 지원했는지에 대한 푸코의 생각이 옳든 그르든—개신교가 자본주의 노동 윤리를 뒷받침했다는 베버의 생각이 맞든 틀리든—이 책에서는 역사적으로 중요하며 나 자신이 공감하는 기독교의 다른 갈래들이 푸코가 살펴본 다양한 형태의 비기독교 영성과 비교할 때 얼마나 더 나은 실질적 저항에 대한 희망을 드러내는지 보여 주고자 한다. 이러한 기독교 믿음은 푸코가 공감하는 이 시대 품행 관리—윤리적 자기 형성—와 동일한 절점에서 작동하면서도 훨씬 더 근원적인(radical) 변혁의 효과를 지닌다. 또한 이 시대 자본주의가 사람들에게 자본주의의 수익 창출 메커니즘에 행동을 부합시키도록 노력하라고 요구하는 것과도 더욱 뚜렷한 대조를 이룰 수 있는 능력이 있다.

금융 지배 자본주의

오늘날의 자본주의는 금융이 지배하며[그뿐만 아니라 금융에 훈육되었다(disciplined)], 베버가 사용한 것과 같은 의미에서 그 자체의 고유한 정신을 갖는다. 그 정신이란 자본주의의 요구를 보다 보편적으로 만족시키도록 주체와 사회관계를 형성하는 것을 돕는, 자본주의에 딸려 오는 문화 형식들―믿음, 가치, 규범―을 말한다.

그것이 상정하는 구체적 제도가 어떤 형태이든, 자본주의는 언제나 그 일반적 기능의 일부로서, 주체가 자신 및 다른 사람들과 관계 맺는 방식에 영향을 끼치는 문화 형식들을 함께 발생시킨다. 자본주의에는 행동을 지시하는 문화적 부수물―믿음, 가치 규범―이 있고, 이 부수물은 사람들이 하고 있는 것―앞서기 위해 **해야** 하는 것―을 의미 있거나 가치 있게, 혹은 그저 불가피한 것으로 보도록 부추김으로써 자본주의가 요구하는 것을 기꺼이 하게 만든다.[13]

그러한 자본주의의 문화적 부수물은 단지 사후에 명분을 제공하는 것―예를 들어, 그 도덕적 정당성을 시사함으로써―이상으로 자본주의가 지시하는 행동을 이끌어 내고 방향을 설정하는 것을 돕는 실제적 지침이 된다. 따라서 나의 사익을 위해 거의 살인적 치열함을 가지고 행동하는 것이 궁극적으로는 모두에게 유익하며 따라서 도덕적으로 정당하다고 믿을 수도 있지만, 나로 하여금 실제로 그런 방식으로 행동하게 만드는 것은 내가 나 자신을 돌보지 않는다면 아무도 돌봐주지 않으리라는, 가차 없는 경제 환경이 부추기는 믿음이다. 이 후자의 종류에 해당하는 문화 형식, 바로 직접적으로 행동을 지배하는 문화 형식이 여기서 밝히려는 의미의 자본주의 정신이다.[14]

베버가 인식했듯, (단순히 하나의 경제 조직으로 간주되는 자본주의 자체처럼) 자본주의 정신은 (어떤 일반적·비역사적 계급의 단순한 예시화에 의해서가 아니라) 임의의 시점에 역사적으로 특정한 여러 세력과 영향력이 이루는 군집에 의해 구성된다.[15] 그렇다면 그렇게 역사적으로 다양한 결합에 의해 계속해서 변이를 일으키는 자본주의 조직 방식 전체에는(그리고 아마도 거의 동일한 이유로 그러한 각각의 조직 방식 내에도) 잠재적으로 다수의 자본주의 정신이 존재한다.[16] 오늘날의 자본주의 정신은 베버가 논하던 자본주의 정신이(혹은 그가 자신의 시대에 그것을 대체하리라고 생각했던 실용적 정신도) 아니다.

이번 장의 나머지 부분에서는 앞으로 따라올 장들의 개요를 살펴보기에 앞서, 내가 말하는 금융 지배 자본주의가 과연 무엇을 의미하는지 좀 더 살펴보고 그 고유한 정신을 개략적으로 제시할 것이다. 이번 장과 이어질 장에서 이러한 형식의 자본주의와 그 정신에 대한 나의 설명은 베버식 개념의 이상형(ideal types, 베버 자신은 이상형을, 일방적으로 강조된 관점에 서로 무관하거나 존재하지 않는 일련의 개별 현상들을 연결 지음으로써 구축하는 하나의 통일적인 사고 그림이라고 말한다—옮긴이)으로 제공된다. 즉, 현재 경제 상황과 문화 상황의 어지러운 현실 가운데서 특정 측면들을 부각하고, 어떻게 그것들을 내적 일관성을 갖추어 서로 관련지을 수 있는지 보여 주는 분석적 구성이다.[17] 반드시 논리가 일관되지는 않더라도, 내가 강조하는 요소들은 예를 들어 수익 극대화라는 동일한 실제 목적을 위해서 상호 강화하는 것으로 드러난다. 내 설명은 이상형으로, 현실과 혼동해서는 안 된다. 어떤 실제의 기업이나 국가 정부도 내가 묘사하는 것처럼 완전히 금융의 독재에 순응하여 운영되지는 않을 것이다. 이상형은 체험학습적 목적을 위해—더 이상 단순화시킬 수 없을 만큼 단일한 경우로 인정되는 것들을 더욱 선명하게 이해하고 평가할 수 있도록—고안되었다.

이 시대의 자본주의는 여러 의미에서 금융이 지배한다. 첫째, 간단히 말해 금융 창출 수익이 이 시대 자본주의에서 차지하는 중요성이 증가하고 있다. 산업 부문이나 서비스 부문과 비교할 때, 금융 부문(예를 들어 은행, 보험, 부동산)에서 거두는 수익이 국가 수입에서 차지하는 비율이 늘어나고 있다. 비금융권 기업에서도 금융 거래에서 얻는 수익이 더욱 중요해지고 있다. 예를 들어, 자동차 회사가 자동차 판매보다 차 구입을 위한 대출 업무에서 더 많은 돈을 벌어들이는 것은 일반적인 일이 되었다. 한 학자에 따르면, "제너럴 일렉트릭(GE), 시어스, 제너럴 모터스, 포드는…모두 원래 할부를 통해 소비자의 제품 구매를 돕는 목적으로 회사 내에 금융 부서를 만들었지만, 이는 결국 모기업의 제조나 판매 활동을 뒤덮는 거대 금융 조직이 되었다."[18] 이 시대의 자본주의를 한층 더 구분 짓는 것은 증가한 금융 활동이다. 즉, 금융계의 돈의 액수와 거래 빈도는 다른 경제 활동의 액수와 빈도를 압도한다. 예를 들어, 하루 외화 환전 거래 횟수가 한 해 동안의 전 세계 무역 총 거래 횟수와 맞먹는 경우가 드물지 않다.

이러한 금융으로의 이동은, 산업 생산이나 여타 비금융 서비스 부문에 비해 금융 부문에서 창출되는 과대한 이윤에서 동력을 얻는 것이 분명하다. 조세 정책과 투자 은행 지급 준비액 요건이 도움을 주는 면도 분명 있기는 하지만, 금융 거래는 돈을 버는 다른 어떤 방법보다 대체적으로 수익성이 훨씬 좋다. 말 그대로 하룻밤 사이에 돈이 세 배가 될 수도 있다. 이는 부분적으로 금융 시장의 변동성이 하는 기능이다. 금융 시장에서 자산 가치는 보통 (이제 곧 살펴볼 이유로 인해) 상당히 빠르고 가파르게 오른다(그리고 내려간다). 그러나 과대한 이윤은 금융 거래에서 일반적인 레버리지(leverage) 사용, 즉 돈을 벌기 위한 차입금 사용의 결과이기도 하다. 내 돈으로 10만 원어치 주식을 샀는데 다음 날 그 주식이 천 원 올랐다면, 처음에 9만 9천 원을 빌려서 그 주식을 산 경우에 비해 수익률이 명백히 훨씬 낮다. 내 돈으로 주식을 산 경우, 나는 원래 10만 원이 있었고 이제 고작 1퍼센트의 수익으로 10만 천 원이 있다. 그러나 매입 금액 중 9만 9천 원을 빌렸다면, 원래 천 원이 있었고 지금은 2천 원이 있으니 (그동안의 9만 9천 원에 대한 원금 및 이자로 지급한 액수를 제하고) 돈을 두 배로 늘린 셈이 된다.

이 상대적으로 월등한 금융의 수익률이 자본주의가 금융 지배의 형태로 처음 이동하게 된 이유로 종종 대두된다. (어느 경제학자에게 묻느냐에 따라 달라지는) 여러 다양한 이유로, 다른 방식—말하자면 산업 생산—의 수익률은 결국 하락하는 경향이 있고, 간단히 역사적으로도 1970년대를 기점으로 외인성 요인에 의해 정말로 하락했다. 외부에서 발생한 주범으로는 강력한 노동조합이 발생시킨 임금 비신축성과 함께 해외로부터의 경쟁 증가를 들 수 있을 것이다. 생산의 자본 구성에서 일어난 단순한 변화(예를 들어, 더 적은 노동 인력으로 더 높은 생산력을 가능하게 하는 설비나 기술력 향상에 더 많은 자본이 투입되는 것), 그리고/또는 생산력과 비례하여 감소하는 수요도 그 이유로 지목될 수 있다. 정확한 이유가 무엇이든, 1970년대 이래 어느 시점부터 금융 외에는 제품 생산과 서비스 생산에서 얻는 이익을 수익성 있게 투자할 수 있는 곳이 없어졌다. 금융만이 여전히 큰돈을 얻을 수 있는 유일한 영역이다.[19]

금융은 다른 영역에서의 수익률 쇠퇴를 메꿀 쉬운 해법이 되는 한편, 바로 그 동일한 경기 침체나 느린 성장에 딸려 가지 않으려면 제품 생산 및 서비스 생산과의 모든 직접적 연결 고리를 피해야 한다. 바로 이것이 자본주의를 금융이 지배한다는 것의 두 번째 의미다. 금융은 더 이상 직접 다른 분야의 생산을 돕지 않으며, 말하자면 그 자체의 생명을 책임진다. 물론 금융은 여전히 비금융권 산업 부문 및 서비스 부문에 유익하고 심지어 필수적 도움을 준다. 예를 들어, 기업은(이제 막 시작한, 따라서 이윤을 통해 쌓이는 자본이 아직 없는 경우는 특히) 설비나 유통, 재고 비축을 위해 대출이 필요하고, 이렇게 대출받은 돈은 실제로 제품과 서비스를 판매하여 얻는 이윤으로 갚아 나간다. 그러한 판매 수익률이 감소하면 아마도 금융 수익 역시—사업체들이 이 대출금을 갚는 데 어려움을 겪고 대출 자체의 수요 역시 감소하는 등—타격을 입을 것이다.

신용카드 현금 서비스, 소액 단기 대출, 주택 담보 대출 같은 소비 목적의 대출은 금융이 제품 및 서비스 판매 수익에 대한 직접적 의존도를 낮추는 한 방법이다. 침체된 경제에서는 임금 보조 혹은 대체 수단으로서 그러한 대출에 대한 수요가 낮아지기보다 늘 높아진다. 만약 사업체들이 대출금을 갚는 데 어려움을 겪는다면 소비자들 역시 마찬가지의 어려움을 겪으리라고 추정할 수 있는데, 대체로 그러한 대출금을 갚는 데 사용되는 임금 역시 기업 수익에 절대적으로 의존하기 때문이다. 그러나 상대적으로 신축성이 부족한 기업과는 달리 소비자는 쥐어짜는 것이 가능하다. '사업체 폐쇄'—개인 소비자의 경우, 이는 살아갈 수 있는 능력을 잃는 것을 의미한다—가 발생하지 않는 한, 소비자들은 대출 이자를 내기 위해 다른 지출을 최대한 줄일 수 있다(기업에게는 허락되는 관대한 파산 보호를 거부당한 채, 종종 그렇게 해야 한다). 소비자 대출을 위한 조건들이, 그 조건들이 위한다고 알려진 소비를 약화시킬 만큼 까다롭지만 않다면, 그러한 대출은 아마도 생산이 목적인 기업 대출의 수익률 문제를 해결하는 데 도움이 될 것이다. 소비자 대출은 수요를 부추김으로써 제품 생산 및 서비스 생산의 수익률을 높이는 데 도움을 줄 수 있고, 그럼으로써 그러한 생산 목적 대출의 수익률을 간접적으로 도울 수 있다.

그러나 산업 부문과 서비스 부문의 경기 침체에 끌려 내려가지 않는 더 좋은 방법은 금융상품 자체를 거래함으로써 수익을 발생시키는 것이다. 즉 대출, 주식 등이 그 자체로 상품의 대상인 2차 시장을 형성하는 것이다. 그러한 2차 시장은 (원칙적으로) 즉각적 유동성에 기여한다. 즉, 금융 상품을 계속 보유할 필요 없이 언제든 팔 수 있게 되는 것이다(물론 다른 모든 시장 참여자가 동시에 팔기만을 원해서 살 사람이 없는 경우만 아니라면 말이다). 주식 시장이 금융상품을 위한 2차 시장의 가장 친숙한 형태이기는 하지만, 이제 2차 시장은 미래의 수익을 약속하는 어떤 것을 위해서라도 존재할 수 있다. 예를 들어, 모기지(mortgage)는 거의 언제나 바로 팔리기 때문에 최초 당사자에게 채무 불이행의 위험 및 이율 폭등이나 인플레이션을 통한 수익률 하락의 위험을 덜어 주고, (옛날 방식처럼 시중 은행에 저축된 돈을 통해서가 아니라) 그러한 판매를 통해 새로운 모기지를 위한 자본을 제공한다. 이것이 금융이 경기 의존에서 벗어남으로써 다른 면에서는 침체된 경제의 악영향에서 자유로울 수 있는 한 방법이다. 즉, "금융이 금융의 자금을 대부분 조달한다."[20]

2차 시장이 가격을 결정하는 방식도 거기서 발생하는 수익을 다른 경제 영역의 저조한 성장과 낮은 고용률에서 자유롭게 해 준다는 점에서 금융에 의한 금융의 자본 조달과 동일한 효과를 갖는다. 기업의 현재 수익성과 짐작되는 미래 수익성이 주식 가격에 영향을 주는 것은 의심할 여지가 없지만, 직접적 가격 결정 요인은 주식 거래에서 해당 주식에 대한 현재 수요 및 예상 수요이며 이는 꼭 전자에 비례하지는 않는다. 예를 들어, 주식에 대한 수요는 일반적으로 연금 펀드 같은 기업 투자자와 자본 소득을 돕는 조세 정책 등―주식 시장에서 구매 규모에 영향을 주는 요소들―에 크게 영향을 받는다. 수익 발생을 위한 특권적 장소가 금융으로 이동한 것 자체가 주식 같은 금융 자산 가치의 인플레이션으로 이어질 가능성이 크다. 그러나 보다 구체적으로, 어떤 주식이라도 다른 투자자들의 행동에 대한 예상이 그에 대한 수요를 부추기는 요인이 될수록, 그 주식의 준거가 되는 기본 경제 지표들과는 연결 고리를 잃기 쉽다. 만약 어떤 투자자가 장기적으로 기업의 수익에서 나오는 배당금을 통해 돈을 벌기를 기대하면서 주식을 샀다면, 기업의 수익성은 주식 구매 결정의 합당한 근거가 된다. 만약 차후 더 높은 가격에 되팔 목적으로 주식을 사는 경우라면, 판매 시점에 높아져 있을 그 주식에 대한 수요가 구매 결정의 유일하게 합당한 근거다. 모든 투자자가 후자의 경우로 행동할 때 그것이 가져올 효과는 존 메이너드 케인스(John Maynard Keynes)의 미인 경연 대회 비유가 (다소 유감스럽기는 하지만) 잘 포착해 낸다.[21] 심사위원은 여성 (혹은 남성) 참가자의 어여쁨에 대한 자신의 평가에 근거하여 가장 아름다운 참가자를 고르지 않는다. 오히려 다른 심사위원들이 가장 많이 선택할 참가자를 예상하기 위해 애를 쓰는데, 이는 비단 그 심사위원뿐 아니라 다른 모든 심사위원도 마찬가지다. 단순히 의견이 의견을 쫓아가고, 그 결과는 객관적 속성과 동떨어진 자기 충족적 예언이 되기 쉽다. 주식 시장으로 돌아가 보면, 어떤 주식에 대한 수요가 더 높으리라는 예상—아마도 그 분기의 수익률이 좋으리라는 정보에 의해 촉진되었을 것이다—자체가 그 주식에 대한 더 큰 수요를 부채질한다. 그 주식의 가격은 그에 따라—아마도 다른 사람들도 그 주식에 대해 그러한 긍정적 의견을 가졌으리라고 확신하는 사람의 수만큼—올라가고, 그럼으로써 가격 상승 예상이 옳았다고 확인되면 이는 다시 더 많은 수요를 부채질한다. 이런 이유로 2차 시장에서 금융자산의 가치는 하루하루 급등할(또한 급락할) 수 있으며, 회사의 최종 결산 같은 데서는 그와 동등한 극적 변화를 반영하지 않는다.

그러나 금융상품을 재포장하는 대량의 새로운 금융상품—파생상품—과 그것을 거래하는 2차 시장은 아마도 금융이 발생시키는 수익이 제품 생산 및 서비스 생산과 가장 간접적으로 관련을 맺거나 종종 거의 분리되는 수단일 것이다.[22] 파생상품은 일반적으로 다른 금융상품과 연동되어 있는 금융상품으로 정의된다. 모든 국내 통화를 금본위로 고정한 브레튼우즈 협정(Bretton Woods agreements)이 폐지되면서, 파생상품은 통화 가치 변동과 그에 따른 이율 변동에 기인하는 위험을 대비하는 목적으로 자주 사용된다. 이 목적은 파생상품이 증가하는 이유로 빈번하게 제시되어 왔다. 그러한 위험 중 일부는 비금융권 기업의 최종 결산에 악영향을 끼칠 수 있고, 따라서 그런 종류의 금융상품은 여전히 제품 생산과 서비스 생산을 돕는다는 것이다. 예를 들어, 국제적 외주와 초국적 경영과 판매로 인해 기업의 수익률은 점점 더 환율 변동에 영향을 받는다. 파생상품은 그러한 위험에 노출되는 것을 제한할 수 있는 방법을 제공한다. 즉, 환율 변동으로 인해 기업의 해외 생산 비용은 부푸는데 제품을 판매하는 다른 해외 시장에서는 사람들이 구입하기에 너무 비싸 가격 경쟁력이 떨어지는 상황이 발생하면 그러한 손실을 보전해 주는 것이다. 그러한 보호 장치를 얻는 방법은 바로 나에게 불리한 경우에 돈을 거는 것, 즉 기업이 손실을 입는 상황이 되면 보상금이 지급되는 파생상품을 사는 것이다.

신용부도스와프(credit default swaps)—최근의 금융 위기에서 가장 큰 문제가 된 불량 자산—는 보험 기능을 하는 파생상품의 또 다른 예다. 서브프라임 모기지 사태 당시, 이 상품은 또 다른 종류의 파생상품인 부채담보부증권(CDO, collateralized debt obligation)의 기초가 된 모기지들의 가치 손실에 대비한 일종의 (실패한) 보험 증권이었다. 만약 당신이 그러한 부채담보부증권을 소유하고 있는데 그 가치 하락이 우려된다면, 제3자가 준거 모기지의 채무 불이행이 발생하는 경우 부채담보부증권의 가치를 보장해 줌으로써 그러한 위험을 떠맡는 신용부도스와프를 통해 그에 대비할 수 있다.

여기서 보험을 든 부채담보부증권은 다른 많은 형태의 파생상품이 그런 것처럼 분명히 비금융권 기업의 이익과는 전혀 상관없이 그 자체로 수익을 발생시키기 위해 고안되었다. 부채담보부증권은 모기지들, 특히 일반 수익률보다 더 높은 수익을 원하는 투자자들에게 매력적인 고금리 적용의 서브프라임 모기지들을 그런 준거 모기지들의 개별 트랑슈(tranche)나 조각들로 구성된 채권으로 재포장했는데, 그러한 트랑슈의 다양한 이율은 투자자가 위험 부담을 감수하려는 정도에 따라 결정된다. 고금리 트랑슈에 투자한 투자자들은 채무 불이행이 발생하면 가장 나중에 상환을 받게 될 것이다. 여기서 생산을 통한 수익이 하락하는 것에 매이지 않는 방식으로 자체적 수익을 발생시키는 것은 재포장과 그렇게 재포장된 것이 거래되는 2차 시장의 존재, 그리고 이미 재포장된 것이 어떠한 명백한 제한도 받지 않고 다시 재포장될 수 있는 능력[CDO 스퀘어드(CDO squared), CDO^2로도 표기하며, 기존에 발행된 부채담보부증권을 담보로 또 다른 부채담보부증권을 발행하는 것을 말한다. CDO^2를 담보로 발행하는 CDO^3(CDO cubed)도 있으며, 이런 재포장은 계속 이어질 수 있다(CDO^n)—옮긴이]이다. 부채담보부증권이 수익을 내기 위해 경기 호황도 아닌데 수백만 채의 새 집이 건설될 필요는 없다(물론 그렇다면 도움은 되겠지만). 단지 기존의 집들이 다시 사고 팔리거나, 그것이 부족하면 현 주택 소유자들이 다시 대출을 받으면 된다. 파생상품의 경우, 금융상품의 단순한 순환—재포장, 재판매—은 이러한 상황에서 돈(M)-상품(C)-돈(M)—상품 판매를 통해 버는 돈—이 아니라 돈(M)-돈(M)—돈이 직접 더 많은 돈을 버는 것—의 구조가 유지된다는 의미다.

그러나 파생상품은 유용한 보험 기능을 할 때조차, 비금융권 기업에 도움을 주는 일종의 소유자 이해관계와는 보통 분리된다. 다른 면으로는 이해관계가 전혀 없는 이들의 입장에서 그저 돈을 거는 일일 뿐이다. 기업이 파생상품을 사는 것은 다른 통화로 값이 매겨지는 제품과 서비스에 대한 소유자 이해관계 때문, 즉 그들이 다른 측면에서 사는 것(말하자면, 설비)과

파는 것(그들의 기업 생산품) 때문이다. 그러나 파생상품의 시장 규모가 시사하듯, 보험 기능을 하는 파생상품의 구매 이유는 그 준거가 되는 것에 대한 어떠한 소유자 이해관계와도 무관한 그 자체의 수익이다. 사실상 자신의 생명과 재산이 아니라 다른 이들의 생명과 재산을 담보로 하는 보험이 되는 것이다. 단순히 특정 부채담보부증권이나 이를 모아 놓은 것에 대한 신용부도스와프를 사거나 팔고 싶어 하는지와 가격은 얼마로 할 것인지가, 광범위한 서브프라임 모기지 채무 불이행의 발생 가능성에 도박을 거는 방법이 되었다. 맞게 돈을 건 사람들―예를 들어, 신용부도스와프와 거기 연동된 부채담보부증권 시장이 붕괴된다는 데 돈을 건 투자자들―은 다른 쪽에서는 경제가 무너질 때에도 이익을 볼 수 있었다.

정말로 도박은 파생상품의 일반적 특징이며, 그 수익이 경제의 나머지와는 분리되어 있음을 설명해 준다. 유사한 자산의 가치가 각기 다른 시장들을 오가며 달라지는 격차를 통해 수익을 발생시키는 차익 거래를 포함하는 파생상품들이 그 주요 사례다. 예를 들어, 한 통화에서 저금리로 대출을 받아 다른 통화에서 고금리로 판매할 대출 상품의 자금을 조달하는 방식으로 통화 간 금리 차이를 유리하게 이용하는 것이다. 이 같은 파생상품은 사실상 다른 자산 가치 사이의 차액이나 상대적 격차에 돈을 거는 도박과 같다.

지금까지 기술한 종류의 분리는 산업 자본주의나 서비스 경제, 즉 제품 생산과 서비스 생산을 통해 움직이는 자본주의와 비교할 때 생소한 효과를 동반한다. 금융 지배 자본주의와 달리, 후자는 수요에 의존하고―그러한 제품과 서비스를 구매할 돈을 가진 사람들이 주위에 있어야 한다―따라서 그러한 종류의 자본주의는 궁핍해진 노동자층이나 대량 실업을 견뎌 내지 못한다. 금융 지배 자본주의는 이처럼 의존적이지 않다. 경기 침체나 불황 중에도 금융에서는 막대한 수익이 만들어질 수 있다. 예를 들어, 일반 임금 수준이 낮을수록 더 많은 사람이 근근이 살아가기 위해 빚을 질 수밖에 없고, 대출은 가치가 더 올라가서 그들은 더 많은 이자라도 기꺼이 내려 하게 될 것이다. 혹은 앞의 예를 계속 이어 가자면, 2차 시장에서 주식이나 부채담보부증권을 공매도함으로써 간단히 경기 하락에 돈을 걸 수도 있다.

그렇지만 이런 식으로 금융이 제품 생산 및 서비스 생산과 분리되는 것이 금융과 그러한 생산이 각기 별개의 길을 가는 것을 의미하지는 않는다. 오히려 금융은 다른 모든 형태의 경제 활동-기업, 정부, 개인의 경제 활동-을 훈육하게 되는데, 바로 이것이 이 시대의 자본주의가 금융의 지배를 받는다는 것의 세 번째 의미다.

금융은 주주 가치를 강화하려는 기업의 노력을 통해 기업을 훈육한다.[23] 즉, 기업 경영의 핵심은 그 기업의 주식을 보유한 사람들로 이해되는 기업 소유주들에게 지분 가치를 되돌려 주는 것이다. 기업이 책임지는 영역-기업이 반응하고 책임을 지는 대상을 구성하는 것-은 이 기업 주식 소유자들로 제한되며, 직원(회사의 주식을 보유하지 않았다면)이나 그 기업이 소재한 지역 사회 공동체는 거기에 포함되지 않는다. 기업 경영이 지향하는 주된 목적은 단순히 주식 거래에서 그 지분의 가치를 높이는 것이 되어야 하는 것이다.

그러한 훈육이 실제로 의미하는 것은 최대 수익성에 대한 집요한 추구다. 더 이상 기업이 추구하는 것은 (이전의 소유자 경영 소규모 기업에서 전형적이었던 것처럼) 노동자에게 월급을 주고 간접비를 처리하고 나서도 미래 설비 투자 및 지역 공동체를 위한 어느 정도의 후원금 지원에 필요한 비용을 확보할 수 있을 정도로 충분히 벌어들이는 것이 아니다. 이제 기업의 목표는 가능한 한 최소의 인력을 최대한 효과적으로 사용하는 것과 불필요한 지출을 최소화하는 것이다. 그리고 주식 가치가 끊임없이 재평가되는 주식 시장에 영향을 끼치기 위해 이 최대 수익성을 분기별로(즉, 제품 생산과 판매를 위해 더 긴 시간이 필요한 비금융 업체들이 지속적으로 가능한 한 짧은 주기로) 입증할 필요가 있다. 간단히 말해, 금융―이 경우에는 주식 시장―에 의한 훈육은 인원 감축, 최대 생산성 보장을 위한 남은 직원들의 더욱 강도 높은 노동, 공동체 파괴는 아랑곳하지 않는 외주화와 더 싼 노동력이 있는 지역으로의 사업체 이전, 장기적으로 고려할 수 있는 시간이나 여지를 주지 않고 계속 변하는 시장 조건에 이상적으로 재빠르게 발맞추어 이 모든 일을 처리하는 것을 의미한다.

이것은 특별히 시장 형태의 훈육이며(단순히 시장의 요구에 맞추어 발생하는 기업의 자기 훈육이 아니다), 그러한 많은 경영 전략은 장기적으로 기업의 건강에 도움이 되지 않는다. 예를 들어, 너무 빠른 직원 교체, 이와 함께 일시적으로는 수익 하락을 가져올 수도 있는 장기 계획에 관여하기를 거부하는 경영은 장기적으로 볼 때 기업 수익률에 치명적 손상을 끼치기 쉽다. 그러나 그러한 경영 전략들이 가져오는 금융 수익이 기업의 (비금융) 수익보다 우선권을 갖는 경우에는 이런 것들이 그다지 문제시되지 않는다. 기업의 미래 수익성에 손상을 입혔다는 것이 분명하게 드러나기 전에, (2차 시장 수요를 토대로) 기업의 분기 수익이 보장하는 것보다 그 가치가 훨씬 오른 주식을 매각하고 빠져나오면 그만이기 때문이다. 무제한의 스톡옵션을 받는 전문경영인들은 그 기업을 떠나 다른 곳에 고용되기 전까지 명백히, 이런 일을 끊임없이 한다.

주주 가치를 강요하는 주요 메커니즘 가운데 하나도 이것이 기업의 이익과는 잠재적으로 상충하는 금융 시장의 훈육임을 분명히 하는 데 도움을 준다. 바로 적대적 인수(hostile takeover)다. 좋든 싫든 기업은 주식 가치를 높이 유지하도록 운영되어야 한다. 만약 기업의 총 주식 가치가 자산 가치 이하로 떨어지면, 단순히 그러한 기업 자산을 뜯어내려는 의도로—예를 들어, 해당 기업이 소유한 부동산과 설비를 매각하려는 의도로—매입당하기 쉽다. 더군다나 적대적 인수에서 기업 주식의 지배 지분은 그 기업을 담보로 주식 매입에 쓸 자금을 차입함으로써[즉, 2차 시장의 창출로 매입이 원활해진 기업 정크본드(junk bond, 신용 등급이 낮은 기업이 발행하는 고위험·고수익 채권—옮긴이)를 발행함으로써] 얻는 경우가 많다. 그렇게 되면, 이러한 차입금은 받자마자 회사 장부에 지출로 추가됨으로써 회사 수익률에 즉각 부담을 주게 된다. 이제 회사는 다른 지출 외에도 부가적으로 정크본드 투자자들에게 부채를 갚아야 하고, 이는 직원 및 더 넓은 공동체와 관련된 비용의 삭감뿐 아니라 회사의 최종 결산에 결국 더 큰 손해로 돌아오게 될 모든 종류의 비용 절감 조치를 실행하게 됨을 의미한다. (회사가 그 비용을 대는) 정크본드 투자자들이 만들어 낸 자금과 별도로, 이제는 개인 기업인 그 회사 소유주들의 금융 이해관계도 충족된다. 그들은 정리 해고라는 방식이 가져오는 더 큰 효율성이 보장하리라 추정되는 부풀려진 가격으로 지분을 매각함으로써 회사를 다시 상장할 수 있다.[24]

중앙 정부, 주 정부, 지방 자치 단체 역시 점점 더 채권자들에게 훈육됨으로써 비슷한 효과가 나타난다. 특히 1970년대 많은 신흥 복지 국가가 심각한 경제 침체에 직면한 이후, 국민국가(nation-state)는 조세만으로 정부 운영 재정을 충당할 수 없었다(혹은 그러기를 꺼렸다). 그렇게 된 아주 중요한 한 가지 이유는 이동하는 기업들을 유치하기 위해 기업 세율을 낮춘 것이다. 모든 나라(그리고 하위 정부)가 그렇게 했고, 이는 기업 세율의 바닥치기 경쟁으로 이어졌다. 국가는 세수 부족분을 메꾸기 위해, 미국의 경우 국채와 지폐 같은 공채를 발행함으로써 개인 투자자들에게로 관심을 돌린다. 그러한 부채에 따른 이자는 정부의 지출을 증가시키고 기타 분야에서의 비용 절감이나 긴축 조치를 강요하게 되는데, 이는 차입금을 사용한 기업 인수에서 부채 상환이 작동하는 방식과 아주 유사하다. 비용 삭감은 정부 규모 축소를 의미한다. 즉 직원을 해고하고, 남은 직원에게는 생산성 강화를 위해 더욱 강도 높은 노동을 요구하고, 수입에서 어떤 흑자가 나도 이를 임금 인상이나 인력 고용 등을 위해 사용하기를 거부하게 되는 것이다. 그런데 기업의 경우와 달리, 정부의 비용 절감은 생산량 절감을 의미하기도 한다. 즉, 서비스 공급을 줄인다는 말인데, 기업이 제공하는 제품과 서비스와는 달리 정부가 공급하는 서비스는 세입의 원천이 아니라 비용이기 때문이다. 국가는 기반 시설 및 교육에 들어가는 재정을 줄일 것이다. 이전에는 국가의 의무로 받아들여지던 것, 예를 들어 의료 보험이나 실업 급여를 통해 사람들의 복지를 보장하던 국가의 의무를 전반적으로 거부할 것이다. 일반 복지, 교육, 기반 시설 관련 사업들은, 더 효율적일 가능성이 크다는 가정하에(예를 들어, 사기업 직원들은 노동조합을 결성할 가능성이 더 낮다는 사실을 고려해) 사기업으로 넘어갈 수 있다. 그러나 전에는 정부가 직접 책임을 지던 많은 임무와 위험이 그냥 개인들의 책임이 되어 버릴 수 있다. 이제 개인이 모든 비용을 떠맡아야 하는 것이다.

비용을 가능한 한 최소화함으로써 정부 운영 자금을 댈 개인 투자자들을 회유해야 할 필요는 정부 정책도 비슷한 방식으로 훈육하도록 부추긴다. 동일한 정부 정책도 단지 부채 이자에 대한 부담 때문이 아니라 단순히 채권자들을 만족시킴으로써 정부 부채 이율을 낮게 유지하기 위한 방편으로 실행되는 것이다. 국민국가의 신용은 오직 다른 지출―정부 운영 및 서비스 공급 비용―이 적고 그에 따라 그 재정을 부채 이자 지급에 사용할 가능성이 높아질 때에만 가치 있게 인정된다. 반대로, 경제 성장을 돕는 정부 정책―예를 들어, 교육이나 도로 및 다리 건설을 위한 정부의 투자, 또한 기업의 설비 투자를 격려하기 위해 금리를 낮게 유지하려는 정부의 노력―이 투자자들로 하여금 국채를 사고 싶게 만들 것이라고 생각할 수 있다. 즉, 건강한 경제는 더 높은 세입을 가져올 것이고, 이는 정부 부채 상환에 사용할 수 있을 재정 확보의 가능성을 높여 주리라 기대하는 것이다. 그러나 이러한 정부 정책 중 많은 수가 국채 투자자들의 수익에 악영향을 줄 수 있다. 저금리 정책이 그 예다. 그리고 그것이 의도하는 전반적 효과―완전 고용의 경제 호황―역시 유사하게 채권자들에게는 손해를 끼칠 수 있다. 그런 경제는 인플레이션을 가져올 것이고, 이는 시간이 지날수록 채권자들에게 지급되는 이자의 가치가 줄어들게 만들기 때문이다. 따라서 경제 성장을 촉진하는 정책은 국가의 신용을 높이기보다 낮추는 것으로 받아들여진다. 그에 따라 투자자들은 국채를 덜 사고 싶어 하고 더 높은 회수율을 요구하게 된다. 짧게 말해, 특히 경기 침체와 높은 실업률로 인해 세입이 예상 이하로 떨어질 때, 정부 정책은 국채를 대량 구매할 능력이 있는 외국 투자자와 점점 더 소수가 되어 가는 부유한 자국민에 볼모로 잡히기 쉽다. 다시 말해, 다수의 자국민의 이익과는 상충하는 쪽으로 정부 정책이 훈육되는 것이다. 그리고 이는 스스로 지속되는 순환이다. 채권자를 회유하는 정부 정책이 더 심각한 경제 하락을 부추길수록, 정부 운영은 자국의 부유층 및 (특히 관련된 돈의 액수를 고려하면) 그러한 국가 경계와 상관없는 부유층에 점점 더 의존하게 되고, 정부가 반응하고 책임지는 대상은 국민 전체와는 상충되는 이해관계를 지닌 늘어나는 소수로 줄어들게 된다.[25]

금융이 기업과 정부를 훈육하는 일에는 개인을 훈육하는 효과도 있다.

그런 기업과 정부에 고용된 사람들은 더 열심히 일해야 하고 일자리를 잃을 수도 있다는 두려움 속에서 살아간다. 그러한 기관에서 정리 해고를 당한 사람들은 국민의 안녕을 책임진다는 이전의 약속을 철회한 국가로 인해 더 심각해진 경제적 궁핍에 의한 훈육에 직면한다. 금융에 훈육된 기업과 정부에 의해 일자리를 잃거나 불완전하게 고용된 상태에서, 궁핍한 재정을 도울 만한 충분한 대안적 원천이 없는 이들은 생계유지를 위해 소액 단기 대출, 신용카드 대출, 대중교통 부족을 메꿀 중고차 구입을 위한 대출 등 빚을 질 수밖에 없는 상황에 내몰리고, 그렇게 됨으로써 빚 자체에 직접 훈육되게 된다.

정말로, 개인의 행동을 감독하려는 노력은 금융에 훈육된 기업과 국민국가 모두에 점점 더 중요해진다. 예를 들어, 사기업이든 정부 기관이든 효율성 평가를 통해 수익을 극대화한다는 것은 모든 노동자로부터 노동력을 최대한 짜낸다는 의미다. 그러한 효율성 평가는 (말하자면, 직무 규정에 따라 식별되는 노동자 그룹이 아니라) 노동자 개인들을 대상으로 한다. 예를 들어, 단순히 팀원 모두가 공유하는 기준점이 아니라 똑같은 업무를 배당받은 다른 모든 노동자와 끊임없이 실적을 비교하여 평가하는 것이다. 그들을 감독하는 비용을 낮추기 위해 기업과 국민국가 둘 다는 점점 더 개인들에게 기업과 국가의 이익에 합치되는 방식으로 자기 관리를 하라고 요구한다. 노동자들은 직장에서든 직장 밖에서든 스스로 감독하고 삶을 책임져야 하고, 그럼으로써 그렇지 않을 경우 기업과 국가가 그들로 하여금 방침에 따르도록, 예를 들어 건강하고 생산적인 노동자가 되도록 만들기 위해 기울여야 할 수고를 하지 않아도 되게 해야 한다. 이런 식으로 개인은 그들의 경제 활동에서만이 아니라 그들의 삶 전체에서 관심의 대상이 된다. 직장에서의 행동 특징이 직장 밖에서의 행동 특징과 점점 더 구별하기 힘들어진다. 단순히 직장에서만이 아니라 행복하고 건강한 삶을 영위하려는 노력에서도 최대한 실적을 내기 위해 노력하면서 자신의 자산을 스스로 관리해야 한다. 혹 부채가 있다면, 노동 효율성에 필요한 신중한 비용 계산이 소비 패턴으로까지 확장되어야 한다. 단순히 생존하는 것만이 아니라 이자도 갚아야 하는 사람은 삶의 모든 영역에서 단 1원까지도 따져야 하는 것이다. 국민 전체의(그 안에서 개인들은 단순히 통계적 평균치로 간주된다) 안녕에 관심을 갖는 복지 국가와 반대로, 그리고 시민 사회와 경제 관계에서 개인의 자유로운 활동을 보장하기 위해 국가의 활동이 제한되는 자유주의 정부의 자유방임주의 의제와 반대로, 여기서 국가는 개인이라는 개체 간의 경쟁 관계를 보장하도록 사회를 관리하는 국제 금융의 적극적인 팔이 되고, 개인은 자신의 능력을 사용하여 최대한의 수익을 거두는 데 전념하는 독립적 사업체로 간주된다.[26]

금융 지배 자본주의의 정신

이 (다양한 종류의) 훈육은 작동 방식들의 모든 특정한 차이마다 한 가지 일반적 정신, 일반적 윤리를 가져온다. 막스 베버는 일단 자본주의가 자리를 잡고 돌아가기 시작하면 그것과 무관하게―종교에 의해―발생한 어떤 정신도 필요하지 않게 되리라고 주장한다. 그의 유명한 말을 빌리자면, 자본주의는 쇠우리(iron cage)가 된다. 자본주의가 마을에서 벌어지는 유일한 경기가 되고 나면, 사람들은 좋든 싫든 자본주의가 명령하는 행동 양식에 따를 수밖에 없게 된다. 자본주의가 조직하는 경제 활동 양식에 순응해야 하고, 그렇지 않으면 굶어 죽는다. 베버가 말하길, 그가 기술하는 자본주의 정신은 "현재에는…순수하게 적응의 결과로…이해할 수 있다.…누구든 삶의 방식을 자본주의적 성공 조건에 적응시키지 못하면 망하거나 적어도 출세하지는 못한다. 그러나 이는 현대 자본주의가 지배적이 되고 그것을 뒷받침하던 오랜 [종교의] 후원에서 해방되는 시기에 나타나는 현상이다."[27]

그러나 단순히 위협, 힘, 강압으로는 자본주의, 특히 금융 지배 형태의 자본주의가 요구하는 종류의 효율성과 생산성을 창출할 수 없다. 다른 선택의 여지가 없기 때문에 어쩔 수 없이 참고 견디며 마지못해 일하게 하면 효율적인 노동자를 만들어 낼 수 없다. 고용되어 있는 동안에도 굶주릴까 봐 걱정하는 것 역시 노동자의 생산성 향상에 도움이 되지 않는다. 베버 자신이 언급한 것처럼, 직원들이 단지 생계를 위해 더 많은 일을 하도록 임금을 낮추는 초기 자본주의 기법은 의도한 효과를 보지 못했다. 그런 기법은 단순히 노동자들을 무력하게 만들었고 그들의 집약적 활용을 막았다.[28] 금융 지배의 경제 체제는 고용의 불안정한 특성—인원 감축, 실업 상태나 불완전 고용 상태가 되는 것에 대한 지속적인 불안—을 유리하게 사용하는 것이 분명하지만, 일반적으로 그저 열심히 일하지 않으면 일어날 수 있는 일에 대한 두려움을 사용해 그토록 열심히 일하게 만들지는 못한다. 두려움 대신—혹은 적어도 거기에 덧붙여—일자리가 직원들에게 요구하는 것이 그들 스스로 바라는 것이 되어야 한다. 이상적으로는, 직원들이 원하는 것이 그들을 고용한 기업이 원하는 것에 완벽하게 수렴되어야 한다. 여기가 윤리나 정신이 들어오는 지점이다. 그 근본에 있는 문제는 자본주의의 요구에 부합하는 주체를 형성하는 것—스스로의 동력으로, 스스로 참여하는 행동—이다. 고용주가 원하는 것—당신의 능력을 최대한 효율적으로 사용하는 것—이 곧 당신이 원하는 것이자 당신 스스로 가치 있게 여기는 것이다. 그것을 이질적 세력에 의해 외부로부터 도입되어 억지로 강요당하는 것이 아니라 자기실현을 위한 당신 자신의 개인적 노력의 일환이라고 보기 때문이다.

  개신교 윤리는 다양한 형태의 포드주의로 나타난 산업 자본주의의 정신이었다. 거기서 한 가지 물건 생산에만 사용 가능한 값비싼 설비에 들어간 투자는 곧 대량 생산과 대량 소비를 의미했다. 그러한 개신교 윤리는 근면을 도덕 덕목으로 삼고 좋은 보수가 그에 대한 상으로 주어지는 하나의 가치 체계를 구성했다. 그러한 가치 체계에서 기대되는 것은 단일한 직업, 더 나아가 종종 단일한 직장에 종사하면서 일종의 직선적·점진적 승진을 하는 것이고, 이 모든 것은 만족을 뒤로 미루고 장기간 헌신하는 것이 합리적임을 암시했다. 기업은 느리고 꾸준한 수익을 추구했고—이는 오직 한 가지 물건만 만들 수 있는 장비에 큰 투자를 하고, 따라서 수익을 내기 위해 그 설비의 수명이 다하는 동안 그 물건을 대량으로 파는 것이 필요하다—이는 한 직업에 일평생을 바친 직원의 성공 추구가 느리고 꾸준한 성격을 갖는 것과 짝을 이루었다.

  이는 많은 면에서 더 이상 이 시대의 금융 지배 자본주의의 정신이 아니다. 금융 지배 자본주의에서는 끊임없이 변하는 요구에 대한 유연성과 적응력이 보상을 받고, 사람들은 직업이나 직무를 자주 바꿔야 하며 기술 재교육을 받을 필요가 있다. 기업은 직원에게, 직원은 기업에 장기적 헌신을 하지 않는다. 그러나 다른 많은 면에서, 새로운 자본주의 정신은 노동 윤리가 고조되고 강화된 형태로 지속되는 것과 다름없다. 무엇보다도 우선, 노력과 보상 간의 연결 고리가 끊어지지 않았고, 그 연결 고리는 고도의 도덕주의적 성격을 띤다. 잘 지내지 못하는 것은 다른 누구도 아닌 그 사람 자신의 잘못이다. 예를 들어, 단지 모기지 서류에 적힌 세부 사항을 읽고 이해할 만큼 충분히 똑똑하지 못했던 것이다. 둘째, 누구든 자신의 행동에 따르는 비용과 보상 모두 완전히 개인적으로 책임진다. 직업 종류를 잘못 고르는 실수를 했거나 출세를 위한 헛된 노력으로 취한 행동의 위험성을 정확하게 판단하지 못했을 때 도움을 줄 사람은 아무도 없다. 셋째, 이러한 개인이 떠맡는 책임은 자신과 다른 이들 간의 고도의 경쟁 관계를 유발한다. 당신의 입지는 끊임없이 확장되는 자리싸움에서 다른 이들을 이기고 결정된다. 예를 들어, 임금은 (다른 이들과 공유될 수 있는 직무 규정이나 연차가 아니라) 개인 실적에 따라 결정되고, 훌륭한 실적으로 간주되는 것은 다른 사람들이 당신의 월등했던 실적을 따라잡으면서 계속해서 조금씩 상향 조정된다. 넷째, 이 윤리는 전체주의화됨으로써 더욱 강화된다. 거기서 제외되는 '당신'은 없다. 이 윤리는 직장에서나 직장 밖에서나 삶의 모든 것을, 그리고 그 사람이 열망하는 것 전체를 포괄한다. 예를 들어, 빚을 짐으로써 한 사람의 과거, 현재, 미래가 식민지가 되는 방식으로 말이다. 마지막으로 다섯째, 전통적 개신교 윤리에서 고용의 단선적 궤적을 따르는 과거, 현재, 미래의 연속성 역시 새로운 자본주의 정신 안에서 그 은밀한 유사체가 발견된다. 현 질서와의 어떤 근원적 단절도 불가능해 보이게 만드는 방식으로 과거, 현재, 미래—사실 과거, 현재, 미래는 서로 함몰되어 뒤섞인다—사이에 끊을 수 없는 종류의 연속성이 존재한다. 이는 끊임없이 변하는 경제 질서 혹은 경제 체제로 그 속에 있는 참여자에게 끊임없이 변화를 요구하지만, 거기서 빠져나올 수 있는 방법은 없다. 미래는 단지 더 많은 똑같은 것을 약속할 뿐이다.

앞으로 이어지는 장들의 대략

상상력을 위축시키는 효과를 갖는 이 시간 융해는 다양한 방식으로 발생하며, 이는 앞으로 이어지는 장들의 구성을 돕는다. 첫째, 부채의 훈육은 현재와 미래를 단순히 과거 약속의 유물로 만든다. 끝까지 물고 늘어지며 면제받을 수 없는 과거 안으로 현재와 미래가 함몰되는 것이다. 둘째, 새로운 발전에 급속하게, 거의 즉각적으로 반응하도록 끊임없이 요구받음으로써 과거와 미래는 시야에서 사라진다. 오직 현재만 존재하는 것이다. 현재는 사람을 옭아매어 현재의 포로로 삼는 방식으로 모든 관심을 독점한다. 금융에 훈육된 피고용인들에게는 오직 현재의 비상 상황만 있을 뿐이다. 그들도 빈곤한 사람들이 훈육되는 방식과 거의 똑같이 훈육된다. 여유 자금은 고사하고 생계비조차 빠듯한 경우에는, 모든 어려움이—심지어 타이어에 바람만 빠져도—즉각 모든 신경을 곤두세워야 할 위기 상황으로 느낄 만큼 위협적인 것이 된다. 기업이 주식 시장에 의해 야기되는 시간 압박에 적응하여 단기 실적에만 몰두하는 것처럼, 개인 역시 미래를 위한 계획을 세울 수 없다. 즉각적 반응을 요구하면서 오직 거기에만 주의를 기울이게 만드는 현재의 비상 상황의 무게 아래서, 미래에 생길지도 모르는 필요는 의식 뒤편으로 후퇴하고 바로 그런 의미에서 현재 안으로 함몰된다.

오직 현재 **외에는** 아무것도 존재하지 않는 동시에, 어떤 시간적 지평을 갖는 의사 결정의 토대를 형성하든 현재를 **위한** 것 역시 아무것도 없다. 변화하는 상황들의 급격한 반전과 함께 현재는 축소된다. 모든 것이 순식간에 바뀐다. 정말로, 경제적으로 중요한 현재는 경험되기에 너무 짧은 무언가로 축소되어 버린다. 서로 다른 시장들을 오가며 유사한 금융상품의 가치 차이를 통해 차익을 추구하는 전자화 거래에서는 나노 초 만에 1조 원을 벌어들일 수도 있다. 학자 데이비드 하비(David Harvey)가 논평하듯, "속도, 그리고 거리와 회전율 시간에서 발생하는 마찰력의 급격한 축소는…급하게 실행해야 하기 때문에 아무 생각 없이 하게 되는 것 외의 다른 대안을 상상하거나 구축할 시간을 차단해 버린다."[29]

과거, 현재, 미래는 미래의 가치를 지향하는 2차 금융 시장에서도 서로에게로 함몰되는 경향이 있다. 한편으로, 현재의 가치는 전적으로 미래 가치에 대한 예상으로 결정된다. 현재의 가치는 그저 예측된 미래**다**. 다른 한편으로, 미래의 가치가 어떨지는 현재의 기대에 의해 결정되고 그 안으로 함몰된다. 앞서 언급한 것처럼, 2차 시장에서 현재의 기대는 자기 충족적 예언이 된다. 모든 사람이 어떤 주식의 가치가 오르리라 예상하고 그것을 사면 주식 시장에서 그 주식의 가치는 실제로 **오를** 것이다.

이 모든 시간적 효과의 핵심은? 현재와 근원적으로 다른 어떤 미래도 상상할 수 없게 되는 것이다. 그 결과는 일종의 자본주의 자체의 전체주의화다. 현재의 자본주의 구성 **외부에는** 어떤 미래도 존재하지 않게 된다.

기독교 신학자로서 내가 여기서 하려는 것은 (1) 안녕할 권리와 일을 묶어 놓는 연결 고리 타파, (2) 우리를 '생산적' 자아와 동일시하는 것 타파, (3) 현재의 자본주의 구성 방식 아래에서 창의적 가능성을 구속하는 시간의 연속성과 시간의 함몰 타파를 위한, 내가 믿기로 훌륭한 신앙적 이유를 제시함으로써 개신교 반노동 윤리(anti-work ethic)를 제시하는 것이다. 베버가 집필하던 시대와 달리 아마도 지금은, 프레드릭 제임슨(Fredric Jameson)이 말한 의미에서의 고립 영토, 즉 오늘날 돈이 만들어지는 방식이 명백한 중요성을 갖지 않는 자립하는 문화적 후방 지역이야말로 모든 것을 포괄하려는 시스템에 대한 적절한 반격으로서, 자본주의 외부로부터 그에 맞서 대항할 능력을 가져올 수 있는 것 같다.[30] 현재의 자본주의 구성 방식이 안으로부터의 근본적 개혁을 상상할 수 있는 여지를 그다지 허락하지 않는다 할지라도, 우리는 여전히 그와 근원적으로 결별할 수 있다. 그 방법은, 전통적 유토피아로는 현재의 상황에서 벗어나는 작용이나 이행을 '역사적 혹은 실용적-정치적' 방식으로 일관성 있게 설명할 수 없다는 사실을 의아하게 만드는 것이다. "어떤 대안도 가능하지 않다는 확신…에 대한 답"은 "결별 이후의 모습이 어떨 것인지에 대한 더욱 전통적인 그림을 제공하는 것이 아니라 우리로 하여금 결별 자체를 생각하게 함으로써" 나온다.[31]

단순한 내부적 개혁이 아니라 혁명적 대안을 위한 그러한 시도와 함께, 나는 기독교가 근원적 시간 불연속성의 종교이며 그에 따라 근원적으로 파열적인 변혁에 대한 기대를 고취한다는 점을 보여 주고 싶다. 예를 들어, 부채를 통해 과거와의 끊을 수 없는 연속성을 불가피하게 만드는 자본주의와 달리, 기독교는 과거와 현재가 수립해 놓은 우리 자신으로 더 이상 존재하지 않을 수 있다는 소망을 드러낸다. 바로 그것이 새 생명으로의 회심이 의미하는 바이며, 죄악된 '옛 사람'에 대해 죽는 것으로서 세례가 지니는 의미다. 우리는 여전히 죄인이지만 더 이상 죄의 효력 아래 있지 않다. 과거에서 자유롭게 되어 새로운 토대 위에서 살아갈 수 있다. 우리는 어떤 극적인 격변에 의해, 한 존재 양식에서 다른 존재 양식으로의 철저한 변화에 의해 우리 자신과 결별할 수 있다. 비유적으로 죽음을 통과하는 길로 극적으로 표현되는 것처럼, 새 생명으로 거듭난 자아와 원래의 자아가 완전히 분리되는 근원적 전환인 것이다. 피에르 아도에 따르면, 푸코는 기독교가 탄생한 헬레니즘과 로마 문화에서 이해하는 회심과 기독교의 회심을 대조하며 이렇게 말한다. "기독교 회심의 근본 요소는 자기 부인, 자기에 대해 죽는 것, 그리고 존재, 존재 양식, 습관이나 에토스에서 이전의 자아와 더 이상 아무 상관없는 다른 자아와 새로운 형태로 거듭나는 것이다."[32]

심지어 죄와 상관없이도, 기독교의 소망은 상당히 과분하게 넘치는 경향이 있다. 구원받는다는 것은 단순히 유한한 피조물로서 가능한 어떤 것도 뛰어넘는, 근원적으로 변화된 자아를 갖게 되는 것이다. 구원받는다는 것은 자신을 초월해 끌어올려짐으로써 바로 하나님의 생명에 참여하게 되는 것, 하나님 자신의 생명—영원한 생명—의 속성들을 공유하게 되는 것이다. 그저 유한한 생명을, 그때까지 알아온 방식의 우리 인생 전체를 뒤로 하고 떠나는 것이다. 짧게 말해, 하나님처럼 되는 것(to be deified), 가능한 가장 근원적인 방식으로 우리 자신과 다르게 되는 것이다. 그러한 변화는 인간과 하나님 간의 순전한 차이, 그 무한한 간극을 반영하기 때문이다.

그러므로 구원받는다는 것은, 그리스와 로마의 문화에서 자주 의미하던 것처럼 해로부터 지켜지는 것, 위협이 되는 위험으로부터 경호, 보호, 방어되는 것, 그리하여 기존 상태가 유지되는 것을 의미하지 않는다. 안전하게 지켜짐으로써 이전에 존재하는 상태 그대로 유지되는 것이 아니다.[33] 그 대신, 구원받는다는 것은 근본적으로 단절된 삶을 사는 것이다. (완전히) 그렇게까지는 아니라면, 지금은 우리의 과거와 현재의 경험과 전혀 같지 않을 미래에 대한 소망 안에서 사는 것이다.

이 근원적 종류의—한편으로 과거와 현재에 우리는 누구인가, 다른 한편으로 우리는 누구일 것인가 사이의—분리는 하나님의 행하심을 필요로 한다. **하나님**이 우리를 여기에서 저기로 움직이신다. 우리 자신과의 결별은 우리 자신 이상을 필요로 한다. 그것은 우리를 **위해** 행해져야 하는 일이다. 따라서 우리가 얻게 되는 것—우리가 이르게 되는 곳—은 우리 자신의 성과에 따른 문제가 아니라 오히려 (특히 죄를 고려할 때) 우리 자신의 힘으로 성취한 것이 역전된 것일 가능성이 높다. 그렇기에 새로운 자본주의 정신이 조언하는 것처럼 미래의 운은 공로로 얻어 내는 것으로 이에 대한 책임은 개인에게 있다고 말하기가 아주 어려워진다.

회심, 구원, 그리고 이것들을 보장하는 데서 하나님의 행하심이 갖는 위치에 대한 설명 외에도, 기독교의 하나님 이해 역시 새로운 자본주의 정신의 전형인 시간의 함몰을 잠재적으로 붕괴시킨다. 초기 교회에서 그리스도에 대한 엄청난 주장이라는 부담 아래 발전된 기독교의 하나님 이해는, 신성을 세상 질서나 사물의 작동 근거 같은 이 세상의 어떤 특정한 특징과 긴밀하게 연계함으로써 하나님을 이 세상의 신으로 만드는 것이 아니다. 하나님은 세상을 초월해 계시며, 세상의 어떤 부분과도 같지 않다. 하나님은 세상에서 발견되는 그 어떤 것의 예시도 아니다. 따라서 하나님께 순응하는 것은 사물이 원래 존재하는 방식에 순응하는 것으로 이어지지 않는다. 예를 들어, 하나님께 순응하는 것은 (고대 스토아주의에서처럼) 우리의 개인적 목표를 사물의 우주적 질서에 담고 합치시켜 그 질서와 조화를 이루게 하는 것을 의미하지 않는다. 후자의 경우는 많은 면에서 새로운 자본주의 정신이 지금 시대의 전 지구적 자본주의를 우주적으로 기정사실화함에 따라 우리 자신의 욕망을 더 큰 기업이나 보편적 시장의 질서에 완벽하게 수렴시키라고 충고하는 방식과 비슷하다.

    어떤 면에서는 아주 오래된 정신이라 할 수 있는 기독교의 정신이 새로운 자본주의 정신에 맞선다는 것은 무엇을 의미하는가? 이에 관해서는 앞으로 이어지는 장들을 통해 더욱 많은 내용을 이야기할 것이다.

2장

과거의 사슬에 묶여

금융 지배 자본주의가 시간을 구성하는 방식, 그럼으로써 인간 주체성을 조직하고 자본주의에 대한 비판을 가로막는 주된 방식 중 하나는 현재와 미래의 행동에서 과거의 중요성을 극대화하는 것이다. 현재와 미래에 일어날 수 있는 일은 과거에 앞으로의 일에 관해 결정했던 것—자의든 타의든—에 엄격하고 철저하게 따라야 한다. 과거는 현재와 미래의 행동에서 어떤 단절이나 균열도 가차 없이 차단해 버리는, 개인적으로 강요되는 명령이나 지시로 우리를 찾아온다. 현재와 미래는 과거에 포로로 잡혀 있다.

금융 지배 자본주의에서 빚을 통해 수익이 창출되는 방식은 인간 주체성에 이러한 종류의 시간적 영향을 일으키는 한 방법이다. 재정난에 빠진 개인은 금융의 지배를 받는 기업과 정부가 더 이상 제공하지 않는 것, 즉 한편으로는 최저 생활 임금, 다른 한편으로는 교육 보장 및 힘든 시기에 공급되는 단순한 생존 이상의 필요를 메꾸기 위해 점점 더 빚을 지게 된다. 한 달이 지나기도 전에 급료는 어김없이 바닥나고, 생활비를 위해 터무니없는 이자율의 신용카드 현금 서비스 액수를 늘리거나 소액 단기 대출을 받는 수밖에 없다. 정부는 더 이상 교육비를 제공하지 않고 필요한 학비를 대출받기 쉽도록 만든다. 정말로 채권자들에 의해 긴축 정책을 강요받는 국가는 경기 침체 완화를 위한 정부 지출 책임을 점점 더 거부한다. 경제 성장을 견인할 책임이 개인들, 이제 그들의 빈약한 수입보다 많은 지출을 감당할 수 있는 방법이 개인 부채밖에 없는 사람들에게로 옮겨지는 것이다.[1] 이런 종류의 강요된 부채—궁핍한 상황에서 기본적 필요를 충족시키기 위한—의 효과는 미래의 가능성을 확장시키기보다는 제한하며, 새로운 가치를 생산하기보다는 기존에 존재하던 가치를 쥐어짠다. 이런 종류의 빚은 그저 개인들을 그러한 빚을 떠안게 된 과거에 옴짝달싹할 수 없는 방식으로 옭아맨다. 나는 이번 장에서 이 모든 것이 우연한 결과가 아니라, 금융 지배 자본주의에서 빚을 통한 이익 창출을 위해 세심하게 기획된 메커니즘이라고 말할 것이다.

인간 주체성에 끼치는 대부분의 동일한 시간적 효과는, 가능한 최소의 비용으로 최대 수익성을 원하는 주식 시장의 요구를 충족시키기 위한 일터 재구성을 통해, 곧 주주 가치의 관심에 부합하는 방식의 경영 실천을 통해 발생한다. 과거의 결정은 변경할 수 없다는 사실은 급여에 의존하는 소수의 노동자에게서 최대치를 얻어 내는 방법, 명령을 받는 다른 회사들이 그들의 노동자를 쥐어짜도록 압력을 가하는 방법이 된다.

빚을 짐으로써 혹은 고용주를 위해 직무를 수행하는 데 동의함으로써 우리는 점점 가차 없는 요구의 성격을 띠는 미래 행동에 대한 기대에 부합하여 살기를 약속하고, 따라서 그러한 기대를 충족시킬 개인의 책임을 떠맡는다. (파산 선언이나 사직같이) 간단한 출구 대신, 예를 들어 취직같이 자신의 거취에 관한 이전의 결정으로 시작된 길로 계속 간다는 것은 그와 관련된 과거의 결정에 엄격하게 부합하는 미래를 위해 일하는 것을 의미한다. 모든 현재는 과거에 몰두해 있고, 미래에 대한 모든 기대는 과거에 예상이라는 형식으로 이미 마음속에 그려 놓았던 것에 지나지 않는다. 무엇이 따라오든, 미래가 그 외에 무엇을 가져올 수 있든 상관없이, 우리는 말하자면 약속된 미래에 관한 기억에 의해, 매 순간 우리의 행동이 책임져야 할 과거에 세운 미래의 목표에 의해(그 목표가 대출 최종 상환의 형태를 띠든 근무 실적 기준표의 형태를 띠든) 현재에 묶인다.²

과거는 어떻게 가차 없는 요구가 되는가

여기서 과거의 결정이 가차 없는 성질을 갖는 부분적인 이유는, 일단 거기 서명하고 나면 어떤 수정도 할 수 없고 융통성도 전혀 없어서 채무자나 노동자의 삶에 예상치 못한 우발적 상황이 일어나도 근본적인 계약 조건 재협상을 요구할 수 없다는 것이다. 실제로, 처음의 조건에 서명하겠다는 결정은―말하자면 10년 안에 차 할부금을 모두 갚겠다고 동의하는 것은―종종 단순히 그러한 최종 목표와 관련된 미래의 모든 우발적 상황을 관리할 모든 책임을 스스로 지는 것을 의미한다. 따라서 모든 위험과 어려움을 포함하여 자신의 인생을 잘 관리함으로써 부채를 상환할 임무에 실패하는 것은 그 대가를 스스로 지는 것을 의미한다. 그동안 어쩌면 차의 실제 가치보다 훨씬 많은 할부금을―높은 이율 때문에―이미 지불했을 수 있음에도 차를 압류당한다.

　수단에 대한 책임은 지지 않고 목표를 고정해 버리는 것은, 금융 지배 자본주의에서 쉽게 만족하지 않는 과거의 '싫으면 말고' 식의 특성을 보여주는 전형적인 부분이다. 특정 목표를 달성하기 위해 필요한 무엇이든 하라는 것이며, 최초의 목표만 본질적으로 아무런 해를 입지 않고 수정되지 않은 채 허락된 시간 내에 달성할 수 있다면 어떻게 달성할 것인지는 일을 맡은 이들이 재량껏 알아서 하라는 것이다.³ 따라서 2주 내에 새로운 제품 라인을 디자인하는 임무를 맡은 팀은 자율적으로 운영된다. 원청 업체로부터 T라는 시간 안에 특정 품질을 보장하는 제품을 X개 납품하라는 요청을 받은 하청 업체 역시 마찬가지다. 기업은 그러한 일들에 대한 책임을 다른 이들에게 간단히 떠넘긴다. 직원이나 하청 업체는 기업의 요구에 응하여 자체 운영되기 때문에, 기업이 주문한 것을 만족스럽게 달성하는 것을 가로막는 어떤 우발적 상황도 그들의 책임이 되며 이는 교훈적 효과가 아주 높다. 이런 식으로 미래 실적에 대한 기대에서는 봐주기나 관용의 여지가 없어진다. 이전에 세운 목표를 달성하지 못하는 것은, 그 원인이 무엇이든, 예상 가능한 문제였든 아니든, 노동자의 제어가 가능하든 아니든 상관없이 똑같이 처벌되어야 할 범죄처럼 간주되고, 곧바로 해고당하거나 미래의 모든 계약 기회를 박탈당하는 것은 당연시된다.

 금융 지배 자본주의에서 과거가 가차 없는 요구가 되는 것은, 미래의 성과를 위한 과거의 목표가 종종 달성 불가능해 보이고 따라서 현재와 미래의 행동 가능성을 고도로 옥죄는 효과가 있는 것과도 상관있다. 그 목표를 달성하기 위해서는 다른 모든 게 희생되어야 하는 것이다.⁴

 미래에 대한 과거의 요구를 만족시키기 어려운 것은 부분적으로, 이런 방식의 시간 구성이 금융 지배 자본주의의 동일하게 일반적인 다른 요소와 부조화를 이루기 때문이다. 현재와 미래의 행동은 과거의 결정에 묶여 있는데, 우리가 처한 상황은 극도로 변덕스럽고 미래에 대한 예상은 신뢰하기가 매우 힘들어진다. 앞으로 30년 동안 매달 지속적인 모기지 상황을 약속했는데, 동시에 일자리는 점점 더 불안정해진다. 노동 연령 내의 어느 시점에 정리 해고를 당하거나, 인생 대부분 동안 오직 불규칙하게 주급이나 월급을 받는 계약직, 파트타임, 상시 대기직을 전전할 가능성은 점점 커진다. 빚의 형태로 가해지는 과거의 요구는 그 사람의 안정적인 생계를 전제하는 것처럼 보이지만 전혀 그렇지 않다.[5]

유사하게, (미국의 경우처럼) 고용주는 최초의 직원 채용 결정을 마음대로 철회하거나 시장 조건의 예상치 못한 변화를 반영하기 위해 직원에게 부담을 주는 방식으로 근무 시간표를 변경하거나 목표를 전환할 권리를 가짐으로써 과거의 사슬에서 자유로워질 수 있는 반면, 노동자들은 그렇지 못하다. 목표 달성을 어렵게 만드는 것―제품이나 서비스가 시장에 나오기까지 필요한 시간이 지나는 동안 지속적으로 변화하는 조건을 관리해야 하는 것―은 노동 인력의 책임이 된다. 어떤 제품이나 서비스든 시장에 오기까지 적어도 일시적으로는 비신축적 목표가 요구되는데, 그러한 목표를 추구할 때 지속적으로 변화하는 조건을 관리하는 데 드는 비용은 다른 이들, 곧 자체 운영되는 노동 인력이나 하청 업체의 책임이 되는 것이다.

여기서 노동자가 변동성을 관리할 때 만나는 어려움은 단지 운에 따라 겪을 수도 있고 피할 수도 있는 그런 것이 아니다. 계획을 수립하고 빠르게 변하는 조건을 반영하기 위해 수정을 거친 뒤 일단 최종 결정되고 더 이상 바꿀 수 없게 되면, 누군가는 그러한 목표 달성을 가로막는 예상치 못한 우발적 상황에 의한 방해물을 처리해야 한다. 나 대신 당신이 하는 건 어떤가? 금융 지배 자본주의에서 다른 면으로 일반적인, 과거를 부정하는 유동성의 문화는 그 자체로 생산 과정에서 노동자를 과거에 더욱 철저하게 옭아매는 직접적 효과가 있다.

금융 지배 자본주의는 그 안에서 이루어지는 대부분의 수익 창출 기법이 과거의 결정이 가져오는 제약을 거부하는 것에 근거하는 유동성의 문화다. 과거의 모든 약속을 재논의하고 개정하는 것이 허용되는 제도적 메커니즘이 실행된다.[6] 그래서, 예를 들어 증권 거래소는 주가가 지속적으로 재평가되는 것을, 또한 그러한 주식 시장 참여자들이 이러한 가격 변동 신호에 반응하여 앞서 구매한 주식을 언제든지 파는 것을 허용한다. 증권 거래소 같은 2차 시장을 통해, 자금을 대겠다는 과거의 결정은 수익성이 더 높은 투자 기회를 찾다가 원할 때면 언제든지 팔고 빠짐으로써 철회될 수 있다. 집 구매자에게 빌려준 모기지는 채권으로 재포장되어 투자자들에게 판매되고, 그러면 원래 집 구매자들에게 빌려준 돈은 즉시 은행으로 되돌아와 재사용된다. 대출해 준다는 과거의 결정이 가져오는 위험 부담은 이제 더 이상 그러한 최초 대출 기관이 아닌 채권 소유자에게 이양되며, 유사하게 이들도 그 대출이 일으키는 어떠한 채무 불이행의 위험도 기꺼이 그러한 채권에 대한 보험을 인수하려는 이들에게 넘길 수 있다.

또한 주주들의 최대 수익성 요구에 훈육된 기업은 일반적으로 매몰 비용이 가져오는 생산 상의 제약을 탈피함으로써 더 큰 수익을 달성하고자 애쓴다. 기업은 수익을 극대화하기 위해 이른바 포스트포드주의 방식의 절약형 적시 생산 기법을 사용하여, 비축된 부품이든 주문을 기다리며 창고에 쌓여 있는 완성품이든 오직 한 가지 물건만 생산하는 기계든 미래의 생산과 관련해 그들에게 제약이 될 수 있는 모든 종류의 부동 자본 비용을 피한다. 이미 생산한 것 혹은 설비의 방식으로 이미 구입한 것이 소비자 수요 변화에 대한 기업의 대응 능력을 더 이상 제한하지 않는다. 기업은 현재 주문량을 충족시킬 만큼만 생산하고, 따라서 사람들이 더 이상 사고 싶어 하지 않아 보이는 것을 더 팔기 위해 노력해야 하는 암울한 전망에 직면할 필요가 없다. 그리고 보유 설비를 재조정해서 새로운 생산 라인에 사용할 수 있고, 따라서 미개척 시장을 차지하거나 소비 감각의 변화에 반응할 수 있다. 얼마 동안이라도 사용되지 않거나 팔리지 않은 채로 남아 있거나 낭비되는 것은 없고, 동일한 기계는 필요할 때마다 생산 라인을 바꾸어 가면서 다양한 종류의 제품을 끊임없이 생산한다.

투자 효율성 극대화를 위한 이 동일한 포스트포드주의 기법들은 일반적으로 인간 자본에 대해서도 이동성을 강요한다. 기계에게 요구하는 것을 사람에게도 요구하는 것이다. 예를 들어, 기업들은 오직 한 종류의 전문성이나 기술만 가진 사람을 채용하는 과거의 결정 때문에 미래의 생산에 제약을 받는 대신, 직원들에게 여러 업무를 수행할 수 있는 능력을, 즉 변화하는 생산 요건에 따라 자유자재로 다양한 업무를 수행할 수 있는 능력을 요구한다. 따라서 노동자는 단순히 특정 기계를 다루는 방법뿐 아니라, 예방적 관리를 어떻게 하는지, 생산력에 변화를 주려면 부품을 어떻게 교체해야 하는지, 그러한 새롭게 가능해진 목적을 위해 그 기계를 어떻게 효율적으로 사용할 수 있는지 알아야 한다. 기계의 다중 작업은 노동자의 다중 작업과 짝을 이룬다.

이 모든 포스트포드주의 기법은 기업의 생산력이 과거의 투자 결정에 제한을 받지 않게 해 주는 반면, 생산 공정이 극도로 빡빡하게 흘러가도록 함으로써 노동자에게는 정반대의 영향을 끼친다.[7] 포스트포드주의 조건 아래에서는 생산 공정에서의 이전 작업이 훨씬 부담이 되는 성격을 띤다. 다른 이들이 앞서 작업한 것은 이제 노동자에게 더 많은 것을 요구하고, 그런 의미에서 더욱 다루기 힘들어지고 더 많은 노력을 강요한다. 이전의 부품 조립 생산 라인과 비교할 때 이제 노동자는 더 강도 높게 움직여야 하는데, 재고 부족은 생산 공정에서 모든 여유를 앗아 가고 따라서 (원칙적으로는) 모든 휴식이나 한가한 시간이 사라지기 때문이다. 다른 사람들의 작업 속도가 너무 느려서 그들의 작업에 가치를 부가하기 위해 기다리거나, 생산 체인에서 멀리 떨어져 있는 작업자들이 필요한 양보다 훨씬 많이 생산한 덕에 여유가 생기는 경우는 더 이상 없다. 실시간으로 주문과 생산을 연결하고 그에 따라 생산 공정의 각 부분을 통제하는 전산화 기술을 통해, 부품이든 완성품이든 과소 혹은 과대 생산이 빚어내는 병목현상이 발생함으로써 기업 내부의 생산이나 고객에게 배달하는 과정 어디서든 제품의 흐름이 방해받는 일은 더 이상 일어나지 않는다. 예를 들어, 완성품은 출고되기 직전 창고에 입고되고, 이는 재고 수송을 담당하는 이들의 일이 쉼 없이 이어지게 한다. 제품이 끊임없이 움직이기에 노동자도 끊임없이 움직인다. 직장에 있을 때 그들은 항상 일하고 있다. 생산과 고객 주문을 실시간으로 연결시키는 동일한 전산화 기법을 통해 꼭 필요할 때만 노동자를 불러들일 수 있기 때문이다. 심지어 기계 오작동으로 인한 고장 때문에 끊임없이 이어지는 작업 흐름이 방해받는 경우도 훨씬 줄어든다. 고객 주문이 줄어들 때마다 노동자가 자신의 작업 위치에서 실시하는 정기 점검이 그러한 방해를 예방하도록 고안되었기 때문이다. 그리고 고장이 발생했을 때에도 그 기계를 작동시키는 노동자는 도와줄 사람이 올 때까지 가만히 기다리지 않고 곧바로 스스로 수리할 수 있다. 게다가 태만이 가려질 수 있는 이전 형태의 조립 생산 라인과 달리, 빡빡한 흐름이 요구하는 연속된 작업 속에서 일어나는 과실은 곧바로 모두가 알게 된다. 흐름에는 느슨한 부분이 전혀 없기 때문에, 흐름은 그 흐름에 따라가지 못하는 것에 취약하고 관용의 여지가 없다. 하나의 실책만으로 라인 전체가 멈춘다. 이 모든 방식으로, (최초의 고객 주문에서 시작해 해당 노동자가 책임지는 작업 이전까지의 모든 생산 단계를 따라 진행되는) 과거는 끊임없이 작동하고 피할 수 없으며 수그러들지 않는 압박의 성격을 띤다.

단지 조립 생산 라인이나 유통 흐름만이 아니라 모든 종류의 일에 적용할 수 있도록 좀 더 단순하고 일반적으로 말하자면, 금융 지배 자본주의에서 거의 불가능한 요구를 하는 환경을 설정하는 것은 노동자에게서 가능한 최대의 노력을 짜내기 위한 의도적 전략이다. 최대 수익성을 바라는 주주의 압력이란 더 적은 것으로 어떻게든 해내라는 말이다. 인건비는 비용을 가능한 한 줄이기 위해 최대한 삭감되는데, 이는 전에 훨씬 많은 수의 노동자가 하던 일을 이제 더 적은 수의 노동자가 해야 한다는 의미다. 그런 조건에서는 미래의 어떤 목표든ㅡ말하자면 그러한 비용 절감 조치 이전에 일반적이던 수준의 기업 생산 목표조차ㅡ대부분 달성하기가 더 어려워지고, 남은 소수의 직원에게 최대한의 노력을 요구하는 상황이 된다. 그러나 다시금, 투자 수익률 증가에 대한 시장의 압력 아래 있는 기업들은 직원들이 직무 수행에서 더 높은 생산성을 드러내고 시간을 더 효율적으로 사용하여 더 빠른 속도로 더 많은 일을 하도록 만들기 위해 노력하면서 일반적으로 더 어려운 일을 맡긴다. 예를 들어, 노동자들은 훨씬 더 복잡하고 세밀함이 필요한 일을 훨씬 짧은 시간 안에 수행하기를 요구받는다. 짧게 말해, 그들에게 주어지는 업무는 끊임없이 엄청난 강도로 기꺼이 일하려 하지 않는 한 달성 자체가 거의 불가능해진다. 노동자는 더욱 생산적이어야 하고, 그럴수록 이제 그들에게 더욱 많은 것이 요구된다.

거의 불가능한 요구를 설정하는 것은 주주의 최대 수익성 압력을 충족하기 위해 핵심-주변부 모델에 따라 운영 방식을 재조직하는 기업의 전형적인 비용 절감 메커니즘이기도 하다.[8] 사업에서 수익성이 가장 높은 부분ㅡ핵심 부분ㅡ은 기업 내부에 유지시키는 반면, 수익성이 가장 낮은 부분은 외주로 돌리거나 하청 업체에게 책임을 맡김으로써 그러한 서비스나 생산 요소를 구매하는 원청 업체 중심의 주변부를 형성하는 것이다. 디자인 팀과 마케팅 팀, 그리고 사업을 이끌어 가는 경영 본부는 가장 많은 가치를 부가시키는 부서이고 모든 돈벌이를 가장 직접적으로 책임진다. 그들은 회사가 계속 직접 고용해야 한다. 환경미화원과 관리부 직원, 그 밖에 데이터 입력과 회계 업무를 담당하는 직원—비본질적 역할을 수행하는 모든 노동자—은 단지 생산이나 최종 서비스 제공에 드는 비용일 뿐이며, 외주를 주거나 사내에서 일하더라도 다른 업체에 고용된 노동자들이어야 한다. 최종 제품을 구성하는 모든 부품, 즉 생산 비용을 형성하는 모든 투입 요소, 최종 서비스 제공을 위한 비용을 구성하는 모든 보조적 역할—법률 검토와 시장 분석 같은 것—은 하청이나 외주를 줄 수 있다. 정말로, 디자인과 판매 사이에 존재하는 생산의 모든 측면—실제 부품 조립, 경영 본부의 거래 성사를 가능하게 해 주는 모든 역할—이 하청이나 외주로 이루어져야 한다.

원청 업체의 제품이나 서비스 최종 공급에 기여하는 이러한 모든 부수적 제품과 서비스에 대해서도—애플 컴퓨터든 사채 발행이든—여전히 비용이 들어가겠지만, 이제 그 비용은 최소화된다. 회사가 직접 고용할 때보다 훨씬 적게 드는 것이다. 이는 단순히 시장 경쟁의 기능이다. 원청 업체가 필요로 하는 것을 제공할 수 있는 그 많은 회사 모두가 사업을 따내기 위해 서로 경쟁하고, 그럼으로써 가격 하락을 부추긴다. 환경미화원이 해당 기업 소속인 경우, 공개 시장의 다른 업체에 의해 공급될 때보다 여러 가지 다양한 이유로 훨씬 더 많은 임금을 받는다. 그러한 업체 수를 고려할 때(신생 청소 업체의 업계 진입을 막는 방해물은 거의 없다), 원청 업체는 청소 서비스 가격을 쉽게 깎을 수 있다. 정말로, 최대 수익성을 위한 주주의 압력을 받는 원청 업체는 그 이하로는 절대로 내려갈 수 없는, 싫으면 말고 식의 최저 가격을—시장 점유율과 질 좋은 제품을 제공할 수 있는 경쟁 하청 업체 수에 따라 다소 달라질 수는 있지만—정할 수 있다.

이러한 하청 업체의 이윤은 어떤 경우든 일반적으로 상당히 낮다. 이것이 원청 업체가 제품과 서비스 제공의 직접적 책임을 포기하는 중요한 이유다. 그러나 이제 그러한 이윤은 원청 업체의 가격 요구에 의해 남는 게 아예 거의 없을 정도로 가능한 가장 낮은 한계 수준까지 더욱 낮춰지도록 강요된다. 원청 업체의 거의 불가능한 수준의 가격 요구는 하청 업체 직원들의 임금을 낮출 수밖에 없게 만드는 것 이외에도—직원들은 종종 최저 임금 이하로 받는다—하청 업체로 하여금 최소 인원의 노동자를 고용하여 종종 노동법을 위반하면서까지 가능한 많은 일을 시키도록 압력을 가한다. 예를 들어, 직원들은 일상적으로 추가 급여 없이 공식 근무 시간 전후에도 일하도록 강요받는다.

인건비를 줄이도록 압력을 받는 하청 업체 역시 원청 업체와 똑같이 핵심-주변부 비용 절감 전략을 사용할 수 있다. 예를 들어, 더 소규모 청소 업체를 여럿 모아 브랜드 창립자가 되고, 그런 방식으로 가맹업체의 이윤을 쥐어짬으로써 자신의 수익을 늘릴 수 있다. 이런 방식으로, 공급업체의 순차적 사슬을 따라 내려갈수록 수익은 점점 적어질 수밖에 없다. 원 기업에 가까울수록 수익은 커지며, 원 기업 자체는 엄청난 투자 수익을 거둔다. 그리고 사슬을 따라 내려가면서 수익이 줄어들면, 노동자에게 더 적은 돈을 주고 더 많은 일을 시켜야 하는 압력은 더 커진다. 원 기업 자체와 직접 공급업체들은 더 많은 직원을 고용하고 그들을 덜 혹사시켜도 될 만큼 충분한 수익을 거두지만, 그렇게 하지 않는 것이 바로 이 사업 모델의 일부다. 월가(Wall Street)에서 정해 놓은 최대 수익률이라는 목표가 그렇게 하지 못하도록 막는 것이다. 이런 방식으로, 노동자로부터 최대한의 고강도 노동을 뽑아내려는 거의 불가능한 수준의 요구는 위에서 아래까지 공급 사슬 전체의 특징이 된다.

수익 창출 목적을 위해 거의 불가능한 요구를 하는 설정은 금융 지배 자본주의에서 부채가 작동하는 전형적 방식이기도 하다. 우리는 대출이 충분한 상환 가능성이 있을 때에만 수익성이 있다고 생각할 수 있다. 이론적으로 대출은 상환을 위한 것이고, 그 수익은 채권자가 받는 이자와 대출 자금을 확보하는 데 드는 비용 간의 차액에서 발생한다. 수익이 일차적으로 상환에 근거한다면, 채권자는 그러한 상환을 위협할 정도의 채무를 통한 채무자의 수입 원천 늘리기를 원치 않을 것이고, 또한 대출받은 자금이 채무자에게도 결국 수익을 안겨 주리라 예상하고 대출을 해 줄 것이다. 채무자의 수익이 결국 대출금 상환 자금의 주요 원천이 되기 때문이다. 이와 반대로, 금융 지배 자본주의의 조건에서는 대출 상환의 요구를 충족시키는 데 어려움을 겪게 하는 것이 핵심처럼 보인다. 정말로, 채무자의 지불 불능 상태까지 몰고 가는 최대한의 어려움이 어떤 이상적인 것이 된다.

부분적으로 이는 대출의 수익이 원 채권자가 채무자의 이자 및 원금 상환을 조금씩 느리게 받는 것을 통해 창출되지 않고, 투자자들에게 즉시 판매 가능한 채권으로 그러한 대출을 재포장함으로써 창출되기 때문이다. 그러한 채권은 투자자들에게 돌아가는 이율이 높을수록 인기가 있고, 이는 원 대출의 이율이 가능한 높아지게, 하지만 채무자의 지불 능력을 넘어서진 않을 정도로 높아지게 한다. 신용 등급이 낮은 재정적으로 쪼들리는 채무자는 대출의 주요 대상이 된다. 채무 불이행의 높은 위험을 보상하기 위해 그들에게 (아주 비싼 수수료와 함께) 높은 이율을 적용할 수 있기 때문이다.[9]

실제로 채무 불이행이 발생하는 것이 좋은 일은 아니다. 적어도 투자자들을 겁먹게 할 정도로 빠르고 전면적으로 일어나는 경우에는 말이다. 언젠가는 일어날 수밖에 없는 일을 늦추기 위해, 채무 불이행의 위험이 있는 사람에게는 더 많은 돈이 대출된다. 예를 들어, 처음 대출을 받을 때의 담보 가치 이상으로 대출을 더 해 주고 그 돈이 다 떨어질 때까지 그 잉여금으로 이자를 내게 하는 것이다. 그리고 그러한 추가 자금이 사라질 때쯤 처음 받은 대출은 기한을 연장받을 수 있고, 그럼으로써 최초의 부채는 계속 늘어난다. 높은 이율로 대출받은 돈으로 산 중고차가 고장이 난다. 차가 없으면 출근할 수 없고, 급료를 받지 못한 사람은 아직 남은 중고차 할부금을 내지 못할 위기에 처한다. 따라서 첫 번째 대출을 상환하고 다른 차를 사는 등의 필요를 조달할 더 많은 돈을 더 높은 이율로 빌리게 된다.[10] 청소 용역 가맹점 직원의 빈약한 급여로는 한 달을 버티기 힘들고, 따라서 하늘 높은 줄 모르는 이율의 소액 단기 대출을 받는다. 그러나 대출을 받지 않고 생계를 유지하려고 아무리 노력해 봐도 이제 식비와 집세 같은 고정 지출 외에 대출 이자까지 감당하기는 힘들고, 아마도 훨씬 높을 이율로 더 많은 돈을 대출받을 수밖에 없다. 이렇게 흘러간다. 최종적 채무 불이행이 발생할 때까지 무기한으로 확장되는 부채. 경제력이 부족한 이들이 먹을거리와 주거를 위해 쓸 자금을 다른 곳에 전용할 수밖에 없는 상황은 어느 지점에서 한계에 도달하고 채무 불이행 상태가 되는 것이다. 그렇게―부채로 인해 무너질 때까지 부채에 묶임으로써―최후를 맞이하게 되는 무기한 연장은 이 수익 창출의 주요 메커니즘에서 고질적 문제처럼 보인다.

금융 지배 자본주의 내의 다른 부분에서와 마찬가지로, 여기서 부채는 대출을 상환할 수입 창출을 위한 주요 방안으로서 채무자의 편에서 수익 창출 가능성을 확대해 주기보다, 움츠러들게 하며 몰수하는 효과를 갖는다. 부채는 가난한 사람이 잘 살기가 더 쉬워지기보다 더 어려워지는 것을 의미한다. 돈이 궁핍한 채무자들이 받는 소액 단기 대출과 소비 목적의 대출은 일반적으로 가난에서 벗어나도록 돕는 게 아니라 계속 그 안에 머무르도록 돕는 게 분명하다.[11] 식비와 집세로 쓸 수 있었던 돈을 이제는 높은 이자율 때문에 도저히 상환 가능성이 보이지 않는 대출 이자를 내는 데 쓴다. 딱 그만큼—대출 이자를 내기 위해 필요한 액수만큼—필수 지출을 위한 돈은 줄어들고, 이는 가난한 사람들로 하여금 불어나는 빚 때문에 점점 늘어 가는 극한의 절약 생활을 어떻게든 버티기 위해 극도의 자기 관리를 할 수밖에 없게 만든다. 중고차 구입을 위한 대출이 대중교통이 다니지 않는 지역에 위치한 더 좋은 직장에 취직하는 것을 도움으로써 실제로 그 사람의 기회를 확장시키는지 아닌지는 채권자들에게 중요하지 않다. 그 사람이 직장을 얻지 못하고 결국 차는 대리점에 의해 압류되어서 똑같은 기본 상황의 다른 채무자에게 재판매되고 결국 똑같은 암울한 결과가 반복되더라도 채권자들과는 아무 상관이 없는 것이다. 그런 식으로 점점 늘어 가는 부채는 더 좋은 직장으로 이어지기보다, 아무리 급여가 형편없고 노동 조건이 열악하더라도 어떤 일자리든 기꺼이 받아들이게 만든다.[12]

정부 부채 역시 동일한 수축과 제약의 효과가 있으며, 과거를 넘어서 미래를 향해 문을 열어 주기보다는 과거를 무거운 짐으로 만든다.[13] 조세 수입은 정부 서비스 공급—공원과 기반 시설 건설, 교육 기회, 시민들의 안녕을 보장하는 프로그램 형태로 이루어지는—을 가능하게 하도록 기획된다. 공개 시장에서 부채를 통한 세수 창출은 정반대의 효과를 갖는다. 특히 그러한 부채가 세수 부족분을 메꾸기 위해 발생할 때 그렇다. 서비스 공급을 위해 사용될 수 있는 돈이 적을수록, 더 많은 돈이 부채 이자로 전용된다. 돈을 빌리는 것이 정부 서비스 공급을 확장하는 데 도움을 주는 것이 아니라, 오히려 그러한 부채 이자 지급에 필요한 액수만큼 정부 서비스 공급이 수축되어야 하는 것이다. 게다가 이 서비스 공급 수축은 그저 세입 둔화를 가져오는 경제 위축 시기의 필요악, 즉 필요하지만 유감스러운 성장 침체라는 효과만 가져오는 것이 아니다. 채권자 그룹에게는 경제 상황이야 어떻든 비용 절감─더 소수의 공무원, 기관 정리, 아예 (서비스 산업에서는 수익의 원천인 것과 달리 정부의 경우에는 수입에 반하는 비용인) 서비스 공급 전체를 축소하는 것─을 통한 정부의 효율성이 강제되는 한 어떤 경우라도 유익한 발전으로 간주된다. 어려운 시기에 지게 된 부채의 압력으로 정부는 보다 생산적으로 운영되어야 하고, 이로써 미래의 상환 능력과 계속되는 채권 이자 지급 능력에 대해 채권자들을 안심시킬 수 있어야 한다. 오직 효율적으로 운영되는 정부, 즉 비용을 바닥까지 절감함으로써 금융 지배 기업처럼 운영되는 정부만이 공개 시장에서 신용을 인정받을 수 있다고 간주된다.

정말로, 여기서 모델이 되는 것은 기업들이 부채 이자 지급의 어려움 때문에 효율성을 강요받게 되는 방식이다.[14] 매입과 매각을 통해 돈을 벌려는 투자자들에게 기업이 넘어가면, 그 기업은 그러한 매입 자금으로 사용된 부채 위에 앉게 된다. 그리고 이는 기업의 수입 흐름에 즉각적인 부담으로 작용한다. 이른바 사모펀드 회사가 매입할 기업을 담보로 차입한 자금을 사용해 기업을 인수하기 전에 그 기업은 생산 비용을 지급하고 직원들에게 급여를 주고 이윤을 남길 정도로 충분한 판매를 했을 수 있다. 이제는 기업 인수에 사용된 부채의 이자도 지급해야 하기 때문에, 더 이상 그러한 판매 수입이 충분하지 않을 가능성이 상당히 높아진다. 기업은 판매 수입을 극적으로 늘리기 위해 노력할 수 있지만, 그렇게 하기는 어렵고 시간도 걸린다. 신속한 해결책은 비용 절감, 즉 가장 쉬운 방법으로서 기업의 직원 수를 줄이고 임금 및 복지를 축소하는 것이다. 이런 식으로 기업의 채권자에게 돈을 지불하기 위해 직원들의 몫이 빼앗긴다. 결국 시장에서 주식 공개 기업으로서 신주 발행을 통해 매각될 때, 부채를 떠안는 것이 압력으로 작용하는 비용 절감을 통해 이루는 이 더 높은 효율성은 투자자들에게 좋은 신호로 받아들여진다. 회사의 시장 가치는 이전보다 올라가고, 사모펀드 회사는 수익을 남기고 소유권을 양도한다. 다시 말하지만, 이러한 일은 노동자를 감축하면서, 또한 그저 자리 보전을 위해 더 힘들게 일할 수밖에 없게 된 남은 노동자들이 대가를 치르며 일어난다.

마지막으로, 여기서 과거의 요구들은 변경할 수 없으며—부채를 통해서든 일터 조직을 통해서든—삶의 모든 것이 그 요구들을 충족시키기 위한 노력으로 소진된다.[15] 삶 전체가 거기에만 매달려야 하는데, 그렇지 않으면 충족시키기 어렵기 때문이다. 단순히 편의의 문제—나는 구매하는 모든 것을 현금이나 수표로 계산할 수 있지만, 단순함을 위해 신용카드 하나로 모두 결제하고 매달 청구 금액을 지불하는 방법을 택한다—가 아니라, 필요에 의해 어쩔 수 없이 지게 되는 빚은 일과 여가 모두를 포함한 삶 전체에 대해 언제나 이러한 훈육 효과를 갖는다. 빚을 생각하면 과연 직장을 그만둘 여력이 있을까? 혹은 매년 받던 상여금이 위협받을 수 있다면 과연 노동 조건에 대해 불평할 수 있을까? 늘어만 가는 매달 신용카드 최소 결제액을 생각하면 이 비싼 커피를 정말 마실 수 있으며 아이에게 이 유명 상표가 붙은 스웨터를 사줄 수 있을까? 상업 거래에서의 혹은 노동 시간을 파는 것을 포함하는 생산 활동에서의 다른 계약적 의무들과는 달리, 부채의 압박에서는 삶의 어떤 측면도 자유롭지 못하다. 채권자와 교환 관계에 있기 때문에 그들과의 관계는 계약이 타결되는 순간에도 끊어지지 않으며, 부채의 의무는 공장 근무 시간이 끝날 때에도 끝나지 않는다. 그 대신 우리는 노동자로서 또한 소비자로서 삶 전체를 부채의 요구 사항을 충족시키기 위해 조직하겠다고 약속한다. 삶의 모든 측면이 잠재적으로 그 사람의 이자 지불 능력과 관련된다. 그리고 부채에 대한 이자를 내는 것이 어려울수록 실제로 그 관련성은 아주 높아진다.

그러나 금융 지배 형태로 재조직된 기업에서는 일에 대한 요구 역시 부채처럼 삶을 소진시키는 경향이 있다. 과거에 설정된 미래 실적에 대한 요구 사항은 매우 충족시키기 어렵고, 뒤처진 일을 따라잡는 데 사용할 수 있는 여유 시간이 없기 때문에 근무 외 시간까지 일하는 경향이 생긴다.[16] 마감 시한까지 업무를 마치기 위해 일터에서 더 오랜 시간을 보낸다. 퇴근하고 집에 있어야 할 시간인데도, 마감을 맞추기 위해 새벽까지 직장에 머무르는 것이다. 아무리 노력을 해도, 밤이나 주말에 사무실을 벗어난 시간도 점점 더 그저 사무실에서 끝내지 못한 일을 하는 데 쓰게 된다. 미래 실적에 대한 과거의 요구 사항이 가져오는 극도의 압박은 이런 식으로 깨어 있는 모든 순간을 점령한다.

과거에 대한 기독교의 관점

금융 지배 자본주의에서 이 시간과 관련된 인간 주체성 조직이 일반적으로 드러내는 유감스러운 특징을 고려할 때, 누군가는 미셸 푸코를 따라 인간 주체성의 다른 모델을 보여 주는 역사적 기록을 살펴봄으로써 그러한 주체성 조직을 분쇄하고, 그럼으로써 과거와의 관계를 이런 특정한 방식으로 조직하는 것은 어쩔 수 없다는 생각을 반박하려 할 것이다. 그러한 인간 주체성의 대안 모델들은 이런 방식의 조직이 우연적 발전임을 보여 줄 수 있다. 그러나 그러한 대안 모델 중 만약 지금도 생명력이 있는—현재까지 이어져 오는 공동체의 삶의 형태에 의해 뒷받침되는—모델이 있다면, 실제로 적극적 저항을 위한 가능성 있는 길을 제공할 수도 있다.[17]

나는 인간 주체성의 시간적 차원을 조직하는 특정한 기독교적 방식이 이런 면에서 두드러진다고 믿는다. 그 방식은 (다른 많은 모델이 각기 어느 정도 다르다고 추정할 수 있는 것처럼) 지금까지 살펴본 시간 조직 방식과 다르기만 한 것이 아니라 가능한 한 가장 극명한 대조를 드러낸다. 과거는 미래의 목표를 결정하기보다 오히려 문제시되며, 그것도 아주 근원적으로 문제시될 때가 많다. 즉, 우리는 과거를 거부하라는 조언을 듣는다. 우리는 이전의 우리가 아니며, 과거에 존재하던 혹은 되고자 힘쓰던 그런 종류의 사람이 아니다. 더 나아가, 여기서 저기로, 과거의 목표에서 미래의 실현으로 매끈하게 이어지기를 기대하는 것과 달리, 여러 가지 종교적 이유로 이 선명한 불연속성은 과거가 현재와 미래의 행동을 통제하는 것을 끊어 놓는다고 합당하게 생각할 수 있게 해 준다. 이는 부분적으로 과거의 불미스러운 성격이 하는 역할이다. 과거가 버리고 떠나야 하는 어떤 것이 되는 정도에 맞게 과거와 미래의 행동은 어떤 연속적 방식으로도 연결될 수 없게 되는 것이다. 그러나 과거의 목표가 어떤 의미에서 여전히 미래의 행동을 위한 규범이 되는 경우에도, 그러한 목표의 어떤 점은 그 목표를 향해 나아가는 진보가 연속적이지 못하게 막고, 종종 어떤 간극을 뛰어넘는 불연속적 도약 같은 것이 필요하게 만든다.

물론 그리스도인들은 때로 과거를 위대한 가치가 있는 것으로 여기며, 정말로 현재와 미래의 행동이 따라야 할 이상을 대표한다고 보기도 한다. 우리는 원래 낙원에서, 즉 인간의 삶이 하나님이 의도하신 바와 정확하게 일치한 에덴에서 완벽했던 인간의 과거와 우리 자신을 동일시해야 한다. 혹은, 우리는 하나님이 우리가 아는 대로의 세상에서, 곧 변화와 몸의 세상 안에서 우리를 창조하시기 전에 그분의 정신 안에서 이상적 상태로 (다른 모든 개인과 더불어) 자존했다. 과거는 그것이 상실된 정도에 맞게 미래의 행동에 압력을 행사하는 규범이 된다. 우리가 한때 있었던 곳, 그러나 더 이상 있지 않은 곳이 우리가 가고 있는 곳을 결정한다. 구원받았다는 것은 잃어버린 기원으로 돌아가는 것, 하나님이 원래 아셨던 대로의 우리 자신의 이상적 형태 혹은 타락 이전 하나님께 순복하던 아담의 상태를 회복하는 것이다. 하나님 안에서였든 예기적으로(proleptically) 아담 안에서였든, 과거에 누구였느냐가 하나님의 도움으로 다시 누가 되어야 하는지를 결정한다. 하나님의 은혜를 통해 삶 전체가 다시 그와 일치하게 되도록 지금 있는 힘껏 노력해야 한다.

이 대부분은 단순히 플라톤 철학의 유산이며, 인간 주체성을 구성하는 플라톤주의 모델의 과거에 대한 몰두를 기독교적 형태로 따르는 것이다. 한때 온전히 누렸고 언젠가 돌아갈 수 있는, 지금 우리가 모방해야 할 인간 삶의 이상이 존재한다. 문자적으로든 비유적으로든 땅으로 떨어지기 전 우리는 신들의 삶을 살았고, 이제 싸움은 우리가 한때 알았던 그 삶으로 돌아가기 위한 것이다.

그러한 모델은 과거에 대한 어떤 의심, 미래와의 연속성을 단절시키는 (그 미래가 과거의 형태를 가지고 있음에도) 분열적 시간성을 수반한다. 최초의 완벽한 시간 이후의 모든 것이 가치 절하되고, 그런 의미에서 그 기원으로서의 과거 너머에 있는 과거의 거의 모든 것이 중요한 의미에서 폐기되고 뒤에 남겨져야 한다. 기원의 시간 이래 존재해 온 모든 것, 타락 이후 우리를 현재의 모습으로 만들어 온 세상의 문제들에 대한 모든 헌신은 절대적으로 거부되어야 한다. 이상적 형태들이 물질세계 안에서 드러나는 다양한 방식을 통해—플라톤의 경우, 우리는 아름다운 소년에서 아름다운 이데아로 단계적으로 나아간다—과거로 돌아가는 연속적 사다리가 존재할 수는 있지만, 어느 지점에서 체현된 몰두의 이 모든 영역으로부터 다른 영역, 즉 오직 순수한 형태 자체를 관조하는 예지계로 갑작스러운 도약을 해야 한다. 우리가 떨어지게 된 상태와 돌아감을 방해하는 그러한 상태의 심각성에 따라, 완벽하게 연속적인 귀환의 과정은 가능하지 않으며 미래를 과거에 부합하게 만드는 신적 개입이 필요하다. 예를 들어, 영지주의에서 말하는 것처럼 단순히 기원에 대한 무지는 외부에서 물질세계 안으로 이입된 구원하는 지식과는 별개로 귀환을 방해할 수 있다. 혹은 기독교 형태의 마니교에서 말하는 것처럼 물질적 존재 내의 빛의 상태는 너무 파편화되고 방산되어 있어서 저 너머로부터 유입되는 새로운 빛 없이 그 자체를 모으려는 모든 노력은 소용없다. 은혜가 아니고서는 물질적 체현의 악에 맞서 싸우는 빛의 행위자가 결코 될 수 없다. 오직 은혜로, 아무것도 아닌 존재에서 중요한 존재로 바뀌는 일종의 전환에서만 그렇게 된다.

그러나 플라톤주의 모델에서 이상적 자아를 신성과 긴밀하게 연계하는 것은, 우리가 과거에 누구였는지가 완전히 상실된 적은 없고 따라서 기원으로 돌아가는 길이 원칙적으로, 가장 근본적으로 연속적 진보의 문제임을 의미하는 경향이 있다. 우리는 그저 최초에 신적 상태로 존재했던 게 아니다. 우리 안에 신적 본성을 소유하고 있다. 우리는 그저 옛날 옛적 잠깐 머물렀던 손님이 아니라, 신적 영역의 정당한 일원이며 스스로 일정 정도 순전한 영, 순전한 빛, 순전한 형태 안에 있는 존재다. 신성은 우리의 본질적 정체성을 구성하기에 타락한 상태에서도 완전히 상실될 수 없다. 여전히 근본적으로는 과거에 우리가 누구였는지가, 즉 우리의 신적 자아가 남아 있지만, 타락을 부추겼거나 타락 이래 뒤따라온 성품의 모든 부패 때문에 지금은 아주 나쁜 상황 혹은 적대적 환경 안에 있다. 따라서 우리가 되어 온 바를 우리가 거부할 때, 그것은 결코 우리 자신을 전면적으로 거부하는 것이 아니라 현재 우리에게 해로운 영향을 끼치는 상태를 거부하는 것이다.

게다가, 중요한 의미에서 여전히 신적인 우리는 우리의 신성이 완전히 드러나고 어떤 오점도 없는 상태로 돌아갈 수 있는 수단을 보유하고 있다. 다시 말해, 되어야 할 바는 여전히 남아 있는 바 위에 세워진다. 구원은 정말로 어떤 근본적 인격이 변화할 필요 없이 상태의 변화에 불과한 것—구원의 과정은 단순히 이질적 영향으로부터의 정화를, 외적으로 덧붙여진 것을 벗어 버리는 것을 포함하며, 그럼으로써 이미 본질적으로는 우리의 존재인 것을 더욱 온전히 이룰 수 있게 된다—으로, 언제나 참된 존재였던 것을 확고하게 하는 결과를 가져오는 것을 암시할 때가 많다. 우리의 현재와 미래를 과거의 자아와 엄격하게 일치시킴으로써 구원은 이제 과거의 자아가 해로부터 보호되고 위협에서 건져진다는 의미가 된다.

인간은 그저 창조되었으며 그 본성은 신적이지 않다는 기독교의 확언은 이 모든 것에 반대함을 의미한다. 만약 인간이 창조되기 전이나 낙원에서 처음 창조되었을 때 그들을 향한 하나님의 의도와 일종의 완벽히 연합한 상태를 누렸다면 그때 그들이 누렸던 것이 완전히 상실될 수도 있다는 것이다. 한때 그들의 것이었던 완벽함은 본질상 그들의 것이 아니라 하나님과 연합한 덕분에 생긴 것이다. 그것은 인간 본성의 완벽함이 아니라 인간 본성이 거하던 상태의 완벽함이었다. 만약 죄가 하나님과의 관계를 단절시키고 인간 존재의 조건을 근본적으로 바꾼다면, 완벽함은 전적 타락으로 간단히 대체될 수 있다. 인간은 하나님과의 연합 안에서 존재하도록 만들어졌기에, 하나님 없는 인간의 삶은 완전히 전복된다. 그들이 되어야 하는 바와 정반대의 존재가 되는 것이다. 그들이 한때 하나님의 빛 안에서, 그 빛을 통해 빛이었다면, 이제는 순전한 어둠 속에서 발견된다.

그렇다면 구원은 죄 때문에 우리가 지금 되어 있는 존재에 대한 완전한 거부를 의미한다. 하나님에게서 돌아선 우리의 삶 전체를 조직하던 것은 이제 버려져야 한다. 우리는 그러한 죄의 과거에서 돌아서서 완전히 새로운 무언가가 됨으로써, 우리가 되어 온 바를 그저 부정해야 한다. 한때 하나님 없이 완전한 타락 안에서 길을 잃었던 인간은 이제 (그리스도께서 성취하신 것 때문에) 하나님과 함께 길을 찾아 형언할 수 없는 유익을 누린다. 하나의 상태에서 다른 상태에 이르는 과정은 어떤 연속적 과정이라기보다 죽음을 통과하는 길과 같다. 우리는 또 다른 생명으로 다시 태어나기 위해 옛 자아(옛 자아의 생명은 일종의 죽음과 마찬가지다)에 대하여 죽는다. 그러한 거듭남은 죽은 몸의 소생을 의미하는 것이 아니라, 하나님 자신의 생명으로 살아가는, 완전히 다른 방식의 인간 존재로 들어감을 의미한다. 그렇기 때문에 그러한 길은 죄의 상태 아래에 있는 피조물에게 여전히 남아 있는 것으로는, 즉 하나님 없이 일종의 죽음을 살아가는 것으로는 조금도 가능하지 않다. 그 길은 오직 은혜를 통해서 온다. 그 은혜는 화해를 이루시는 분, 하나님으로부터 분리되어 절대적으로 손상된 것을 다시 하나님과 연합되게 하시는 그리스도의 은혜다.

여기서 다루는 회심, 혹은 어떤 것에서 다른 어떤 것으로 돌아섬은 그리스도 자신의 죽음과 부활에 참여하는 것, 세상에 대하여 죽고 그분과 함께 다시 사는 것이고, 그 극단에서는 우리 자신의 죽음과 장차 있을 부활과 유사하다. 무덤에서 썩어 사라질 우리의 육체가 우리의 부활에 어떤 기여도 할 수 없는 것처럼, 우리의 죄의 삶은 장차 올 우리의 새로운 삶에 더 이상 어떤 기여도 할 수 없다. 우리 자신의 죽음, 무덤의 완전한 부패를 통해 전적으로 상실된 생명력은, 성령이 우리에게 부으시는 하나님 자신의 장차 올 생명으로 만회될 것이다.

혹은, 여기서 문제가 되는 길은 우리 자신이 가진 자원으로는 면제되는 것이 불가능한, 우리를 종으로 예속시키는 빚을 면제받는 것 혹은 탕감되는 것과 비슷하다고 할 수 있다. 죄 자체는 하나님이 공급해 주신 것을 성실하게 이어 가지 못하고 하나님의 선한 의도에 부합하게 행동해야 할 의무를 불이행한, 일종의 갚지 못한 부채로 간주될 수 있다. 이 부채는 더 이상 우리 자신의 노력을 통해서는 구제될 수 없는 수준에 이르렀고, 그러한 모든 노력은 우리의 근본적 타락으로 인해 그저 빚을 더 늘려 놓는다. 이런 방식으로 죄는 결국 부채, 곧 죄 자체에 우리를 가두고 되갚는 것을 불가능하게 만드는 일종의 부채-노예 관계, 무자비한 속박의 형태가 된다. 따라서 부채에서 벗어나는 전환은 아주 돌연히 일어난다. 감옥 안에서 조금씩 되갚는 것으로는 절대 거기서 풀려날 수 없다. 해방은 생각하지 못했던 곳으로부터 갑작스럽게, 우리 자신이 갚아야 할 필요 자체를 무효화하는 방식으로 온다. 그리스도께서 기이한 통화 혹은 보물이 되셔서 우리로 하여금 하나님께 갚아야 할 의무를 이행할 수 있게 하시고, 그런 방식으로 그분은 죄에 묶인 우리의 속박을 풀어 주신다.[18]

옛 생명에서 새 생명으로 가는 길에 그러한 심각한 간극이 존재한다는 사실은 기독교의 자체 내레이션의 특정 형태, 곧 그 회고적 형태에서 분명해진다. 장차 올 것은 전망의 관점으로, 즉 과거와 현재의 시점에서 앞으로 올 미래를 내다보는 식으로 서술할 수 없다. 장차 올 것의 예상할 수 없는 우여곡절 때문에, 과거를 장차 미래에 일어날 일에 대한 전망의 근거로 삼아 과거로부터 시작하여 여기에서 거기로 갈 수 있는 길은 없다. 오직 기대하지 못한 결과의 시점에서만 우리는 되돌아볼 수 있고, 필요한 지점에 완전히 깜짝 놀랄 만한 요소를 끼워 넣음으로써 그러한 결과를 이해할 수 있는 방식으로 우리 삶의 이야기를 재서술할 수 있을 뿐이다. 우리가 결국 어떻게 되었는지—죄에서 구원받았음을—아는 지금에야, 우리는 우리도 모르는 사이에 또한 자주 우리 자신의 의도와는 정반대로, 하나님이 우리를 대신해 그렇게 하지 않으셨다면 우리 스스로는 이를 수 없었을 곳으로 우리를 데려가시기 위해 어떻게 일하고 계셨는지 볼 수 있다.

아우구스티누스(Augustine)의 『고백록』(*Confessions*)이 여기서 모델이 될 수 있다. 아우구스티누스는 자신이 나중에야 깨달은 것으로 자신의 과거를 이해함으로써 회고적 서술이 그로 하여금 자신의 과거 역사를 덮을 수 있게 해 주었고, 따라서 그의 기독교로의 회심은 (적어도 그가 『고백록』 이전에 쓴 일부 다른 저작을 액면 그대로 받아들인다면) 실제보다 더 연속된 지적 탐구 과정의 결과처럼 보일 지도 모른다.[19] 그러나 그러한 서술 형태, 즉 이제 도착한 미래의 시점에서 과거를 돌아보는 일은 바로 그 미래 역시 과거의 시점에서 예상치 못했던 것이 되게 한다. 아우구스티누스처럼 죄에 빠져 있던 사람이 도대체 어떻게 그가 결국 도착한 지점, 곧 주교가 되리라고 기대할 수 있었겠는가? 그 변화의 근원적 성격은 『고백록』 마지막 권에서 개략적으로 서술된 무에서의 창조와 아주 유사해 보인다.

여기서 해석 과정—미래의 예상치 못한 성격을 이해하기 위해 미래의 시점에서 과거를 뒤돌아보는 것—은 구약과 신약 둘 다에 걸쳐 있는 하나님의 구원 역사 전체에 대한 예표론적 읽기와 유사하다.[20] 구약에서 자세히 소개된 사건들은 그리스도의 삶에서 일어난 사건들을 지칭하는 것으로 볼 수 있지만, 이러한 해석은 오직 뒤의 사건들이 일어난 다음에, 또한 그 사건들의 시점에서만 가능하다. 그러한 회고적 읽기가 필요한 것은 뒤의 사건들이 앞선 사건들의 패턴이나 형식을 따르는 방식이, 그야말로 사전에는 도저히 예상할 수 없을 만큼 극도로 뜻밖이기 때문이다. 예를 들어, 어느 누구도 하나님과 동일시되는 한 인간이 성전 관습을 대신하기 위해 오리라고는 예상하지 못했다. 그분은 원래 그들이 하기로 되어 있던 일을 하셨는데, 그들의 형식을 되풀이—이스라엘이 하나님의 율법에 따르는 것을 막는 걸림돌을 제거하면서—하되 완전히 새로운 방법으로, 곧 동물의 희생 대신 그분 자신의 피 흘림을 통해 그렇게 하셨다.

그러한 서사 관습—뒤의 것에서 앞의 것으로 가는 거꾸로 읽기—은 명백하게 이스라엘의 과거에서 어떤 독립적 중요성도 비워 내는 방식으로 앞의 것에 뒤의 것의 의미를 부여함으로써 옛것과 새것 간의 간극을 매끄럽게 연결하는 데 사용될 수 있다. 사물을 보는 그러한 방식에 따르면, 바로 이것이 고대 이스라엘의 관습에 관한 이전의 서사가 언제나 의미했던 혹은 지칭했던 것이다. 그것의 기독교적 의미만이 유일한 중요성이며, 그저 그것이 앞서 지녔던 모든 의미를 대체주의적(supersessionist, 기독교의 새 언약이 유대교의 옛 언약을 대체함으로써 유대교의 옛 언약은 폐기되었다고 보는 관점—옮긴이) 방식으로 대신한다. 따라서 장차 올 것의 놀라움은 상실된다. 앞서 일어났던 것은 이제 미래의 사건에 대한 투명한 예측 같은 것이 된다. 미래는 그저 과거의 진정한 의미를 따르게 되는 것이다.

그러나 반대로 회고적 읽기의 필요는, 앞선 사건들의 고유한 중요성을 허용하는 앞의 것과 뒤의 것 간의 괴리에 근거를 둘 때가 많다. 그저 이전의 이야기가 이후 그리스도의 삶에서 일어난 일에 비추어 뜻밖의 새로운 중요성을 덧입게 되는 것만이 아니라는 것이다. 그렇게 그리스도의 삶에서 일어난 뒤의 사건들의 의미심장함은 앞선 사건들이 그 시대에 지녔던 고유한 의미에 달려 있기도 하다.[21] 예를 들어, 신약에서 예수님을 하늘에서 내려온 떡과 동일시한 것이 아무리 놀라워도, 앞서 이스라엘의 출애굽 이야기 안에서 만나가 의미하던 것에 대한 이해와 떼어 놓고서는 거의 이해할 수 없다. 예수님에 대한 그런 나중의 인식은 과거의 사건들에서 많은 의미를 얻는다. 과거의 사건들이 이미 일어났고, 그것도 특정 방식으로 일어난 덕분이다. 과거의 사건들은 그 사건이 서술된 문맥 안에서 사건 자체의 중요성을 갖고, 그렇기 때문에 그 자체로 장차 올 다른 어떤 것을 반드시 지시할 필요는 없다. 자신의 백성을 광야에서 먹이셨던 방식으로 **하나님**은 그리스도를, 곧 이스라엘에게 여전히 신실하려 하시는 하나님의 계속되는 노력이 가져온 그 놀라운 새로운 반전을 염두에 두고 계셨을 수 있다. 그렇지만 그것이 앞선 사건 안에 그러한 뒤의 사건들이 어떤 식으로든 선견적으로 포함되어 있어 그 이야기를 기록한 앞선 저자들과 그들의 청중들에게 분명히 드러났으리라고 추정할 근거가 되지는 않는다.[22] 유사하게 놀라운 방식으로 일하시는 그 동일한 하나님이—하나님은 구약에서도 아주 놀라운 방식으로 일하신다—이스라엘이 광야를 떠돌 때 먹은 만나와 예수님 사이의 연속성을 성립시키는 당사자이시며, 따라서 앞의 이야기에서 떡의 중요성은 그 자체로 그러한 연속성을 성립시켜야 할 부담을 갖지 않는다.

앞의 것과 뒤의 것 사이의 간극을 잇는 놀라운 방식으로 일하시는 분은 하나님이시기에, 과거와 장차 올 것의 의미 사이에 명백한 내적 연속성이 극도로 부족하다는 점이 서술된 이야기의 이해 가능성을 위협하지는 않는다. 되풀이되는 사건의 의미는 근원적으로 바뀌어도 형식적 패턴의 유사성은 남아 있을 수 있다. 따라서 이삭이 기꺼이 죽임을 당하고자 한 것은 이스라엘에서 자녀 제사의 종말을 의미하지만, 그리스도께서 기꺼이 죽으신 것은 성전의 희생 제사 자체의 종말을 가져온다. 여기에는 연속성이 있지만, 이 연속성은 그 안에 근원적 괴리를 포함한다. 정말로, 그리스도인들이 그리스도께서 앞선 역사를 뒤집으심으로써 역사의 패턴을 새롭게 다시 표현하신다고 주장하는 경우가 드물지 않다. 아담의 이야기가 그리스도 안에서, 그러나 이번에는 전자의 순전한 죄를 대신하는 완벽한 순종과 함께 재서술되는 것이다.

근원적으로 단절된 과거와 미래를 일관된 서사로 만들어 내는 방식은 그리스도인의 자체 내레이션 형식에서도 전형적이다. 회심에 의해 둘로 나뉘는 그리스도인의 자체 내레이션이, 미래에 올 것이 연속적이고 예상 가능한 방식으로 앞서 왔던 것의 토대 위에 점증적으로 누적되는 이력이라는 설화와 같을 수 없음은 명백하다. 회심에 의해 규정되는 것처럼, 그리스도인의 성품의 일관성은 삶이 시작될 때부터 끝날 때까지 우리 자신의 동일한 근본 선택에 지속적으로 순응하는 것이라는 측면에서 서술되어서는 안 된다. 누군가가 X라는 종류의 사람이고 그 사람의 목표는 더욱 그렇게 되는 것, 즉 가능한 한 가장 훌륭한 X가 되는 것이라는 식으로 말이다. 만약 그리스도인에게 성품이 있다면, 일반적 관점에서 볼 때 그것은 성품을 제거하는 성품, 그 자체의 근본적 교정을 기대하고 촉진시키도록 구성된 성품이다. 이전에 우리의 삶을 조직하던 우리 자신의 근본적인 선택들은 더 이상 그것을 조직하지 않는다.[23] 그렇다면, 그것은 아주 이상한 종류의 성품이기는 한데, 그럼에도 구성되고 조직된 성품이다. 자신과 관계 맺는 방식은 일생에 걸쳐 이미 확립된 단일한 성품에 습관적으로 순응하는 가운데 누적되는 경력이라는 형식을 띠지 않을 수 있으며, 그렇다고 그런 사실 때문에 과거에 그리고 현재 자신과 관계 맺는 방식이 둘로 갈라져 완전히 비일관적으로 될 필요도 없다. 우리는 이전에 어떤 종류의 사람이었고 이제는 완전히 다른 종류의 사람이며 그 사이에는 어떤 이어질 수 없는 간극이 존재한다는 식으로 말이다. 모든 불연속성—우리의 삶은 그리스도와 떨어져 하나님께 잃어버린 것이 되었지만 이제 그리스도 안에서 발견되었다—에도 불구하고, 우리의 과거 자아는 지금 우리 존재의 형식 안에서 여전히 지워질 수 없는 채 남아 있다. 지금 우리가 누구인지와 단순히 연속적이지도 않고 단순히 불연속적이지도 않은 채로, 우리의 과거 자아는 영원히 부인된 우리의 정체성일 것이다.[24] 여전히 그것은 **우리 자신**

의 과거이며, 지속적인 탈동일시의 형태로 존재하는 나 자신, 우리가 끊임없이 맞서 싸우는 과거다.

이런 식으로 회심은 결코 끝나지 않는다. 회심은 뒤에 남겨진 일회성 사건이 아니다. 이제는 잊힌 과거와의 간단한 결별을 가져오는 것이 아니라, 여전히 우리 삶에 남아 그 힘을 발휘하는 것에서 끊임없이 돌아서는 연장된 '결별의 상태'로 들어가는 것을 의미한다. 푸코가 쓴 것처럼, "메타노이아(metanoia, 회개)는 그리스도인의 삶의 지속적 차원이다. 돌아서는 이 움직임은 지속되어야 한다. 그것은 단순히 결별이 아니라 상태다."[25] 과거가 계속해서 중요하게 등장하는 이 회심 이야기는 다시 말해 우리의 전체 삶의 이야기가 된다. 회심은 단지 인생의 진로가 바뀐 가장 중요한 순간만을 서술하는 것이 아니라, 모든 순간순간의 우리 전부를 포괄하는 인생 전체의 이야기가 된다.

정말로, 그리스도 안에서 하나님과 다시 연합되었음에도, 우리는 지금도 그렇고 종말이 오지 않는 한 계속해서 여전히 과거의 그 죄인일 것이다. 근원적으로 다른 점이 있기는 하지만—그리스도와 떨어져 있던 과거에 하나님과 맺은 관계의 성격과 그리스도와 함께하는 지금 하나님과 맺는 관계의 성격은 근본적으로 달라졌지만—마침내 하나님이 거룩하신 것처럼 거룩하게 될 그날까지는 여전히 많은 부분이 우리의 과거 모습으로 남아 있을 수 있다. 그리스도 자신의 의가 우리의 인간성을 그분의 형상으로 그분처럼 변화시킬 때까지, 그리고 과거의 그 죄인은 오직 기억으로만 남아 있는 천국에 있게 되기 전까지, 그리스도와 연합한 우리의 의는 단순히 그리스도가 누구인지 덕분에 얻게 된 그리스도의 의다.

그리스도 안에서 하나님과 맺게 된 새로운 관계를 통해 죄의 결박을 풀고 나올 때조차, 회심한 뒤에도 죄는 여전히 남아 있기 때문에, 회심한 우리가 선 은혜의 상태는 단순한, 점증적인 개선이 누적되는 과정을 시작하는 게 아니다. 하나님의 은혜로 더 나은 사람이 되었지만 이어지는 우리의 실패는 더 심각해지고, 우리는 계속되는 도덕적 불완전함 속에서 더 멀리 추락할 수 있다. 죄 고백을 계속하는 것은 단지 개혁된 삶을 살아가려는 노력이 충분한 결과를 달성하지 못해서가 아니다. 죄 고백은 우리가 그리스도와 떨어져서는 여전히 단지 죄인일 뿐임을 상기하게 하며, 이는 우리 안에 있는 선한 모든 것이 순전히 그리스도께 의존하고 있음을 인식하는 가운데 이루어진다.

그렇다면 회심은 이전의 죄가 그리스도 안에서 파괴되고 완전히 사라진 상태에서 스스로 새로운 길을 나서는 것, 우리의 뜻을 하나님께 맞추려는 새로워진 노력을 통해 우리 자신에게서 최선의 것을 뽑아낼 수 있도록 깨끗한 백지상태로 남겨지는 것을 의미하지 않는다. 다시 말해, 우리의 회심한 자아는 그 자체로 완벽성이라는 불가능한 기대 안에서 미래가 묶여 있는 과거와 같지 않다. 그것은 이를테면 세례 때와 같은 최초의 회심한 상태의 정결함을 보전해야 한다는 불안한 노력 속에서 "끈질기게 성취해야 하는 의무의 삶을 신자에게 만들어 주는" 것이 아니다.[26] 우리의 세례는 이전의 죄가 씻겨 나가고 그럼으로써 그 이후에는 허물없는 삶을 살아가야 할 의무 아래 놓이고 이런 식으로 그리스도의 은혜는 "세례에 따라오는 임무를 성취하라는 요구 뒤로" 서서히 멀어진다는 의미가 아니다.[27] 그러한 요구는 세례 이후 죄에 빠지는 과오에 의해 언제나 위협받으며, 신자로 하여금 그러한 과오를 아예 막아 보거나 차후 그러한 과오를 속죄하려는 부질없는 시도 중 어떤 것이든 하면서 끊임없는 자기 경계를 하게 만든다. 세례 이후의 죄는 이런 식으로 다시 하나님께 빚지게 만들고, 이 빚은 진심 어린 고백과 회개를 통해 용서받든지 이를 보상하는 미래의 선한 행실로 사면되어야 한다. 그리스도께서 가져오시는 구원은 이런 식으로 거룩한 삶을 통해 결국 우리 스스로 갚아야 하는 것에 대한 일종의 선수금이 된다. 하나님은 그리스도 안에서 다시 우리의 채권자가 되신다. 그리스도께서 가능하게 하시는 선한 일로 되갚기를 기대하면서 구원을 대출해 주시는 것이다.[28]

부채와 상환의 언어는 세례 이후의 죄에 대한 그리스도인의 반응을 이야기할 때 적절할 수 있지만, 그렇게 사용되면 그 언어가 일상적으로 함축하는 의미를 대부분 상실한다.[29] 예를 들어, 자선을 베푸는 것은 신약성경에서(다른 곳에서도) 종종 죄로 인해 하나님께 진 빚을 갚는 한 방법으로 나온다. 그렇게 하지 않았다면 천국에 들어가지 못하게 만들었을 죄의 빚이, 가난한 사람들에게 베푼 구제를 통해 천국에 쌓아 둔 보물을 통해 탕감되는 것이다. 그러나 일반적인 부채 상환과는 달리, 이렇게 상환된 돈은 빌린 사람에게 없어지지 않는 것이 분명하다. 자선 행위로 다른 이들에게 명백하게 베푼 것은 그 사람의 천국 은행 계좌로 이체되고, 그러한 거래에는 엄청난 이자가 붙는다. 즉, 구원은 종종 얼마 안 되는 액수로 교환된다. 게다가, 여기서 상환은 채권자보다는 채무자에게 이익이 돌아가게 한다. 하나님은 그분이 우리에게 대출해 주신 것을 일시적으로 잃고 그렇기에 상환을 필요로 하시는 분이 아니다. 하나님은 하나님께 되돌려 드리는 것을 빌린 사람 자신의 천국 금고에 넣어 주신다.

그러나 은혜 받은 상태가 미래 행동에 불가능한 요구를 부과한다는 생각을 가장 근본적으로 중단시키는 것은, 우리에게 정말로 성취하라고 요구되는 것이 그리스도 안에서 이미 우리의 것이라는 사실이다. 그리스도 안에서 사는 우리는, 우리 자신의 상태가 어떠하든지 그리스도의 의로 인해 의롭다. 세례 이후 죄에 대항해 싸워야 하는 것은 분명하지만, 그러한 죄 역시 이미 예상된 것이다. 즉, 우리는 아직 죄인일 때 구원받았다. 세례 이후의 죄는 세례 이전의 죄와 마찬가지로 그리스도 안의 생명을 통해 오는 구원을 위협하는 힘을 상실한다. 우리는 그리스도와 연합했고, 따라서 계속되는 우리의 죄성의 정도와 상관없이, 또한 우리 삶 안에서 죄가 계속해서 존재함에도 구원받았다.

하나님이 처음부터 우리에게 요구하시는 것, 곧 하나님 자신의 뜻에 완벽하게 일치하는 것은 불가능한 일인지도 모른다. 인간의 삶을 그 자체로 구성하는 창조된 선들을 통해 우리의 행실에서 하나님의 의를 모방한다는 것은 기대할 수 없는 일이며, 이는 오직 우리에게 그렇게 수행할 능력을 주시는 하나님 자신의 성령을 통해서만 가능하다. 그런 식으로 우리에게 처음 주어진 것과 마지막에 우리가 이루어야 하는 것 사이에는 근원적 불연속성이 존재할 수 있지만, 그 차이를 메꾸시는 분은 하나님이시다. 단지 세례 전뿐만이 아니라 후에도, 하나님은 과거에 우리를 위해 설정된 미래의 목표를 우리가 최종적으로 실현할 수 있는 수단을 제공하실 것이다.

3장
전적 헌신

금융 지배 자본주의가 아무리 집약적 노력을 요구해도 기업과 채권자가 어디서도 기꺼이 그렇게 노력하려는 사람을 찾을 수 없다면 별 소용이 없다. 제 시간에 마감을 맞추기 위해서는 깨어 있는 모든 순간 모든 것을 거기 쏟아부어야 한다. 직장뿐만 아니라 집에서도 최대의 집중력과 노력을 기울여야 할지 모른다. 대출 이자를 감당하려면 무엇을 사든 구두쇠처럼 절약하고, 필요한 돈을 마련하는 방안이 계속해서 창의적이고, 어떤 변변찮은 소유라도 가능한 수입 원천으로 만들고, 이미 비좁은 집에 세를 놓고, 필요 없는 고물도 살 사람을 찾고, 간직하고 싶은 물건이 저당 잡히고, 식량 보조 쿠폰마저 팔아야 한다. 그러나 이러한 높아진 요구 사항들도 기꺼이 거기 따르려는 사람이 없다면 아무 소용이 없다. 예를 들어, 노동 강도 강화를 통한 수익 극대화 전략도 사람들이 그만큼 열심히 일하려고 하지 않으면 아무런 의미가 없다. 생산성은 의도대로 증가하기보다 감소할 것이고, 빡빡한 기한은 그저 달성되지 않은 채 남아 있을 것이다.¹

그러나 도대체 무엇이 사람들로 하여금 그런 모든 노력을 다해 수고하도록 헌신하게 만드는가? 요구되는 노력의 강도 때문에 그러한 요구에 당연히 순응하게 되리라고는 기대할 수 없다. 예를 들어, 직원들에게 요구되는 것이 너무 많기 때문에 그들의 협조가 당연시될 수는 없는 것은 분명하다. 그 대신, 기업 경영 자체는 직원들의 협조를 적극적으로 촉진하기 위한 노력이 된다.

정말로, 기업은 금융이 조장하는 최대 수익성의 이익을 추구하고자 단지 최대 강도의 노력뿐 아니라 그러한 노력에 대한 최대 강도의 헌신을 확보하고자 애쓴다.[2] 기업이 노동자에게 요구하는 것이 노동자 스스로 원하는 것이 되어야 한다. 생산성을 높이기 위해서는 노동자 자신의 욕망을 금융 지배 기업의 이해관계와 완벽하게 일치시켜야 하는 것이다. 기업은 최대의 노력을 기대하고, 직원이 바라는 것은 오직 최대의 노력을 제공하는 것이 된다. 그러한 수렴을 통해 금융 지배 자본주의가 사람들에게 요구하는 것에 대한 모든 비판적 거리감이 사라진다. 스스로 마음을 다해 바라는 것이 되어 버린 것을 어떻게 비판할 수 있겠는가?

근면의 요구에 대한 순응 유인책

산업 자본주의는 일반적으로 보상을 통해 근면을 유도했다. 직원들은 혜택을 동반한 좋은 보수를 지급하는 보장된 고용이 주어지는 대가로 요구되는 일을 기꺼이 한다. 노동자에 대한 그러한 약속을 저버리는 것은 노동 불안의 지름길이 된다. 회사에 대한 노동자의 헌신은 그들에 대한 회사의 헌신과 짝을 이루어야 한다. 회사를 위해 열심히 일하는 대신, 노동자는 회사에 오래 고용되어 일정 기간이 지나면 승진을 하고 기여한 정도에 걸맞은 보수를 받으리라고 기대할 수 있으며, 이 모든 것은 모든 사람이 회사가 점점 수익을 많이 내기를 바랄 이유가 된다.

금융 지배 기업에서도 어떤 직원은 그들 자신의 이해관계가 회사의 최대 수익성 요구와 일치할 정도로 후한 보수를 받지만(특히, 급여로 스톡옵션을 받는 전문경영인들), 이런 방식의 근면 유인책은 일반적으로 사용되지 않는다. 금융 지배 기업들은 수익성 증가를 위해 편리할 때마다 노동력을 감축하고, 수익률에 즉각적인 악영향을 끼친다는 이유로 노동자에게 수익을 배분하기를 꺼린다. 오히려 금융 지배 조직에서는 그들의 경영 관습에서 이러한 특징—노동자 불안 생산—을 사용하여 두려움을 통해 순응을 이끌어 낸다.

자본주의가 최저 생계 수단을 독점하고 생계를 유지할 다른 실행 가능한 방법이 존재하지 않는 곳에서는 두려움이 언제든 노동자 순응의 동기로 사용될 수 있다. 순응하지 않을 때의 결과—임금이 깎이거나 직장을 잃는 것—에 대한 두려움 때문에 고용주의 요구에 순응하게 되는 것이다. 금융 지배 자본주의는 인건비 절감을 통해 수입을 극대화하는 흔한 경영 관습을 통해 그러한 두려움을 조금씩 늘려 간다. 모든 직원이 언제든 누구라도 해고되거나 더 적은 보수와 혜택을 받는 계약직으로 전환될 수 있음을 안다. 직원들은 언제나 왔다가 사라지고, 비정규 직원—파트타임, 독립 계약직, 임시 전임직—이 우리의 동료일 때가 많다. 그렇기에 암묵적 위협이 언제나 현저하다. 게다가 금융 지배 자본주의에서는 순응에 실패한 사람에게 주어지는 처벌이 더욱 극단적이게 된다. 국제적인 국채 보유자들에 의해 강요되는 긴축 정책은 국가가 제공하는 복지를 깎아 낸다. 직장을 잃는 것은 충분히 길거리로 나앉을 수 있음을 의미한다. 출퇴근길에 매일 지나치는 빈곤한 사람들처럼 배고픔이 일상이 되고 비바람에 노출되어 살아가게 될 수도 있는 것이다. 해고를 당해도 자신의 전문 분야에서 똑같은 혹은 더 나은 연봉의 또 다른 정규직 자리를 쉽게 구할 수 있다면 그다지

나쁠 건 없다. 그러나 금융 지배 자본주의에서 고용에 대한 하방 압력은 이러한 전망을 매우 불확실하게 만든다. 인원 삭감이 일반적인 기업 전략인 곳에서는 그러한 희망이 줄어드는 것이 당연하다. 아무리 좋은 기술을 가졌거나 이전 경력이 어떠하든, 형편없는 보수를 받는 임시직이나 서비스직이 점점 늘어나는 대열에 자신도 참여하게 될까 봐 두려워하는 것이 이상한 일이 아니다.

그러나 금융 지배 자본주의의 수익 극대화 관점에서 볼 때 두려움에 기인하는 순응은 최선이 아닌데, 두려움이 가져오는 순응이 그 자체로 효율성을 보장하지 않기 때문이다. 자의로 하더라도 두려움에 기인하여 금융 지배 자본주의의 요구에 순응하는 것은 어떤 주저함을 암시한다. 우리는 다른 조건이 동일하다면 충분히 순응하지 않는 쪽을 선택할 수도 있다. 업무를 수행할 때 우리가 자유롭게 선택할 수 있다면 할 행동, 즉 고용에 대한 필요가 주는 제한이 없는 상태에서 할 행동과 대조적으로 행동할 여지가 아주 많다. 따라서 자발적이라고 해도, 시키는 대로 일하는 것은 폭풍우 속에서 배가 가라앉지 않게 하려고 짐을 배 밖으로 던지거나 무장 강도에게 지갑을 건네주는 것—위협 아래 있을 때는 필요한 행동이지만 가능한 피하고 싶어 할 어떤 것, 따라서 기회만 있다면 기피하거나 완전히 피하는 쪽으로 마음이 적극적으로 기울어질 수 있는 어떤 것—과 비슷할 수 있다. 두려움을 이용하면 순응은 보장되지만, 이는 오직 지속적인 작업 감시 상태 아래에서만 가능하고 따라서 기업의 통상 인건비에 감시 비용을 추가시킨다.

일회성의 설치 비용과 별개로, 예를 들어 모든 자판 입력 수를 센다거나 응답 시간을 계속해서 확인할 수 있는 전산화된 기술을 사용하면 그러한 감시는 아주 싸게—지속되는 비용을 거의 들이지 않고—이루어질 수 있다. 또한 감시 임무는 부가적인 관리 단계를 추가하지 않고 직원들 자신에게 이임될 수도 있다. 팀 체제로 일하는 가운데서 동료 집단의 압력이 이런 효과를 낸다. 자기 감시의 엄격한 표준 규정을 의무화할 수도 있지만, 그러한 감시 자체에 들어가는 시간과 노력은 노동자의 생산성을 감소시키고 잠재적으로 불만이 있을 수 있는 직원 스스로의 재량에 적어도 부분적으로는 맡기는 것이기 때문에 언제나 덜 효율적일 게 거의 틀림없다. 그러나 지속적인 평가는, 특히 개인 실적을 정확하게 표시할 수 있을 때는, 두려움이 한층 더 깊이 스며들게 할 수 있다는 이점이 있다. 직장에서는 숨을 곳도, 피할 수 있는 가능성도 없다. 게으름이나 실적 저조는 언제나 적발되고 처벌된다.

순응 보장의 유사한 문제점들은 노력을 유도하기 위해 외부적 보상을 사용할 때도 발생한다. 직원들은 수단적 이유로 그들에게 시키는 일을 기꺼이 한다. 그들이 받는 보수를 지불하여 직장 밖에서 그들이 일차적으로 원하고 욕망하는 것을 얻을 수 있기 때문이다. 직원들이 직원만 아니었다면 하고 싶지 않을 업무를 기꺼이 견디는 것은, 오직 임금이 그들에게 가질 수 있게 해 주는 것—곧 그들의 기본적 필요와 성취하고 싶은 욕망 둘 다를 만족시켜 준다고 약속하는, 일과는 근본적으로 상관없는 소비 물자—때문이다. 두려움과 마찬가지로 '직원만 아니었다면 하고 싶어 하지 않을' 성격이라는 일에 대한 실용적 접근은 동일한 감시 비용을 대두시킨다. 지속적으로 감독하지 않으면 직원들이 시키는 일을 실제로 하고 있는지 확신할 수 없다. 인건비 삭감으로 수익을 극대화하려는 노력 역시 그러한 방식의 유인책이 성공하는 것을 방해한다. 직원들이 직장에 쏟는 이 모든 노력을 가치 있게 해 줄만큼 충분히 보수를 받지 못하고, 그들의 노력을 보상해 줄 제품들은 그들이 사기에 너무 비싸지는 것이다. 대니얼 벨

(Daniel Bell)이 『자본주의의 문화적 모순』(*The Cultural Contradictions of Capitalism*)에서 한 유명한 주장처럼, 기업의 요구에 실용적 이유로 순응하는 것이 그러한 순응에 동기를 부여해야 할 소비재 추구가 가진 정반대의 성격에 의해 지속적으로 약화되고 있다고 의문을 제기할 수도 있다.[3] 우리가 하는 일은 본질적으로 만족을 주지 않기 때문에, 외부적 보상을 위해 일하는 실용적 접근은 만족을 뒤로 미루는 능력을 가정한다. 우리는 보수를 받을 때까지, 그리고 모든 일을 마친 뒤 밖으로 나가 즐거움을 가져다줄 것들을 살 때까지 기다리는 법을 배워야 한다. 반대로, 소비자 사고방식은 즉각적인 만족을 추구하도록 부추긴다. 지금 그것을 사라, 지금 그것을 즐겨라, 당장 행복해져라. 직장에서는 마지못해 다른 사람의 요구에 따르는 반면, 상점에서는 충동적으로 마음껏 흥청대도록 부추겨진다.

재량이 주어진다면 노동자들이 하고 싶어 할 일과 회사가 그들에게 하라고 시키는 일 사이의 부조화로 인해 제기되는 생산성과 수익에 대한 위협을 피할 수 있는 몇 가지 방법이 있는데, 모두 금융 지배 자본주의 안에서 점점 더 흔해지고 있다. 회사는 언제나 잠재적으로 다루기 힘든 노동자의 욕망을 회사가 요청하는 의무와 일치시키기 위해 분투하기보다, 적어도 일터에서만큼은 노동자의 정신에서 그러한 잠재적으로 상반되는 모든 충동과 욕망을 몰아내는 효과가 있는 공정을 도입할 수 있다. 이는 지난 장에서 개략적으로 살펴봤던 빡빡한 생산 공정 흐름을 통해 이루어질 수 있다.[4] 직원의 업무는 바로바로 처리되어야 하고, 주어진 시간 안에 완수하는 것이 아주 힘들어서 거기에만 집중할 수밖에 없게 된다. 그럴 때는 정말로 하고 싶은 일이나 퇴근 후에 기다리고 있을 즐거움에 대해 꿈꿀 시간이 없다. 회사가 지시하는 대로 업무를 마치려면 그것을 수행하는 데 완전히 몰입해야 한다.

일하면서 일어나는 자기 비움의 더욱 극단적인 형태는 거의 기계적인 반응을 권장하고 강요하는 작업 과정에서 발생한다.[5] 당장의 일은 단순히 그 외의 다른 생각을 몰아내는 것이 아니라 아예 생각 자체를 불가능하게 한다. 숙고하는 것은 당장의 업무 수행을 방해하는데, 노동자는 그저 끊임없이 주어지는 입력값의 변화하는 자극에 대하여 적절하게 기술된 방식에 따라 가능한 한 빠르게 반응해야 한다. 콜센터가 좋은 사례다.[6] 전산화된 기술은 노동자 업무 배분이 최대한 효율적으로 이루어지게 한다. 업무 하나가 끝나자마자 다음 업무가 주어진다. 고객 문의 응답에 걸리는 시간처럼 노동자의 반응 속도는 지속적으로 관찰되며, 이는 물어 오는 특정 종류의 질문에 따라 미리 정해진 양식의 응답에서 벗어나지 않는 것이 최선임을 의미한다. 노동자는 일종의 백지상태의 인터페이스 혹은 고객과 서비스 공급이 만나는 접촉면에 지나지 않게 된다. 여기서 생각이란 비밀번호를 묻는 현금자동지급기의 요청이나 속도가 느려짐으로써 가속 페달을 더 힘껏 밟으라고 하는 자동차의 '요청'에 응답하는 것에 지나지 않게 된다. 노동자에게 입력되는 정보는 어떤 부가적 해석이나 사고도 필요 없는 그저 단순한 신호에 지나지 않는다.

금융 거래, 특히 급속하게 변하는 시장 조건에 대한 적절한 반응이 정해진 공식이나 전산화된 프로그래밍에 의해 결정되는 곳에서는 이와 거의 동일한 기계적 성질이 나타난다. 시장의 자극에 반응하는 것은 가능한 한 고도로 훈육된 방식으로, 가능한 한 자동적으로 이루어져야 한다. 노동자는 단순히 전산 모델들이 당장의 특정한 시장 자극이 요청한다고 말하는 것에 따라 즉각적으로 반응할 수 있도록 필요한 것만 남기고 자신의 정신 활동을 걸러 내는 일에 훈련되어 있어야 한다. 이는 우리의 정신 활동에 거의 아무것도 남지 않도록 전부 걸러 내야 함을 의미한다. 너무 많이 생각하는 것, 한 번 더 생각해 보는 것은 단순히 그 순간의 유효한 기회를 흘려보내는 것을 의미한다. 현재 시장의 추세가 의미하는 바―자신의 재정상 안녕이나 아내와 자녀의 미래나 행복에 대한 전망을 위해―에 대해 생각하는 것은 기껏해야 그저 반응 시간을 늦출 뿐이다. 최악의 경우, 전산화된 모델에 따라 적절하게 반응하지 못하도록 방해하는 위협이 된다. 예를 들어, 당장 자녀의 대학 등록금을 내기 위해 현금 유입이 필요한 데 이 트레이더는 전산 모델이 매도를 지시하는 지점 이상으로 가격이 상승하길 기대하면서 주식을 팔지 않고 기다릴 수 있다. 하루 동안 몇 차례의 거래를 거치는 과정에서 그렇게 함으로써 그는 무일푼이 된다. 정해진 규약에서 일탈하는 것에 대한 시장의 처벌은, 하루 동안 받은 전화 수가 감소한 만큼 임금에서 제할 수 있는 권한을 가진 콜센터 감독관에게 처벌받는 것만큼 가혹하다.[7]

콜센터처럼, 여기서 순응하도록 훈육되는 것은 일종의 자기 부인을 통해 일어난다. 우리는 우리의 뜻을 상급자의 뜻이나 시장의 요구에 부합하게 하려고 순응하는 게 아니다. 후자가 그저 우리의 뜻을 대체할 뿐이다. 일터에서는 어떤 의도나 목적이든 후자만이 우리의 유일한 뜻이 된다.

그러나 금융 지배 자본주의가, 노동자가 원하는 것과 기업이 노동자에게 원하는 것 간의 불일치로 발생하는 생산성과 수익에 대한 잠재적 위협을 다루는 주요 방법은 그저 그 간극을 없애기 위해 가능한 무엇이든 하는 것이다. 노동자 스스로 기업이 노동자에게 원하는 것을 원하도록 고무되어야 한다. 이상적으로, 그 두 욕망은 서로 완벽하게 일치하도록 조정되어야 한다.[8] 그러한 수렴이 이루어지면, 노동자는 단순히 그러한 순응을 통해 다른 무언가를 얻기 원하기 때문이라거나 순응 실패에 대한 불쾌한 벌을 피하고 싶기 때문에 주저하면서 행동하는 일이 없을 것이다. 오히려 기업이 원하는 방식으로 일하는 것이 우리 자신이 욕망하는 주된 목표이자 그 자체로 그러한 우리의 욕망을 만족시키는 주요 수단이 될 것이다.

노동자는 오직 자신의 뜻에 따라 회사의 지시에 순응하여 일할 것이기 때문에, 그러한 순응을 보장하기 위한 부가적 조치—감시 비용 같은—역시 이상적으로 최대한 줄일 수 있다. 노동자는 스스로를 감시하되 그날의 주요 업무에 전념할 시간과 에너지를 뺏어갈 어떤 사후 자기 점검을 통해서가 아니라, 그저 자신의 행동을 자신의 뜻에 순응시키는 자연스러운 과정에서, 즉 그들 자신의 의도를 실행에 옮기는 자연스러운 과정에서 그렇게 할 것이다. 그리고 기업은 인간을 기계처럼, 생각 없이 자동 반응하는 장치로 만들기 위해—자기 비움과 자기 부정의 습관을 부추기는 작업 공정을 통해—애쓰는 대신, 노동자들이 적합하다고 생각하는 대로 일하도록 내버려 둘 수 있다. 기업은 포스트포드주의 형태의 노동 조직이 선호하는 것처럼 보이는 대로 노동자가 자발적으로 행동하는 자율성을 부여할 수 있다.

자신에게 맡겨진 일에서 가치를 찾는 것은 오래된 개신교 노동 윤리가 공급하는 어떤 것이다. 우리는 직원들이 열심히 일하는 것을 확신할 수 있는데, 그렇게 하는 것이 직원들 스스로에게도 만족을 주기 때문이다. 그러나 일을 위한 일을 하는 노동자라고 해서 특별히 자체적 결정 능력이 있는 것은 아니다. 그들에게 해야 할 일을 알려 주어야 하고, 따라서 높은 관리 비용이 발생한다. 단계적 상명 하달이 효과적으로 이루어지는 고도로 발전된 관료제 안의 모험심 없는 순종적 '회사인'(company man)과 개신교 노동 윤리가 연계되는 데는 분명 부분적으로 이런 이유가 있다. 개신교 노동 윤리에 순응하는 노동자는 그들에게 어떤 일이 맡겨지든 그것을 성공적으로 수행하는 데서 기쁨을 느낀다. 즉, 다른 사람의 지휘를 따르는 데서 어떤 기쁨을 느끼고, 그렇게 함으로써 직장에서 회사의 요구에 철저히 따르고 그 요구에 순응하는 것 안에 머무르는 데서 만족을 누린다. 그와 달리, 금융 지배 기업은 (경영진이 설정한 한도 내에서) 직원 스스로 의사 결정의 책임을 지도록 요구함으로써 감시와 감독 둘 모두에 들어가는 비용을 절약한다. 직원들은 빠른 속도로 움직이는 시장의 변화하는 요구를 효과적으로 다루기 위해 주도권을 가지고 스스로 움직여야 한다. 그런 종류의 자기 발생적 주도권은 시장이 무엇을 던져 주든 거기서 최대의 이익을 취하려면 필수다. 다시 말해, 그것은 변화하는 시장(그리고 설비든 인간 자본이든 모든 부동 매몰 비용을 피하고 싶어 하는 포스트포드주의적 욕망이라는 수반물)에 의해 대두되는 업무 수행의 유연성이 하는 역할이다.

마지막으로, 개신교 노동 윤리는 공공연하게 다른 사람의 뜻에 따르고 만족을 미루는 것 둘 다를 포함하는 어떠한 근면 유인책만큼이나 취약하다. 일터에서 열심히 일하는 것에 대한 보상―고용주의 뜻에 성실하게 따르는 장기 고용을 통한 점진적인 임금 인상과 승진―을 인내심 있게 기다리는 것은, 직장 바깥의 손쉬운 신용 대출의 끊임없는 유혹과 쉴 새 없는 광고가 부추기는 삶과 서로 상치되는 것처럼 보인다. 우리는 뒤로 미루기보다는 대출을 받아서 지금 원하거나 필요한 것을 무엇이든 바로 가질 수 있다. 그러한 대출금을 갚기 위해 오랫동안 힘들게 일하는 것은 당장 급한 그 순간의 욕망을 만족시키는 데 필요한 전제 조건이라기보다는 흐릿한 전망이다.

금융 지배 자본주의에서 욕망 추구는 일터에서든 일터 바깥에서든 거의 동일한 성격을 띤다.⁹ 어느 문맥에서든 단일한 방식으로 자신과 관계를 맺어야 한다. 일터와 일터 바깥의 삶을 거의 동일한 방식으로 보도록 권장함으로써, 일터 바깥의 삶은 일터를 약화시킬 가능성을 상실한다. 그 과정에서 틀림없이 양쪽 모두를 재인식하게 되고, 그 결과는 단지 그 두 삶이 서로 수렴되는 것만이 아니다. 아마도 더 중요한 점은 두 삶 모두 금융 지배 기업의 관심, 곧 최대 수익성으로 수렴된다는 것이다.

집에서든 가게에서든 직장에서든, 우리는 우리의 목표를 추구함에 있어 우리가 가진 것으로부터 최대치를 이끌어 낼 책임을 받아들이는 사람이 되어야 한다. 그 목표란 어느 때보다도 높은 수준의 자기실현과 자기성취를 이루는 것이다. 금융화된 방식으로 표현하면(이런 표현 방식은 정말로 1960년대 이래 금융의 지배를 목적으로 유입된 일반적 문화 동향임이 틀림없다), 우리는 자발적으로 우리 인격 안에 보유한 자산을 가장 수익성 있는 방식으로 사용하기 위해 모든 노력을 기울여야 한다. 부유하든 가난하든, 우리는 하나님께 받은 특정 재능을 가지고 있다. 어떤 경우라도 우리는 부가적인 교육과 훈련을 통해 더 많은 보수를 받을 수 있는 역량을 획득하기를 열망할 수 있다. 그렇게 결집된 개인의 모든 자산은 개인에게 가능한 최대의 이익을 돌려주기 위해, 즉 개인의 성장을 극대화하고 계속 증가하는 개인 총생산을 이끌어 내기 위해 가장 효율적으로 사용되어야 한다.

우리는 일터에서뿐만 아니라 우리의 전 생애에 걸쳐—성인이 될 준비를 하면서, 배우자를 선택하고 가정을 꾸리는 데서, 소비를 위한 모든 구매에서, 그러한 구매 확장을 위해 대출을 받거나 연장된 교육과 훈련을 위해 학자금 대출을 받으면서—자신에 대한 이러한 동일한 종류의 태도를 견지할 수 있다. 이 모든 각각의 경우마다 우리는 자산 가치를 늘리고 가능한 한 낮은 비용으로 가능한 한 높은 수익을 거두는 방식으로 자신의 이익을 위해 그 자산을 사용할 책임을 맡는다. 이런 식으로 개인의 자산 가치를 늘리고 자기 성취 추구를 위해 그 자산을 사용하려는 지속적인 노력은 삶의 모든 차원을 뒤덮게 된다. "그 혹은 그녀 자신의 존재 가치를 극대화하려는 욕망에 이끌려 자율적으로 선택하는 개인으로서 자신의 삶을 형성하는 기획에 지속적으로 참여하는 사람에게, 삶은 그러한 노력을 추구하기 위한 기본적으로 구분되지 않는 단일한 영역이 [된다]."[10] 우리에게 근본적으로 다른 자기 이해를 요구하고 그럼으로써 그러한 자기 이해에 의문을 제기할 수 있는 능력을 갖게 하는 삶의 다른 어떤 영역도 사라진다.[11]

단지 삶이 개인적 선호에 따라 사익을 추구하면서 부족한 자원을 효율적으로 사용하는 것을 요구한다고 이해하는 것을 넘어서—자신을 '호모 에코노미쿠스'(Homo economicus)로 보는 것을 넘어서—여기서 우리는 우리 자신, 우리의 인격 자체를 일종의 경제적 재산으로 간주하고, 노동을 통해 이를 고도로 효율적으로 사용하고 생산성을 증가시킴으로써 그 가치를 극대화해야 한다고 생각한다.[12] 단순히 본인이 우연히 갖게 된 선호가 무엇이든 그러한 선호 추구를 경제적 방식으로 고려하는 것만이 아니라, 본인 자체를 자본화해야 할 경제적 자원으로 간주하는 것이다. 우리의 자아가 노동이 이루어지는 대상이, 그러한 자발적 노동을 통해 가치를 부가시키는 대상이 된다.

자본주의 초기부터 우리 개인 안에 어떤 자질을 가지고 있다는 생각은 드물지 않았다. 그 사실에 기인하여 우리가 보유한 노동력은 고용 계약에서 임금과 교환될 수 있다. 사람의 인격 안에 지니고 있는 자질은 일종의 개인 재산과 같다. 우리는 개인 재산으로 원하는 무엇이든 할 수 있고, 일시적으로 빌려줄 수도 있다. 우리의 노동력도 마찬가지며, 교환의 대가로 수익금을 기대한다. 다른 사람이 보수를 지불하지 않고 그것을 사용하거나 전용하지 못하게 하는 등의 권리가 있다. 금융 지배 자본주의에서, 우리 개인 안에 자질을 가지고 있다는 생각은 더욱 특정한 자본의 형태를 띠게 된다. 즉, 사람의 자질은 더 많은 수익을 창출하는 데 사용되어야 할 자산이 되고, 그렇게 사용함으로써 돌아오는 수익(혹은 손실)은 소유자에게 돌아간다.

짧게 말해, 우리는 우리 자신과 독특한 종류의 사업적 관계를 맺는다. 여기서 삶의 모든 차원을 뒤덮도록 확장되는 것은 사업 모델이며, 따라서 우리의 자기 이해는 금융 지배 자본주의에서 실제 회사들이 운영되는 방식과 점점 더 일치하게 된다. 회사 소유주처럼, 우리에게는 자신에 대한 투자에 해당하는 어떤 매몰 비용이 있다. 수익에 대한 기대를 가지고 그러한 투자를 하지만 상당한 위험도가 있고 수익이 보장되지도 않는다. 수익을 내기 위해 금융에 훈육된 실제 기업의 태도를 스스로 극대화하는 것보다 더 당연한 것이 어디 있겠는가? 더 많이 벌 수 있는데 왜 조금만 벌겠는가? 우리가 개인으로서 마주하는 수익성 압력은 정말로 실제 기업이 마주하는 압력과 다를 게 없다. 그 압력은 부채가 주는 부담, 그리고 변화하는 시장 조건을 반영하여 지속적으로 설비를 재조정해야 할 필요다. 미국 재계는 우리 자신의 삶에서 만나는 그러한 도전에 적절한 모델을 제공하는 것 같다. 예를 들어, 나라는 사람 안에 있는 자본 자산에 대한 투자를 유동적이고 유연하게 하려는 이유는 (기업이 설비와 인력에 대해 그렇게 하려고 하는 것처럼) 자신의 이익을 위해서다. 내가 가진 특정 기술이 언제 쓸모없어질지 모르기 때문이다. 아마도 자신이 성취할 수 있는 것 이상으로 언제나 스스로에게 더 많은 것을 요구하고 자신의 가치를 최대로 증가시키기 위해 노력하면서 거의 탈진할 때까지 더 열심히 일하는 것 역시 자기 성취라는 본인의 이익을 위해서일 것이다.

사업을 시작하든 하지 않든, 우리는 사업가처럼 삶을 운영할 수 있다. 우리 삶의 자산을 수익 극대화라는 목적을 위해 소유하고 관리하며, 모든 유효한 기회를 최대로 이용하기 위해 주도적으로 노력하고, 출세하기 위해 다른 사람들에게 의존하기보다 자신이 가진 것으로 스스로 꾸려 가는 두름성을 드러내는 것이다. 기업을 단 한 사람―한 명의 실제 사업가―이 소유하고 경영하는 경우는 드물지만, 동일한 종류의 사업가 정신을 드러내기 때문에 이제 일반적으로 동일한 방식으로 이해된다.[13]

자신과 이런 식으로 관계 맺는 것은, 그와 같은 사업 모델이 자본이 지배하는 자본주의 내 모든 종류의 조직화·제도화된 활동으로 확장되면서 반박의 여지가 점점 더 없어진다. 정부 기관도 마치 가능한 한 싸고 효율적인 서비스를 제공하는 것을 임무로 하는 사기업인 양 점점 더 동일한 방식으로 운영된다. 설사 그것이 인원 삭감과 노동력에 대한 낮은 임금 책정, 그리고 그러한 모든 서비스의 심각한 축소를 의미한다고 해도 말이다.[14] 고등 교육 기관 역시 동일한 방식으로 운영되면서 증대된 자산을 돌려주는 것을 주된 관심사로 삼는다. 학생 소비자들을 '높은 가성비'(value for money)로 유혹하지만, 이는 예산 삭감과 비전임 노동력에 대한 형편없는 보상으로 달성되며 따라서 거의 수익 극대화라는 기업 사고방식의 훈련장이 되고 있다.[15]

이 모든 것이 고용 관계에 가져오는 결과는 직원들의 자기 이해가 자신들을 고용한 기업의 자기 이해와 완벽하게 일치하게 되는 것이다. 직원들의 자기 이해는 고용주 측의 자기 이해와 다르지 않게 된다. 나는 그 자체로 하나의 사업이고, 내가 일하는 기업 역시 나와 똑같이 사업이며, 내가 최대 수익성을 위해 노력하면서 나의 자산을 경영하는 것처럼 기업 역시 그런 방식으로 자산을 경영한다. 정말로, 나 자신에 대한 이해는 고용주의 나에 대한 이해와 정확하게 일치한다. 나와 고용주는 각각의 사업 투자에서 동일한 자산을 이용하고 있기 때문이다. 내가 일하는 회사는 나를 활용하는 방식을 통해 수익을 극대화하려는 사업이다. 나는 거의 똑같은 기법을 (직장에서뿐만 아니라 다른 모든 곳에서도) 자기 관리의 형태로 사용하면서, 나 자신을 활용하여 내 안에 있는 그 동일한 자산에 대한 수익을 극대화하고자 노력하고 있다. 나의 고용주는 나를 최소 비용으로 최대한 높은 수익을 거두는 방식으로 사용해야 할 인간 자본으로 간주하며, 이는 내가 나 자신을 보는 방식이기도 하다. 즉, 나라는 사람 안에 있는 자산은, 수익성 좋은 사업이 되기를 바라는 나 자신의 삶을 경영하기 위해 사용해야 할 나의 인간 자본이다. 그렇기에 고용주가 나를 그런 식으로 보는 것을 비판하기 어렵다. 각 경우마다 내 안에 있는 자산은 최대 수익 창출을 위해 고안된 방식으로 활용된다. 최대 수익 창출이 순전히 내 안에 있는 자산이 존재하는 목적처럼 보인다.

물론 나를 고용한 회사가 최대 수익을 거두는 방식으로 나의 인간 자본을 사용하는 것이 나에게는 최대 수익으로 돌아오지 않을 수도 있으며, 그런 식으로 사용되는 것에 대해 내 안에 어떤 거리낌이나 심지어 저항이 일어날 수도 있다. 어째서 나의 자산을 자본화하려는 기업의 노력이 나 자신의 노력을 희생시키지 않으리라 생각한다는 말인가? 단순히 금전적으로 생각한다면, 사실 그런 일은 종종 일어나는 것처럼 보인다. 즉, 기업은 수입과 수익이 올라가도 거기에 비례하여 임금이나 혜택이 증가하는 형태로 직원과 나누려고 하지는 않는다. 그러나 우리의 인간 자본이 일을 통해 향상되고 우리 자신에게 더 좋은 수익성이 있는 것으로 드러나기 위해 꼭 좋은 보수를 받을 필요는 없다. 예를 들어, 다직종 훈련이 그런 효과가 있다. 일터에서 요구되는 아주 다른 다양한 업무—기계 사용, 기계 수리, 기계 설정 변경, 다른 것을 생산하기 위한 기계 사용 등—를 수행할 수 있는 능력은 채용 가능성의 형태로 우리의 인간 자본을 향상시킨다. 해고된다면(그리고 해고될 때) 더 높은 재취업 기회를 갖게 되는 것이다. 일은 우리가 어디를 가든지 계속 보유할 수 있는 방식으로 우리의 능력을 향상시킨다.

그러나 보다 일반적으로, 직원들이 자발적으로 그들의 재능을 개발하는 것을 허락하는 경영 실천이 실제로 보장하는 것은, 직원들이 자신의 목적을 위해 자신의 인간 자본을 극대화하려는 스스로의 노력을 통해서 결국 기업 수익을 극대화하는 것이다. 기업은 노동자들이 이익을 얻을 때만 이익을 얻을 수 있는데, 기업의 수익은 오직 직원들의 가치 향상을 위한 자기 관리 실천을 통해서만 창출되기 시작할 수 있기 때문이다. 그러한 기업은 직원들이 자기가 수행하는 일 안에서 그 일을 통해 자기실현을 하는 데 관심이 있다는 강한 인상을 준다. 예를 들어, 기업은 직원들이 업무를 훌륭하게 수행하기 위해 필요한 훈련을 받는 데 비용을 대거나 회사 내에서 그러한 훈련을 제공하지는 않겠지만(지출을 증가시키므로), 직원들이 더 훌륭한 자기 관리를 통해 그러한 기술을 연습할 수 있는 기회를 최대한 줄 것이다. 특정 업무팀에 특정 기획을 맡기면서 그러한 임무를 가능한 한 최소의 비용과 종종 최소의 자원으로 신속하게 완수할 수 있는 방법을 찾아낼 책임을 그들 스스로에게 맡김으로써 말이다. 회사가 수익을 극대화할 수 있는 것은 오직 그러한 두름성 풍부한 직원들의 자발성이 가져오는 효율성과 겹겹의 관리 비용 분담 때문이다. 기업이 단순히 직원을 혹사시키고 압박하기보다 직원의 자기 관리 기술 증가에 관심을 두는 만큼, 우리는 직원들이 수익을 거두지 않는 한 수익을 낼 수 없는 사업체 안에 있는 우리 자신의 작은 사업체를 운영하고 있는 것처럼 느낄 것이다. 우리가 업무 수행을 통해 우리 자신의 인간 자본을 향상시키려는 노력에 실패한다면, 기업을 위해 수익을 창출하는 능력 역시 감소할 것이다.

기업이 그렇게 일을 통한 직원의 자기실현 인식에 관심을 갖는 것은 단지 직원들을 보다 효율적이고 저비용으로 만들기 때문이 아니라 일에 대한 그들의 헌신을 공고하게 해 주기 때문이다. 회사는 그러한 직원들이 그들의 일에 완전히 몰입하고 따라서 거기에 모든 것을 쏟아부으리라 믿을 수 있다. 사업가적 자아로서 바라보는 자신의 인생 기획에서 자신이 하는 일이 중요하다고 판단될 때, 그에 대한 헌신은 피상적이거나 단지 표면적 위장이나 쇼가 아니라 그들의 인격 안에 자리 잡은 어떤 것, 자신의 정체성의 일부가 된다. 그런 식의 개인적 헌신은 열심히 일하라는 회사의 요구에 대해 어떤 망설임이나 제약도 없이 헌신하게 만든다.

따라서 채용을 결정할 때 그러한 헌신을 찾는 회사는 전문 기술보다 그 사람의 성품에 관심의 초점을 맞춘다. 채용이 필요한 자리들이 더 이상 명확한 업무 지침에 따르는 고정된 업무에 관한 것이 아닌 곳에서 전문 기술은 채용 결정 때 큰 무게를 갖지 못한다. 그 대신, 일반적으로 회사들은 채용하려는 사람이 복합 업무 수행을 향상시키기 위해 노력하면서 자기 주도권(그리고 비용)을 가지고 자신의 기술 범위를 확장시키려는 경향과 능력이 있는지를 보려 한다. 짧게 말해, 회사는 누군가를 채용할 때 더 이상 단순히 특정 형태의 노동력을 모집하지 않고 그 사람의 역량 전부를 뽑아내려 한다.[16]

업무를 위한 특정 자격 요건이 중요할 때조차 고용주는 여전히 그 사람의 성품에 몰두한다. 그들은 단지 그 사람이 현재 가진 일련의 기술을 볼 때 그 일을 할 수 있는지가 아니라 일에 대해 그 사람이 지닌 태도에 관심이 있다. 자신의 일을 즐기고 거기서 성취감을 찾는가? 그 사람의 인생에서 일이 얼마나 중심에 있는가? 예를 들어, 그 사람의 일에서 에너지를 뺏어갈 가족에 대한 의무가 있는가, 아니면 스키 장비를 판매하는 일을 하는 스키광처럼 일과 혼연일체가 되게 해 줄 일 외부의 취미가 있는가? 당장의 업무에 얼마나 두름성 있고 의욕 넘치는 자세로 자신의 기술을 사용할 것인가? 노하우도 있어야 하고 그 일을 수행할 자격 요건도 갖춰야겠지만, 필요한 "존재의 노하우, 즉 일, 환경(예를 들어, 감독 인력, 동료, 회사)과 관련해 그리고 자기 자신에 대해 [올바른] 행동과 태도" 역시 가지고 있어야 한다.[17] 업무 수행만큼이나 성격과 근본 기질도 고용주의 주요한 관심 사항이다. 직장이 요구하는 것은 우리 자신의 인격은 남겨 둔 채-일하는 동안 공상에 빠지거나 만약 그것이 불가능하다면 직장 밖에서는 다른 삶의 양식을 추구하면서-근무 중에만 일시적으로 유도된 행동의 수준에서 우리 자신을 거기 끼워 넣는 것이 아니다. 우리의 인격 자체가 가장 근본적인 기획 수준에서 기업의 수익 실현을 위한 삽입 지점이 되어야 한다. 회사 스스로가 금융이 요구하는 최적의 방식으로 수익을 거두려면, 모든 직원이 스스로를 영리 기업으로 보는 사업가적 자아를 지녀야 한다. 사람들이 채용되는 것은 그들 스스로를 이런 방식으로 생각하기 때문이고, 직원으로 계속 남는 것은 자신을 일에 적용하는 방식에서 이를 얼마나 증명할 수 있느냐에 달려 있다.

　물론 직원들이 정말로 일에 자신의 모든 것을 쏟아붓고 있는지, 실제로 성공적인 업무 수행에 전적으로 헌신하여 최대의 능력을 동원하여 일하고 있는지, 진심으로 재량껏 일하고 있는지 분명히 알기 어려울 때가 많다. 특히 업무가 복합적이고 협동 작업을 요하는 경우에는, 개인의 노력을 수량화하기 어렵고 따라서 전산화된 최고의 저비용 감시 시스템조차 빠져나가기 쉽다. 이것이 정말로 고용주의 관심이 직원들의 인격적 특성으로 옮겨 가는 한 가지 이유다. 자기 관리하는 노동자의 행동을 감시하기가 어렵다는 것은 일에 대한 그들의 기본 태도와 의도가 더욱 중요해진다는 의미다. 고용주는 직원들이 습관적이고 원칙적으로 자신의 일에 모든 것을 쏟아붓는 종류의 사람, 생산 공정의 혁신을 위해 주어진 모든 기회를 창조적으로 활용하고 비록 빈약하더라도 이용 가능한 모든 자원을 최대한 효율적으로 사용하는 것 등을 (매우 문자적인 의미에서) 자신의 일로 삼는 종류의 사람이 되는 데 의존해야 한다. 그러나 그들의 실제 업무 수행의 성격과 상관없이 이 중에서 무엇이라도 어떻게 확신할 수 있는가? 내적 기질, 그 사람의 근본 의도와 갈망은 겉으로 보이는 행동보다 훨씬 더 감시하기 힘들다. 나는 정말로 고용주가 나에게 원하는 것을 원하는 데 전념해 있는가, 아니면 단지 그렇게 꾸며 내고 있는가? 그러한 욕망은 진정으로 나의 것—내 자기 발생적 욕망—인가, 아니면 단순히 그러한 헌신을 보이라는 외부의 요구로 남아 있는 것을 충족시키기 위해 만들어 낸 것인가? 이와 같은 타당한 불안에 비추어, 고용주가 일에 대한 직원의 헌신을 확신하는 것은 순전하고도 온 마음을 다한 그들의 헌신에 대한 표지, 증인, 증언에 의해 지속적으로 뒷받침되고 재확인될 필요가 있다. 밤새 차가 주차장에 세워져 있거나, 사무실에 여벌의 옷이 걸려 있거나, 하루 종일 책상에서 식사를 해결했음을 보여 주는 빈 음식 용기들이 쌓여 있거나, 가족과 보내야 할 시간이 침범을 당하더라도 모든 '비의무적' 직원 모임에 참석한다거나 하는 식으로 말이다.[18] 17세기 참회자처럼, 우리는 업무 수행상의 어떠한 과실에 대해서도 반성하고 있음—통회의 기도—을 표현할 뿐만 아니라, 달성하지 못한 모든 요청 사항에 대한 진정한 사랑에 어울리는 우리의 눈물을, 더욱 마음으로 느껴지는 통회를 보여 주어야 한다.[19] 그러한 모든 방법을 통해, 우리는 단지 우리에게 요청되는 방식으로 일하기를 우리도 바란다는 사실뿐 아니라 어떤 반대나 분열된 충성심도 용납하지 않을 만큼 온 마음을 다해 그러한 욕망에 전적으로 헌신되어 있음을 증명하려 한다.

그러나 회사 수익이 일터에서 이루어지는 우리의 자기 성취를 통해 온다는 사실 자체는 그에 대한 회사의 관심이 얼마나 진정한 것이냐는 의문을 품게 한다. 회사는 내가 나에게 주어진 일을 진정으로 사랑하는 정도에 지속적으로 의문을 제기할 수 있는데, 나 역시 똑같이 나와 관련된 회사의 의도에 대한 의심을 잠재우기 어렵다. 회사가 최대 수익이라는 회사의 목적을 이루는 수단으로 내가 나 자신에게 공들이는 것을 도구화시키고 있다는 사실은 상당히 명백하다. 목적이 아닌 수단으로 취급되고 있다면, 어째서 나는 한 개인으로서 나의 자질들과 행위 주체로서 나의 두름성 있는 자발적 능력에 대한 회사의 이른바 존중이 단지 허식이자 피상적 보여 주기에 불과하지 않은지 의심하지 말아야 한단 말인가?[20] 예를 들어, 회사는 나를 대체 불가능한 특별한 개인으로 만드는 것에 진정으로 관심이 있는가, 아니면 단지 회사가 보기에 적합한 어떤 모습으로든 나를 변형시킬 수 있는 전적으로 대체 가능한 일반적 능력에 관심이 있는가?[21] 그러한 의심은 나에 대한 회사의 헌신이 일에 대한 나의 헌신에 결코 미치지 못하리라는 지극히 명백한 사실에 의해 더욱 뚜렷해질 뿐이다. 내가 나의 일에 얼마나 헌신되어 있든, 회사는 언제나 그저 나를 소모하고 편리한 대로 내다 버릴 준비가 되어 있다.

게다가, 요구되는 일에 대한 헌신이 전체주의화될수록 그것을 자신의 사업가적 인생 기획을 과도하게 제한하여 좁히는 것 이상으로 보기가 점점 어려워진다. 사랑스러운 제품을 만드는 것이 그러한 인생 기획의 일부일 수는 있지만, 고용주가 나에게 원하는 것만을 원하는 사람은 없다. 그 제품을 만들려는 욕망을 우리 마음의 욕망 전부라고 보기는 어렵다. 우리에게는 회사의 목표가 갖는 제한된 범위를 뛰어넘는, 따라서 그것에만 전적으로 헌신하라는 요구를 확고히 거부하는 훨씬 더 큰 인생의 목표가 있다. 다시 말해, 잠재적 불만의 지속적인 원천을 제공하는 것은 단순히 일에서—사실 여전히 헌신되어 있는 일에서—소외되는 것이라기보다는 일 때문에 목표가 좁게 고정되는 것이다.[22]

노동자와 고용주 양쪽 모두 그들의 통제 너머의 더 큰 힘에 좌지우지되는 것처럼 보일수록, 회사는 이 잠재적 불만의 대상이 되지 않을 수 있고 심지어 그러한 감정 자체도 사그라들 수 있다. 가차 없고 널리 퍼져 있는 힘인 시장이 모든 것을 결정한다. 회사는 노동자와 더불어 아무런 선택권이 없고, 누구라도 수익을 내기 위해서는 단지 시장이 이끄는 대로 따라갈 뿐이다. 회사가 노동자에게 요구하는 것은 회사 경영진이 고의적으로 고른 선택적 과정이 아니라 그저 시장 자체가 요구하는 것을 나타낸다. 본사의 실제 사람들에 의해 경영되는 회사와 달리, 비인격적 시장은 어떤 사정도 봐주지 않으며 그 지시의 근원지는 명확한 위치가 없다.

그저 시장 조건—말하자면 값싼 노동력을 가진 해외 회사와의 경쟁 증가—이 이러한 경영 결정을 실행 가능한 유일한 선택으로 만드는 것은 아니다. 시장 자체가 기업을 관리하고 있다는 강한 인상을 받는다. 회사는 이 특정 방식으로 노동자를 관리하겠다는 자유로운 결정의 절대적 근원지라기보다, 단지 시장 자체의 명령을 거의 반사적으로 따라갈 뿐이다. 기업 주식의 가격이 떨어지면 정리 해고가 따라온다. 어떤 주에 주문량이 몇 퍼센트 줄어들면 그다음 주에는 거기에 비례하여 직원에게 할당되는 근무 시간도 줄어든다. 일을 할 수 있을지 없을지와 무슨 일을 해야 하는지는 그저 시장 자체의 기복, 시장의 변화하는 성격을 그대로 반영한다. 다시 말해, 시장의 조정이 모든 의도와 목적 면에서 노동자 관리에 관한 기업 자체의 심의를 대체하는 것처럼 보인다. 노동 정책에 관한 한, 기업은 기업에 대한 것을 시장이 결정하게 한다. 예를 들어, 회사는 임금률을 회사 내에서 정하기보다 시장이 그 회사의 노동자에게 얼마를 줄 것인지 결정하게 한다. 시장이 청소 서비스의 시세를 정하면, 우리는 당연히 가장 싼 가격에 그러한 서비스를 제공하는 회사를 선정한다. 만약 이런 방식의 경영 방침―노동자가 받는 보수, 근무표가 정해지는 방식, 시간의 압력, 변화하는 업무 배치―이 마음에 들지 않아 시장에 불평을 하면 그게 어디까지 가겠는지 생각해 보라.

노동자에게 남아 있는 유일한 자유의 영역은 시장에 의해 관리되는 것에 대해 그들이 취할 수 있는 태도인 것처럼 보인다. 그들이 유일하게 무언가를 할 수 있는 것, 여전히 그들의 통제 아래에 있는 유일한 문제는 그들의 삶이 그런 식으로 결정된다는 사실을 받아들이는 방식이다. 좋든 싫든 그들의 노동 인생은 시장의 명령에 따라 움직일 것이다. 그렇기에 그들은 기꺼이 그렇게 하면서 회사가 바라듯 어떤 경우든 피할 수 없는 것을 그들 스스로 바라는 것으로 삼을 수도 있고, 나아질 거라는 희망 없이 방향도 대상도 없는 불만족에 스스로를 내던질 수도 있다. 여기서 그들이 할 수 있는 진정한 의미의 선택이 무엇이 있겠는가?[23]

시장을 그대로 반영하고 그러한 사실에 만족하면서 우리는 자신을 시장과 완전히 동일시하게 된다. 성공한 투자 은행가와 금융 자산 운용가들이 종종 말하는 것처럼 내가 곧 시장이다.[24] 우리는 우리의 인생 기획을 시장의 삶 안에 완전히 통합된 것으로, 시장 자체의 끊임없고 포괄적인 과정의 한 측면으로 이해할 수 있다. 그렇다면 내가 나에게 공을 들이는 것은 더 이상 단순히 나 자신을 위한 것이 아니라 나 자신보다 훨씬 더 큰 무언가, 내가 일하는 어떤 회사보다도 큰 무언가를 위한 일이다. 나는 스스로를 시장 자체와 동일시함으로써 자기 몰두를 넘어서 움직이며, 나 자신을 넘어서 움직이는 것은 오직 나를 시장의 힘에 더욱 부합시키게 할 뿐이다.

모든 자기 주도적 자기 관리에서, 나는 콜센터 직원과 똑같이 시장이 지시하는 것을 넘어서는 모든 것을 내 안에서 비워 내고, 그럼으로써 시장은 내 안에서 그리고 나를 통해 시장 자체의 삶을 확장하고 있는 것처럼 보인다.

금융 지배 기업은 일반적으로 직원의 변함없는 순응을 이끌어 내기 위해 이 모든 방법을 조합한다. 고분고분하게 만들기 위해 두려움, 사랑, 자기 비움의 기법을 모두 사용한다. 예를 들어, 자기 관리하는 직원들은 늘 감독을 당하지 않는 것이 아니라 종종 마치 신뢰할 수 없는 사람처럼 심하게 감시당한다. 그들이 온 힘을 기울여 일하는 것은 단지 거기서 성취감을 느끼기 때문만이 아니라 일자리를 잃을까 봐 두렵기 때문이다. 그리고 일단 일이 요구하는 흐름에 들어가고 나면, 그 흐름은 종종 그 자체의 생명을 갖게 되고, 직원들은 좋든 싫든 그 흐름에 떠밀려 간다. 마치 일어나는 모든 일이 그들 자신이 하거나 바라는 것과는 상관없이 일어나고 있는 것처럼 말이다.[25] 기업은 의심할 여지없이 상호 강화하는 일이 나타나기를 기대하면서 그러한 기법들을 조합하여 사용한다. 탈진이 찾아와서 내가 하고 있는 일이 나에게 어떤 본질적 가치가 있는지—내가 밤낮으로 그토록 열심히 일하는 데서 정말로 자기 성취를 발견하고 있는지—의문을 갖게 되는 경우, 좌천이나 해고에 대한 두려움이 그 자리를 대신할 수 있는 것이다.

반면, 그러한 조합은 불안한 동맹으로 향할 수도 있다. 고용주가 정말로 내가 창조적 기능을 자유롭게 발휘하는 데 관심이 있다면—회사의 목적은 오직 나의 고삐를 자유롭게 풀어 줌으로써만 달성되기 때문에—왜 나는 내가 실제로 회사의 목적에 도움이 되도록 모든 일을 하고 있는지 확실히 하기 위해 일거수일투족을 끊임없이 감시당하는가? 그런 사실을 고려할 때, 나의 개인적 자율성에 대한 기업의 존중은 명백하게 한정되어 있지 않은가? 나 자신의 욕망이 정말로 고용주의 욕망과 완벽하게 일치한다면, 왜 나는 내 머리에 총구가 겨누어진 것을 보는가? 언제든 내가 하고 있는 일에 전적으로 헌신되어 있음을 보여 주지 못하는 순간 내 위로 망치가 내려찍히리라는 것을 나는 아주 잘 인식하고 있다. 프레데리크 로르동(Frédéric Lordon)이 말하듯, "[나 자신의] 욕망을 이끌어 내는 것에서의 실패, 불충분한 순응, 불완전한 적응은, 하향하는 사회적 이동성의 형태든 좌천-재배치의 형태든 최종적으로 간단하고 깨끗하게 해고를 당하는 형태든, 즉시 고용 관계에서의 쇠주먹을 불러온다."[26] 내가 하는 모든 일 주변을 늘 맴도는 위협은 오직 나로 하여금 과연 어느 정도로 나 자신의 욕망이 정말로 나에게 동기 부여를 하고 있는지 의문을 갖게 만들 뿐이다. 나는 개인적으로 헌신한 것인가 아니면 단지 외부의 명령에 순종하고 있는 것인가? 단지 개인적 헌신에 대한 요구, 헌신을 보이라는 회사의 최후통첩이 그렇게 타협하게 한 것은 아닌가? 일터에서 나의 재능을 능숙하게 관리하는 두름성을 통해 입증되는 내 모든 개인적 투자에도 불구하고, 과연 나는 지속적으로 감시되는 조건과 즉시 해고될 수 있다는 위협 아래 고객에게 미소 짓고 친절하기를 강요당하는 소매업 노동자나 서비스 제공자와 얼마나 다른가? 나는 나에게 주어진 일을 과연 얼마나 정말로 즐기면서 하고 있는가?

하나님에 대한 그리스도인의 헌신

바로 여기서 기독교가 들어와 기업의 최대 수익을 위해 요구되는 종류의 전적 헌신을 이끌어 내는 메커니즘을 저지하고, 나의 욕망과 회사의 욕망

사이에 쐐기를 박도록 도울 수 있다. 하나님에 대한 헌신과 그것을 가능하게 하는 회심은 다른 어떤 것에 대한 전적 헌신과도 충돌하며, 그렇기에 우리가 개인적으로 회사의 목표에 완전히 몰입할 수 있는 정도를 제한한다.

하나님에 대한 헌신이 그러한 능력을 갖기 위해서는 역설적이게도 금융 지배 자본주의의 사업적 자아와 유사한 인생 기획이 되어야 한다. 우리는 인생 전체에 걸쳐 매 순간마다 하나님을 향해 있는 사람이 되기 위한 모든 기회를 붙잡아야 한다. 우리 존재의 모든 것과 우리가 경험하는 모든 것을 우리의 영적 성장을 위한 원재료이자 자신을 갈고 닦을 수 있는 지속적인 기회로 삼아 이를 통해 감사와 찬양 안에서 하나님께 더욱 가까이 나아가고 이 세상을 향한 하나님의 뜻에 자신을 더욱 맞추어야 한다.[27]

짧게 말해, 기독교는 우리 자신의 경건을 극대화하려는 의도를 가지고 접근하는 형태로 자기 자신에게 공들이기를 권장한다. 우리 자신의 신앙심을 다룰 때 그 자체를 극대화하는 기획으로 만들어야 하는 것이다. 우리는 감사와 찬양 안에서 하나님을 향하고 매 순간 우리가 행하는 모든 것을 하나님의 뜻에 맞추고자 한다는 의미에서 가능한 종교적이 되어야 한다.[28]

그렇게 할 때, 그리스도인으로서 우리가 자기 이해를 형성하는 방식, 그리스도인으로서 우리가 자신과 관계 맺는 방식은 자신의 전인격을 결정하는 계속되는 일생의 과제가 된다. 그리스도인답게 사는 것은 우리 정체성의 핵심, 우리가 전심을 다해 헌신하는 어떤 것이 된다. 우리가 더 이상 그러한 기획에 참여하지 않는다면 더 이상 지금의 우리 자신이 아닐 정도로 전심을 다해 헌신한다는 의미다.

우리가 전심을 다해 하나님을 향해 있다는 것은 우리의 기독교적 헌신이 모든 것을 아우를 뿐 아니라 우리가 가진 다른 모든 욕망을 하나로 통합할 수 있을 만큼 전심을 다한다는 뜻이다. 하나님에 대한 기독교의 헌신은 예컨대 그리스-로마 종교에서 도시를 해악으로부터 보호하는 제한된 기능을 하는 신들에게 몰두하는 것과 다르며 고대 철학에서 말하는 전인격 형성 능력과 더 유사하다. 그 헌신은 특별히 그 헌신에 전념하는 삶의 영역에서만 드러나는 것이 아니라 우리의 인생 전체를 통해 느껴져야 한다.[29] 그러한 헌신은 상황이나 환경의 성격에 따라 그저 간헐적으로 고려하는 문제가 아니라 우리 삶의 방향에서 지속적인 중심점이 되어야 한다. 결코 소홀히 여겨지는 법 없이 한순간도 빼놓지 않고 살아 있어야 하고 능동적으로 연결되어 있어야 한다.[30] 우리는 우리가 추구하는 다른 모든 것이 그러한 우선권을 갖는 우리의 기독교적 헌신에 적합한지, 만약 그렇다면 어떻게 적합한지 끊임없이 질문해야 한다. 기독교적 헌신은 우리가 계속해서 하는 다른 모든 것 안에서 어떤 식으로든 드러남으로써, 다른 모든 일상적 욕망을 통합하고 그 모든 것의 목표를 헌신의 목적에 종속시키게 될 것이다.

그러나 하나님에 대한 전심 어린 헌신을 확실히 하기 위해 기독교 안에서 일반적으로 사용되는 메커니즘이 작동하는 방식은 금융 지배 자본주의에서 전적인 순응을 유도하기 위해 사용하는 기법과 근원적으로 다르다. 하나님이 이 세상 가운데서 자신의 뜻을 이루기 위해 일하시는 방법과 보조를 맞추는 그러한 헌신은 무엇보다 자기 비움을 통해 일어나지 않는다. 하나님은 나의 뜻을 통해 하나님의 뜻을 이루시지 나의 뜻을 하나님의 뜻으로 대체하시지 않는다. 나의 뜻이 무엇이든, 설령 그 뜻이 의식적으로 하나님의 의도에 반한다고 할지라도 하나님은 나의 뜻 안에서, 그리고 나의 뜻을 통해 하나님의 뜻을 이루실 수 있다. 그 원형적 모범이 십자가일 것이다. 하나님은 구원하시려는 자신의 목적을, 구원하려는 노력에 대한 인간의 거부를 통해 성취하신다. 그러나 하나님께 헌신할 때 나의 목표는 여전히 나 자신의 뜻으로 남아 있는 것을 (내가 늘 그것을 알 수 있는 정도로) 하나님의 뜻에 조심스럽게 부합시키는 것이 된다. 그러한 목표를 이루기 위해 단순히 나 자신의 뜻을 거부해야 하는 것은 아니다. 그리스도 안에서 나는 하나님의 뜻이 나 자신의 유익을 위한 것이기도 함을 확신할 수 있기 때문이다. 하나님의 욕망은 나를 구원하시는 것이다.

회심은 그동안의 나의 존재—죄인인 나—에 대한 거부를 포함하지만, 이때의 자기 거절 혹은 나와의 단절이 하나님 앞에서 혹은 그 누구 앞에 서라도 자기 비움으로 번역될 필요는 없다.[31] 옛 죄의 삶에 대해 죽는 것이, 그 자체로 내 뜻이 죽고 다른 것—하나님의 뜻이나 신앙 선배의 뜻—으로 대체되어 오직 후자만이 내가 가져야 할 유일한 뜻이 되기를 요구하진 않는다. 오히려 나의 뜻을 돌리기를, 그 방향을 바꾸기를 요구한다. 하나님에게서 돌아서 있던 나의 뜻이 이제 그리스도 안에 있는 새로운 삶으로 인하여 하나님을 향하게 되었다. 죽어야 할 전부는 그 뜻의 죄악된 지향이다.

그러나 그러한 회심을 통해 하나님께 헌신하는 것은 나의 일상적 헌신을 하나님에 대한 헌신에 통합시키는 일을 복잡하게 만든다. 회사가 노동자의 목표를 회사의 목표에 일치시키기를 바라는 것과 같은 방식으로 그 둘을 완전히 일치시킬 수는 없다. 죄는 과거로 물러난 이미 지나간 순간이 아니라 언제나 돌아설 필요가 있는 상태로 머물러 있기 때문에 과거와의 결별이 여전히 진행 중인 상태인 회심은 현재 안으로 계속 이어져야 하는데, 그러한 한에서 현재의 모든 개별 기획은 일정 정도(어떤 것은 다른 것보다 더 많이)—하나님과 세상을 향한 하나님의 뜻에 온 마음을 기울이는 것을 가로막는 죄악된 방해물이 되는 정도에 맞추어—거부될 필요가 있다. 정말로 우리의 일상적 투자에 온 마음을 쏟는 것—말하자면 거기서 하나님을 배제하는 것—이 그러한 방해가 흔히 일어나는 방식이다. 그리스도인에게 과제로 주어진 지속적인 회심의 과정 안에서 우리는 일상 속 바로 그런 종류의 투자로부터 적극적으로 돌아서야 한다.

짧게 말해, 회심은 우리가 세속적 욕망을 일상적으로 추구하는 데서 어떤 근본적 형태의 투자 회수를 요구한다. 우리는 어떤 일상적 추구에서도 하나님께 헌신할 때와 같은 방식으로 온 마음을 다해 헌신해서는 안 된다. 하나님에 대한 최대의 헌신은 하나님 자신이 헌신하고 계신 모든 것—우리 자신의 유익, 불운한 이들에 대한 돌봄 등을 포함하는—에도 동일하게 헌신하게 만든다. 그러나 하나님께 헌신하는 것과 똑같은 방식으로 다른 어떤 것에 온 마음을 기울여 헌신하려는 노력은, 하나님이 맡기신 그러한 세상적 목표에서 진척을 이룰 때조차 하나님에 대한 우리의 의존을 죄악되게 왜곡시키면서 하나님을 배제할 것이다.

정말로, 하나님에 대한 헌신의 포괄적·종합적 성격은 다른 모든 기획이나 기획 전체에 대한 투자 회수를 권장한다. 우리는 (그 방식들은 아주 다른 형태를 띨 수 있겠지만) 다른 모든 헌신 안에서 그 헌신을 통해 하나님에 대한 헌신을 추구할 수 있다. 그렇기 때문에 그러한 헌신 중 어떤 것도 대체 불가능한 중요성을 갖지 못한다. 어떤 특정 과업이나 인생 기획도 우리 자신이 하나님과 하나님의 뜻을 향해 있기 위한 기회를 공급하는 데서 독점권을 행사하지 못한다. 환경이 어떠하든, 직업이 무엇이든, 어떤 임무가 주어졌든, 우리는 우리 자신을 하나님께 향하게 하고 하나님의 뜻에 더욱 일치시키도록 노력할 수 있다.

하나님에 대한 지향이 띠는 특정 형태는 환경마다 다양할 수 있지만, 하나님께로 향한 초점의 강도는 모든 형태에 걸쳐 동일한 항상성을 유지할 수 있다(또한 유지해야 한다). 예를 들어, 우리가 자신과 다른 사람을 위해 하는 선한 일, 우리가 다른 사람을 통해 경험하는 선한 일은 하나님의 자비하심을 찬양하고 그 안에서 기뻐하는 기회가 되기 쉽다. 우리가 다른 사람에게 가한 해악은 고백, 통회, 회개, 그리고 그러한 행동으로부터 돌아서려는 절대적 노력의 형태로 하나님께 향하는 동일하게 강력한 자발성의 재료가 될 수 있다. 그리고 다른 이들에게 당하는 해악은, 하나님의 뜻에 합당하다면 거기서 벗어날 수 있도록 하나님의 도움을 간절히 구하는 계기가 될 수 있다.

그리스도인의 인생 기획은 그 사람이 추구하는 다른 모든 것과 교차하기 때문에, 여러 역할 및 과제로부터 거리 두기를 강화할 수 있는 능력이 있다. 이 거리는 현대성에서 전형적이며, 금융 지배 자본주의는 전적 헌신을 요구함으로써 거리를 좁히려고 노력한다. 현대 생활의 사회문화적 분화에 의해 가능해진 이동성은 그것이 실제이든 상상이든, 수행하는 데 우리 자신을 과도하게 투자하는 방식으로 이루어지는 특정한 역할이나 과제와의 자기 동일시를 가로막는다. 일생을 살아가는 동안 우리는 한 사회적 역할이나 직업적 과제를 맡은 후 다시 다른 역할이나 과제를 맡을 수도 있다. 가난한 사람으로 시작해 부유한 사람이 될 수도 있으며, 처음에는 제빵사로 취직했다가 건설업으로 이직할 수도 있다. 행동을 안내하는 규범은 그것이 다루는 삶의 영역에 따라 분화되고, 따라서 어느 날 우리는 집과 일터에서 아주 다르게 행동하게 되고, 예비군 훈련을 받을 때와 교회에서 다르게 행동하게 된다. 그러한 영역을 넘나드는 실제의 이동성이 부재할 때는, 적어도 스스로 아주 다르게 살고 있다고 상상할 수 있다. 단지 우연히 우리의 삶을 규정하게 된 것들과는 아주 다른 역할과 행동을 가정하면서 말이다. 전문 직종과 사회적 기능 사이의 상호 의존성은 도외시되지 않는 차이를 인식하기를 권장한다. 우리는 자신이 다른 사람들이 하는 것을 하고 있다고 상상할 수 있는데, 이는 상대적으로 자율적인 그들의 행동에 대한 우리의 의존성이 그들과 우리의 차이를 말도 안 되는 것이나 인간 이하의 것이 하는 기능이라고, 혹은 우리의 자리까지 오는 길에 불행하게도 그들이 사회문화적 발전의 사다리 하부에 배치되었다고 보는 것을 더 힘들게 만들기―짧게 말해, 단순히 잘못이나 비도덕성이나 미성숙의 문제라는 것―때문이다. 우리는 다른 많은 일을 하고 다양한 사회 영역에서 다른 많은 역할을 맡기 때문에―혹은 적어도 스스로 그렇게 하고 있다고 상상할 수 있기 때문에―그러한 행동의 형식이나 삶의 양식 중 어느 하나도 인간으로서 내가 누구인지 포착하지 못한다. 우리는 우리 자신을 그런 모든 것과 구별한다. 우리는 우리의 모든 사회적 역할이나 임무와 일정한 거리를 상정하는 방식으로 우리 자신과 관계 맺는다. 더 이상 자신을 사회적 역할이나 과제와 동일시하지 않기 때문에, 그러한 역할과 임무에 대한 일정 정도의 투자 회수가 발생한다.

 그리스도인의 인생 기획이 그 사람이 추구하는 다른 모든 것과 교차하면서 진행되어야 하는 한, 그것은 이와 유사한 종류의, 유사한 효과를 갖는 상상된 이동성을 권장한다. 그리스도인의 인생 기획은 현대성에서 이동성의 기능인 특정한 사회적 역할이나 직업적 임무와의 거리 두기와 아주 잘 맞아떨어지고, 또한 그러한 거리 두기를 촉진한다. 우리의 기독교적 정체성으로 인해 사회적으로 규정된 다른 역할이나 과제를 맡을 필요는 없다. 사람을 규정하는 특정 사회적 역할에 걸려 있는 기독교의 지분은 아주 낮다. 그런 이유로, 우리의 기독교적 정체성을 구성하는 하나님 지향이라는 임무는 그러한 사회적 역할 가운데 어떤 것 안으로도, 심지어 그 총합으로도 결코 함몰되지 않는다. 오히려 하나님 지향이라는 임무가 우리에게 맡겨진 다른 모든 역할과 임무와 교차하면서 늘 우리를 따라다닌다.

우리는 그 모든 역할과 임무 안에서 우리의 기독교적 정체성을 어떻게 살아 낼 것인지 상상하는 임무를 맡았다. 그렇기에 그리스도인의 자아 기획은 그 자체로 우리가 거하는 다른 일상적인 임무와 역할 가운데 하나가 아니다. 그리스도인의 자아 기획은 현대적 자기 이해에 따라 나라는 사람이 존재하는 환원 불가능한 방식으로 그러한 다른 역할이나 임무와 관계를 맺고 있다.

우리의 기독교적 정체성은 그 자체로 사회적 역할이나 특정한 직업적 임무 같은 어떤 것으로서 그러한 직위들과 나란히 존재하는 것이 아니기 때문에, 다른 것들을 추구하는 과정에서 맡게 되는 다른 정체성들로 대체될 필요가 없다. 오히려 우리의 기독교적 정체성이 비판적이고 상대화하는 방식으로 다른 정체성들을 통합한다. 어떤 의미에서 우리는 우리가 맡은 다양한 역할과 임무—한때 제빵사였다가 지금은 주 방위군의 건설 노동자인, 정기적으로 교회에 출석하는 사람처럼—덕분에 우리의 정체성을 유지한다. 그러나 이 정체성들은, 그 자체로 우리에게 새로운 정체성을 가져오는 하나님 지향 기획 안에서 (다양한 정도로) 재가공된다. 그 모든 정체성은 단지 그리스도 안에서 형태가 주어지는 재료에 불과하게 되며, 그런 의미에서 버려질 수도 있고 재사용될 수도 있다.

나라는 특정한 한 사람으로서 우리의 삶은 그리스도의 삶의 특징을 덧입는다. 우리의 삶은 그리스도의 삶이 그랬던 것처럼 하나님께 향하는 삶을 훌륭하게 살아가는 기획으로 바뀌는데, 이는 우리 안에 계시면서 우리의 철저한 자기 변혁을 위한 원칙을 제공하시는 그리스도의 영의 능력 덕분이다. 다른 사람들과 그러한 기획을 공유하고 따라서 그리스도 안에서 그들과 공통의 정체성을 받아들임에도, 우리는 우리의 고유한 정체성을 계속 보유한다. 나는 그렇게 하나님을 지향하는 인생 기획을 살아가면서 맡게 되는 세속의 여러 역할과 임무의 이러한 조합에 의해 수립되는 이 특정한 사람이다. 그러나 그리스도 안에 있는 우리의 정체성은 우리의 다른 모든 정체성을 아우르고 변혁하는 그 잠재력 안에서 우리의 최우선 정체성이 된다. 나로 하여금 나라는 고유한 사람이 되게 하는 다른 모든 것은 그리스도를 통해 드러나고, 오직 그런 방식으로만 나는 의롭다 함을 받고 성화된다. 예를 들어, 그리스도 안에 있는 나의 정체성이 나를 나로 만드는 다른 모든 것에 우선하기 때문에 내 죄에 대한 하나님의 심판이 비켜 가고 용서가 주어진다. 그리스도의 거룩하심과의 동일시가 나의 계속되는 죄성을 무효화함으로써 이미 성화된 나는, 완전한 자기 변혁을 위해 끊임없이 노력함으로써 그리스도 안에 있는 나의 정체성이 최우선임을 증명한다.

금융 지배 자본주의 역시 최대 수익을 추구하는 가운데 역할과 임무의 유연성을 추구함으로써, 우리 자신을 우리가 맡는 임무와 구별하는 형태의 자기 이해를 권장한다. 우리는 여러 다양한 임무를 수행할 수 있는 능력과 자신을 동일시하고 그러한 능력을 향상시키기 위해 할 수 있는 모든 것을 해야 한다. 그것이야말로 우리의 인격을 우리가 하는 특정한 어떤 일과도 구별해 주는, 모든 것을 아우르는 임무인 것이다. 그러나 그러한 능력 향상의 핵심은 그저 어떤 임무가 맡겨지든 우리 자신을 임무에 완전히 몰입하고 그다음 임무로 넘어갈 때는 똑같이 전적으로 그다음 임무에 참여할 준비가 된 상태가 되는 것이다. 짧게 말해, 우리 자신과 우리 능력의 동일시는 우리를 회사의 요구에 맞추어 완벽하게 변형될 수 있는 존재가 되게 한다. 그렇게 함으로써 그것은 직원들의 환원될 수 없는 인격적 특정성을 (보장하기보다는) 부정하는 방법이 된다. 모든 사람이 유사하게 능력을 갖추어야 하기 때문에, 한 사람은 다른 어떤 사람과도 교체될 수 있게 된다. 대체 불가능한 사람은 없다. 어떤 이유로 임무를 수행할 수 없거나(자녀가 아파서) 그냥 수행하고 싶어 하지 않는다면(배가 불러서), 언제든 그 사람의 자리를 대신할 다른 누군가가 있다.

기독교 역시 특유의 변형 가능성, 자기 개조 능력, 하나님께 순응한다는 궁극의 목표를 요구한다. 그리고 우리에게 자신을 그러한 능력과 동일시하라고 요청한다. 우리는 다른 피조물과 달리 단순히 훌륭한 인간이 될 수 있는 능력이 아니라 하나님을 닮은 무언가, 하나님의 어떤 피조물과도 완전히 다른 존재가 될 수 있는 기이하게 열린 능력을 가지고 있고, 그런 의미에서 하나님의 형상으로 지음받았다.[32] 그러나 그리스도 안에 있는 우리의 정체성이 우리의 다른 모든 정체성을 종합적으로 재가공하는 방식 때문에, 이런 종류의 변형 가능성을 가치 있게 여긴다는 것은 다른 사람들이 하고 있는 동일한 임무를 수행할 수 있는 교체 가능성의 능력을 가치 있게 여긴다는 의미가 아니다. 동일한 이유로, 변형 가능성을 가치 있게 여기는 것은 다른 모든 임무와 기획을 균질화하는 식으로 변화시키는 능력을 가치 있게 여기는 것을 함의하지도 않는다. 그리스도 안에 있는 우리의 정체성은 자산 극대화의 단일하고 규범적인 틀과 같은 방식으로 영역 간의 차이를 지우지 않는다. 하나님께 향하는 능력을 증가시키는 것은 단순히 다른 모든 기획을 그 안으로 함몰시키고 다른 모든 규범적 틀을 그 자체의 틀로 대체하는 방식으로—말하자면 사업적 자아가 우리의 통합적 정체성, 모든 것을 포괄하는 정체성이 될 때 공공 서비스의 규범이 이익 극대화의 규범으로 대체되는 것과 같은 방식으로—이루어지지 않는다.

다른 모든 사업을 교차하여 추구하는 게 가능하기 때문에, 하나님을 지향하는 일은 돈이 다른 모든 재화를 넓은 시야로 조망할 수 있게 해 주는 것과 유사한 성격을 갖는다. 보편적 등가물로서 돈은 다른 모든 상품 가치의 토대가 되는 가치다. 상품을 가치 있게 만드는 것은 단지 즐길 만한 그 상품의 특성만이 아니라, 부가 가치 획득을 위해 사용할 수 있고 필요하거나 욕망하는 어떤 것이든 사는 데 사용할 수 있도록 현금화될 수 있는 능력이다. 그러므로 우리가 다른 재화를 추구하는 것은 단지 그 자체를 위해서가 아니라―사실 우리 자신은 그 재화를 거의 즐기지 않을 수도 있다―그것을 현금화할 수 있기 때문이다. 무엇을 욕망하든지 우리는 그렇게 함으로써 돈을 벌 수 있는 가능성 역시 추구할 수 있기 때문에, 이런 방식으로 돈은 다른 모든 동기를 추동하는 능력을 얻는다. 돈은 다른 모든 동기를 하나의 욕망 아래 둠으로써 여러 동기의 다양성을 하나로 모은다. 그렇게 함으로써 돈은 특정한 욕망들을 돈 안으로 흡수하고, 그러한 모든 욕망의 개별 대상이 갖는 제한된 가치들을 비특정적이며 잠재적으로 무한한 돈 자체의 만족성 안으로 융합한다.[33]

비슷한 방식으로, 우리가 추구하는 것이 우리 자신이나 다른 사람에게 아무리 유용하고 가치 있다고 하더라도, 우리의 최우선적 목적은 우리가 추구하는 모든 것을 하나님께로 돌아서게 하는 것, 즉 모든 것을 하나님 지향성의 기회로 삼는 것이다. 그 모든 선한 것은 정말로 방향 전환이 가능하다. 선한 것들이 아무리 다양하더라도, 그에 대한 욕망은 그 너머에 있으면서 모든 선한 것 자체에는 오직 제한적 가치만을 부여하는 무언가를 얻으려는 포괄적 목적 아래 모여야 한다. 그것들의 궁극적인, 기저에 있는 가치가 하나님을 향하게 할 수 있다는 의미에서, 하나님은 모든 가치 있는 대상의 보편적 등가물이시다.

우리가 하나님 기획 아래에서 추구하는 다른 일들은 상대화되었음에도, 그 자체로 물론 여전히 가치 있다. 아마도 우리가 그런 일들을 추구하는 것은, 그 일들이 세상의 유익을 위해 일하시는 하나님 자신의 선교 안에서 담당하는 부분이 있다고 생각하기 때문일 것이다. 그 일들은 하나님의 뜻에 우리 자신의 뜻을 일치시키려는 노력의 일환이다. 그러나 우리 자신과 다른 사람들에 대해 지니는 그 가치는 그 자체로 종착점, 즉 자신을 하나님께 맞추려는 그러한 노력과는 별개인, 마치 그것을 얻기 위해 그 자체에만 온전히 전적으로 투자해야 하는 자기 충족적 가치가 아니다.

어떤 추구도 하나님을 향하는 상태에 대한 독점권이 없기 때문에, 그 상태는 어떤 특정한 세속적 추구의 성공적 성취를 통해서도(설령 그 일이 이 세상에서 하나님 나라를 확장하는 노력의 일환이더라도) 직접 살 수 없으며, 그저 그러한 성취에 의존하지도 않는다. 어떤 임무를 맡았든, 그렇기에 그 임무 수행에서 성공하든 실패하든, 우리는 하나님을 지향할 수 있다. 이는 단순히, 돈의 경우처럼 하나의 사업에서 실패하면 언제나 그것을 대신할 다른 사업이 있고 수익을 낼 수 있는 다른 방법이 있기 때문이 아니다. (가난한 사람은 여전히 배고프지만 우리는 하나님 나라를 확장하려 하면서 우리의 뜻을 하나님의 뜻에 맞추는 다른 방법을 찾을 수 있다.) 정말로—그리고 바로 여기에 돈이 상품 추구와 맺고 있는 관계와의 강력한 불상동성(不相同性)이 존재하는데—우리의 하나님 기획은 다른 모든 세속 기획이 실패하더라도 진전될 수 있다. 세속의 기획을 성공적으로 추구하는 것과 우리의 인생 기획으로서 하나님께 전념하기를 성공적으로 추구하는 것은 직접적 관계가 없다. 현금화할 수 있는 재화를 취득하는 데 성공하지 못하면 돈을 벌 수 없다. 하나가 다른 하나를 직접 보조하기 때문이다. 반대로 하나님을 향하는 것은 그것을 돕도록 기획된 다른 모든 기획이 그 자체의 기준에서는 실패한다고 해도 성취될 수 있다.

이것은 부분적으로, 하나님이 그 공백을 메꾸실 것이기 때문이다. 가난을 없애는 데 성공하지 못해도, 우리는 그 일을 하나님 나라에서 이루시도록 하나님께 맡길 수 있다. 그러나 그것은 이러한 실패 자체가 하나님께 향하는 일이 될 수 있기 때문이기도 하다. 우리는 가난 제거에 실패하지만, 그러한 실패는 애통과 회개를 통해, 그리고 하나님의 뜻을 행하려는 새로운 노력이 더 큰 성공을 이루리라는 소망을 통해 하나님께로 돌아서게 된다.

이 돈과의 불상동성은 더 일반적인 불상동성이 하는 역할이다. 다른 상품 추구와 돈의 추구가 서로 맺고 있는 관계와 달리, 여기서는 세속 기획들이 쌓이지 않는다. 세속의 일들을 추구하는 것은 자본 자산처럼 축적되는 방식으로 늘어나거나, 그럼으로써 하나님 지향을 위한 우리의 인생 기획을 점증적으로 진척시키지 않는다. 다시 말해, 그러한 다른 기획들은 나중에 우리의 하나님 지향을 진척한다는 목적을 위해 끌어다 쓸 수 있는 담보 가능 자산의 형태를 띠지 않는다. 그러한 세속 기획들은 하나님 지향이라는 목적을 위해 성공적으로 사용되는 경우조차 그러한 담보 가능 자산을 제공하지 않는다. 어제 회개하고 용서를 구한 사실은 오늘 회개하고 용서를 구하지 않는 한 아무 소용없다. 일이 잘 풀릴 때 하나님을 찬양했다는 것은 그 사람이 어려운 시기에도 동일하게 초점을 맞추는 하나님 지향을 드러내리라고 기대할 수 있는 근거가 되지 못한다. 하나님을 지향하는 일에서 이전에 거둔 성공은 돈처럼 쌓아 두거나 변화된 상황에 따라 새로운 지향으로 쉽게 바꿔 쓸 수 없다. 그렇기 때문에, 중요한 의미에서 우리는 언제나 매 순간마다 처음부터 다시 시작하고, 우리가 아무리 그 지점까지 꾸준히 하나님께 전념했더라도 회심의 임무가 다시금 새롭게 주어진다. 우리는 여전히 죄인이기 때문에, 죄인임에도 그리스도 안에서 구원을 받을 것이며, 하나님을 향하는 데서 과오를 반복하리라고 예상해야 한다. 신앙생활 기획에서의 진보는 현재의 성공이 과거의 성공 위에 매끄럽게 쌓이는 지속성을 드러내는 법이 거의 없다.

그러나 걱정할 필요는 없다. 진보는 우리 안에 있는 그리스도의 은혜를 통해 보장되기 때문에, 우리는 그러한 기획의 성공적 달성을 궁극적으로 책임지시는 하나님께 우리의 염려를 맡길 수 있다. 계속되는 죄가 우리가 받은 그리스도의 은혜를 위협하지 못한다. 우리 안에 있는 그리스도의 은혜 덕분에, 우리는 여전히 죄인**으로서** 구원받았다. 그리스도와 그분의 영은 우리를 죄인에서 성인으로 변화시키는, 언제나 사용 가능한 동력을 제공하신다. 비록 그 전환이 이 생애에서는 결코 완성되지 않는다고 해도 말이다.

그렇다면 회심은 그리스도와 상관없이 단순히 우리 안에서 일어나는 옛것과 새것 간의 변환을 표상하지 않는다. 우리는 죄가 완전히 깨끗하게 닦여 나가고 새로운 의의 길을 출발하여 새로 얻은 우리 자신의 정결함의 능력을 통해 가장 작은 잘못도 피하려는 노력 안에서 철저하게 보호되고 감시되는 가운데 앞으로 나아가는 것이 아니다. 그러나 그리스도 없는 삶에서 그분과 함께하는 삶으로의 전환은 정말로 그런 종류의 근본적인 절대적 변화, 급을 매길 수 없는 질적 변화다. 그것은 (그리스도 없는 삶에서 그분과 함께하는 삶으로의) 절대적 변화이자 (죄인에서 성인으로의 변화라고 알려진 무언가인) 우리 자신의 신앙생활의 기복에 의해 위협을 받지 않는 변화를 표상하기 때문에, 회심은 성스러움을 향해 자라 가는 끊어짐 없는 과정을 예상하면서 가장 사소한 과오까지 관심을 기울이는 사법적 형태의 자기 점검을 실행시키지 않는다. 우리는 회심이 죄인에서 성인으로의 전환을 의미한다고, 그렇기에 회심 이후의 어떤 잘못에 의해서도 위협받을 수 있다고 예상하지 않는다. 우리는 분명 성스러움에서 진보를 이루는 데 관심이 있지만, 더 이상 금융 지배 자본주의에서처럼 완전히 하나님을 향하려는 분투에서 정말로 모든 노력을 기울이고 있는지 확실히 하기 위해 끊임없이 자기 감시를 실행하게 만드는 두려움으로 채워질 필요가 없다. 우리가 잘못을 고백하는 것은 상사 앞에서 영혼을 부정하는 복종을 드러내기 위한 것 혹은 일차적으로 하나님의 뜻에 순응해 가는 과정에서 범하는 모든 과오를 기록하기 위한 것이 아니라, 우리 자신이 이루는 모든 진보가 하나님의 은혜에 달린 것이기에 하나님 앞에서 겸손을 표현하는 일이다. 우리는 우리의 죄가 계좌에 계속 누적되기보다는 죄를 고백하는 가운데 그리스도의 자비에 맡길 때 용서받고 짐이 사라짐을 확신할 수 있다. 우리는 그리스도 안에 있는 하나님의 자비를 확신하기에 두려움 없이 우리의 잘못을 정직하게 인정할 수 있다. 우리를 그리스도로부터 떼어 놓을 수 있는 위협이 되는 것은 과오 자체가 아니라, 두려움과 하나님의 자비하심에 대한 신뢰 부족으로 인해 과오를 고백하기를 거부하는 것이다.

우리는 세속의 임무에 대한 과도한 투자에 기인하는 불안 없이, 그 임무들에 대해 초연함을 가지고 행동할 수 있다. 우리는 우리가 실제로 하고 있는 일로 정의되는 존재가 아님을 알기 때문이다. 예를 들어, 우리는 이런 방식으로 마치 고용된 직원이 아닌 것처럼 직원으로서 행동할 수 있다. 이는 분명, 직장에서 맡은 임무 수행이 우리의 정체성을 소진시켜서는 안 됨을—또한 그와 동일함을 시사할 정도로 온 마음을 빼앗기는 방식으로 그것을 추구해서는 안 됨을—의미한다. 이는 하나님을 추구하며 우리 자신에게 공들일 때 받아들이는 정체성 안에서는 우리가 직장의 임무에 종속되지 않음을 의미한다. 더 이상 그 일을 하지 않게 되더라도 우리의 하나님 지향이 해를 입을 필요는 없다. 또한 그것은 우리의 기독교적 헌신이 다른 모든 헌신보다 우위에 있다는 사실을 우리 자신에게 상기시켜 준다. 우리의 기독교적 헌신이 모든 상황에서 적실해야 한다는 사실은, 우리에게 맡겨진 일이 그러한 우리의 기독교적 헌신과 진정으로 양립 가능한지,

또한 양립 가능하다면 정확하게 어떤 식으로 양립 가능한지를 지속적으로 질문해야 함을 의미한다. 그 일들은 사실 우리의 기독교적 헌신과 그다지 양립 가능하지 않을 수도 있다. 어떤 경우든 우리의 운명이나 기독교적 헌신이 우리를 다른 헌신에서 데리고 나온다면 그 헌신들은 가볍게 여겨져야 한다.

정말로 그 모든 헌신은 죽을 때 우리에게서 사라질 것이고, 만약 마지막 때에 회복된다면 우리의 상상을 초월한 새로운 형태를 취하게 될 것이다. 그렇다면 지금 하고 있는 일에 대한 투자 회수는 똑같이 세속적인 다른 일을 하는 것을 상상함으로써 이루어지는 게 아니라, 언젠가 그리스도를 통해 그 일이 변화될 모습에 비추어 지금 동일한 일을 함으로써 이루어져야 한다. 변혁의 의도를 가지고 그 일을 하되, 하나님이 만유의 주가 되시고 그리스도께서 온전히 나타나실 때 이 세상이 변하게 될 모습의 관점에서 본다면 이 생애에서는 완전하게 성공할 수 없을 방식으로 하라.

일하지 않는 것처럼 일하는 것이, 반드시 그런 임무들이 지금 할 가치가 있는 일인지 의심하면서 한쪽 눈은 현재 더 큰 만족을 가져다 줄 임무들을 찾는다는 의미일 필요는 없다(그럴 수도 있지만). 그러한 추구에서 충분히 만족을 누릴 수도 있다(이는 하나님에 대한 감사와 찬양의 이유가 된다). 그러나 그런 경우에도 핵심은 단지 그러한 추구 자체에서 만족을 찾는 것이 아니라 그것을 통해 감사와 찬양으로 하나님께 영광을 돌리는 것이다. 그리하는 만큼 우리는 그러한 만족으로부터 거리를 둘 수 있고 그 진정한 매력에 초연해지며, 정도야 어떻든 그러한 임무들을 통해 임무 너머에 놓인 것을 지향하게 된다.

모든 세속적 추구와 그것이 그 자체로 가져오는 만족 너머를 지향하는 이러한 자세는 특이한 자아 기획으로, 거기서는 자아가 기획의 궁극적 목적도 아니며 기획 성취를 위한 궁극적 동력도 아니다. 우리는 하나님이 직접 우리를 하나님께로 이끄시는 기획에 참여한다. 따라서 내 생각에, 미셸 푸코가 그러한 모든 자아 형성 기획은, 따라서 기독교의 경우도, 정의상 자아를 그 실천의 주요 목적으로 삼는다고 추정한 것은 틀렸다. 푸코에 따르면, 우리는 예를 들어 자신을 비우든지(기독교) 내가 나의 주인임을 드러내든지(스토아주의) 둘 중 하나다.

수많은 자아 형성 기획─플라톤주의, 스토아주의의 영향을 받은─이 우리를 자신으로부터, 관습적 역할과 임무에 우리를 묶어 놓는 일상적 종속으로부터 멀어지게 해 준다고 약속하지만, 그러한 기획들은 전체에 대한 보다 넓은 관점에서 우리 자신을 볼 수 있게 함으로써 그렇게 하는 경향이 있다.[34] 그러한 기획들은 우리가 외부에서 받는 위해를 애통해야 할 무언가로 만드는 우리 자신의 제한된 이성, 편향적 이해타산의 관점으로부터 돌아서서, 우주 전체와 그 안의 모든 것이 선을 향하게 하는 우주의 이성으로 향하게 되기를 원한다. 그런 형태의 자기 초월은 단지 기독교에서 유한하고 타락한 세상이라고 간주하는 것을 우리가 마지못해 받아들이고 흔들림 없이 조정되게 할 뿐이다. 오히려 기독교적 시각에서 보면 세상이 아닌 하나님이야말로 우리의 변화가 지향해야 할 대상이며, 우리의 욕망은 세상을 향한 하나님의 뜻에 완벽하게 조정되어야 한다. 세상은 지금 죄에 빠져 있고, 처음의 창조만큼 심오한 갱신, 일종의 새 창조를 필요로 한다. 우리의 자아와 우리가 아는 대로의 세상 안에서 횡행하는 죄는 그 모든 것을 가로막는다. 그러므로 하나님께 순응하는 것은 우주에 순응하려는 모든 욕망을 가로막는데, 이 시대의 우주는 더 넓은 시장의 세계라 할 수 있다.[35] 세네카(Seneca)가 충고한 "우리 자신을 세상의 총체성에 잠기게 하는 것"이야말로 우리가 하지 **말아야** 할 일이다.[36]

그렇다면 지금까지 내가 보여 준 것은, 그 자체의 이익 극대화를 목적으로 금융 지배 자본주의가 부추기는 종류의 주체를 기독교에서 다시 구상하고 그렇게 함으로써 이의를 제기할 수 있는 방법이라 할 수 있다. 금융 지배 자본주의가 사람들의 삶 속에 주입되는 지점은 금융 지배 자본주의의 취약 지점이기도 하다. 푸코라면(그의 사후에 나타난 이 신자유주의의 특정 궤적을 그가 다루었더라면) 이렇게 말했을 텐데, 금융 지배 자본주의는 다른 사람의 행동을 아주 철저한 방식으로 관리하려 하며, 이 관리는 다른 이들의 자기 형성 기획의 형식을 취하여 그들로부터 최대한 얻어 내기 위해 총력을 기울이는 일이다. 그러나 바로 그 과정에서 금융 지배 자본주의는 스스로를 도전에 노출시킨다. 그러한 자기 형성 형식은 언제나 적어도 잠재적으로는, 금융 지배 자본주의가 장려할 수 없는 방식의 방향 수정에 열려 있다. 그런 종류의 저항―금융 지배 자본주의가 강제하는 자기 형성에 대한 요구 자체를 이용하는 저항―은 우리가 통제되고 있는 특정 방식에 대해 이런 식으로 명확해진다. 금융 지배 이해관계를 더 확장하도록 의도된 것이 바로 그 체계에 저항하게 된다.[37]

푸코 자신은 단순히 신자유주의가 그 특징으로 요구하는 것을 제거함으로써 그러한 분열적 대항 행동을 생산할 수 있다고 여러 번 제안한 것처럼 보인다. 우리는 그러한 주체―자기 생산적 종류의 사업적 자아―로 남을 수 있지만 종속되지 않은 채로, 즉 그 과정에서 일반적 법칙에 순종하거나 순응해야 한다는 명령을 단호히 거부함으로써 그렇게 할 수 있다(이는 자기 지배가 순종을 대체하고 개인성이 순응의 단순한 통일성을 물리치는 고대 스토아주의에 대한 푸코의 관심을 설명하는 데 도움을 줄 것이다).[38] 그 대신 내가 보여 준 것은, 금융 지배 자본주의에서 발견되는 행동 관리를 위한 특정 작동 원리를 조목조목 와해시키는 방식으로 대항 행동을 생산할 수 있는 방식이다.

그러한 대항 행동의 기독교적 성격은 중요하다. 푸코는 행동을 통제하는 이 시대의 방식에 반영된 기독교적 종류의 주체 형성―종교적 상급자에 대한 완전한 순종을 위한 자기 감시, 세례 이후 완벽함에 대한 기대에 기초하여 사법적 개념이 뒷받침하는 자기 향상 기획 등―이 기독교의 전부가 아님을 인식했다. 나머지는 특히 종교개혁 시기에, 그러한 수단을 가지고 다른 사람의 행동을 관리하려는 기독교적 방식에 이의를 제기하기 위해 다시 맹렬히 떠올랐다.[39] 내가 보여 준 것은, 다른 사람의 행동을 관리하는 기독교적 형태뿐만 아니라 그러한 기법들을 변형시켜 현재로 확장하는 금융 지배 자본주의에 이의를 제기하기 위한 대항 행동의 그러한 기독교적 형태의 계속되는 타당성이다.

4장

오직 현재만

수익을 극대화하려면 단지 회사의 요구에 완벽하게 순응하는 것뿐만 아니라 오로지 직무에만 집중하도록 만드는 것이 필요하다. 어떤 일을 요구받든 최대한 효율적으로 해내기 위해서는 지금 주어진 그 일에 모든 초점을 맞춰야 한다. 맡은 일을 가능한 한 신속하게 끝내기 위해 머릿속에 다른 어떤 것도 들어오지 못하도록 차단해야 한다.

완벽한 순응을 보장하기 위한 기법이 암시하는 것도 바로 그 점이다. 즉, 직무에 대한 집중력을 극대화하는 것 역시 필요하다. 일에 대한 전적 헌신은 모든 순간의 전적 투자, 당장의 업무에 대한 완전한 몰입, 시간과 에너지를 다른 데로 돌리게 하는 모든 방해나 오락거리의 부재를 의미한다. 우리의 유일한 욕망이 다른 사람이 시키는 일을 하는 것이라면, 우리 앞에 놓인 임무가 자연스럽게 우리의 모든 주의력을 완전히 사로잡을 것이다. 빡빡하게 흘러가는 생산 공정처럼 매 순간 업무에 모든 주의력을 쏟게 만드는 식으로 일터를 조직하는 것이야말로 그렇게 우리 자신의 뜻을 비우고 다른 사람의 뜻으로 대체하는 것을 촉진하는 방법이다.

금융 지배 자본주의에서 유사한 다른 것들과 마찬가지로, 현재의 상황

과 이런 방식으로—전적으로 몰입하고 집중하는 방식으로—관계 맺는 것
은 지금 하고 있는 일에서 몇 걸음 뒤로 물러나 상황을 재평가하는 것을,
다른 방식으로 일하는 것이 좋겠다는 결정을, 우리의 에너지를 다른 데
쓰고 새로운 방향으로 나아가겠다는 결심을 차단하는 것이다. 짧게 말해,
현재와 이런 방식으로 관계 맺는 것은 무엇이든 다른 방식으로 상상하는
일을 불가능하게 만든다.

결핍과 현재에 대한 몰두,
금융 지배 자본주의에서 나타나는 그 시간적 효과

수익을 극대화하려는 회사에서 실행되는 시간과 자원의 결핍 전략은, 노
동자에게 현재 업무가 긴급한 일이 되어 그로 인해 거기에 몰입하고 마음
을 온통 빼앗길 수밖에 없게 한다. 시급한 마감 시한이 닥쳐오기 때문에
낭비할 시간이 없다. 어떤 일이 일어날지 생각해 보기 위해 기다리는 사치
란 우리에게 없다. 길게 숙고하거나 내일까지 결정을 미룰 시간은 존재하
지 않는다.

그러다가 재료를 상하게라도 하면, 창고에서 기다리는 비축품은 더 이
상 없다. 생산 과정에서 가장 작은 실수조차 용납될 느슨함이란 존재하지
않는다. 남는 시간도, 남는 부품도, 어떤 종류의 비축 물량도 없다. 모든 것
을 한 번에 제대로 해내야 한다. 정말로 지금 당장 모든 주의력을 쏟지 않
으면 그 임무를 마칠 수 있는 충분한 시간과 자원조차도 갖기 어렵다.

금융 지배 경영 관습은 이런 식으로, 매일의 삶에서 일상적 결핍이 가
져오는 정신 집중과 효율성 극대화 효과를 활용하고 극단까지 밀어붙인
다.[1] (10개의 다트로 10분 동안 여유롭게 즐기는 대신) 하나의 다트로 1초 만에

과녁을 관통해야 하는 상황은 매 시도마다 굉장히 세심한 주의를 기울이게 만든다. 당장 주어진 임무에 온 정신을 집중시키고, 주어진 짧은 시간 안에 그러한 제한된 자원으로 성공하기 위해 할 수 있는 모든 것을 조심스럽게 고려하도록 부추긴다.

정말로, 현재의 업무 수행에 완전히 몰입하게 되면, 처음 그 업무를 그렇게 긴급한 일로 만든 빡빡한 시간과 자원 관리에 우리 스스로 참여하게 된다. 시간과 자원을 최대한 효율적으로 사용하여 생산 과정의 어떤 느슨함도 제거하도록 돕는다. 조금이라도 낭비하거나 남는 것이 없도록 매 순간 모든 재료를 잘 활용한다.

여기서 효율성의 효과를 발생시키는 방법은, 말하자면 아주 작은 여행 가방으로 시작하게 하는 것이다.[2] 아주 작은 여행 가방은 친구와 전화로 이제 곧 떠날 여행에 대해 수다를 떨면서 아무렇게나 짐을 던져 넣기보다 짐 싸기에 온 정신을 집중하게 만든다. 할 수 있는 한 많이 넣기 위해 노력하면서, 남는 공간이 전혀 없도록 모든 짐은 가능한 한 꼭꼭 말아서 넣고, 무언가를 가져가기로 결정할 때마다 트레이드오프―마지못해 남겨 놓고 가야 할 물건―를 저울질하는 등 아주 신중하게 짐을 싸야 한다는 의미다. 큼지막한 여행 가방―넉넉한 시간과 자원―을 가진 사람들에게는 효율적으로 짐을 싸게 만들 동기가 없다. 많은 시간과 자원은 맡은 일에 부주의하게 만들고, 그럼으로써 시간과 공간 모두 낭비하게 된다. 사람들은 결코 오지 않을 더 좋은 기회를 기다리며 일을 미루고 꾸물거린다. 그들은 가방에 필요한 모든 짐을 다 싸지 못하는데, 공간을 최대한 활용하는 데 실패하거나, 잘못 계산하여 결국 불필요한 것으로 드러난 물건들로 스스로를 짓누르기 때문이다.

금융 지배 자본주의에서 제한된 시간과 자원을 가지고 똑같이 일하는 모든 사람은 결핍이 추동하는 똑같은 효율성의 역학에 종속된다. 그래서 예컨대 실업이나 불완전 고용 상태에 있고 그에 따라 현금이 부족하고 어떤 종류의 예비비도 없는 사람은 당장 내일까지 내야 할 집세를 마련하는 데 완전히 몰입하게 된다. 가능한 최대로 현금을 끌어오고 필요한 다른 모든 것은 가능한 한 최소 비용으로 구입하는데, 가장 작은 것을 구입할 때조차 그 비용을 신중하게 따진다. 또한, 각 경우마다 특별히 온 정신을 기울이게 만드는 것은 그러한 효율성을 위한 노력이 실패로 돌아가고 원하는 목표를 얻지 못했을 때 따라올 결과, 앞서 말한 직장의 예에서는 해고나 좌천, 아니면 지금 경우에는 집에서 쫓겨나는 일일 것이다. 행동을 요청하는 현재의 상황은 단지 즉각 주의를 기울여야 하는 긴급한 무언가가 아니라 비상사태에 가까운 무언가다. 실패할 경우 그 결과가 너무도 끔찍하기에 모든 것을 걸어야 한다. 집세를 내기 위해 지금 당장 무슨 일이든 해야 하며, 그렇지 않을 때 따라올 결과는 재앙일 것이다.

긴급한 현재 임무에 대한 이런 종류의 몰두는 또 다른 시간적 효과가 있다. 첫째, 우리가 초점을 맞추고 있는 현재는 통상의 시간적 차원을 상실한다. 현재가 너무 모든 것을 끌어당기는 나머지, 과거와 미래에 대한 고려는 현재의 의식 밖으로 밀려난다. 현재의 우리는 더 이상 과거와 미래를 생각하지 않는다. 모든 의도와 목적 면에서 과거와 미래는 사라진다. 현재 위급 상황에 몰두함으로써 현재의 과거 차원과 미래 차원은 축소되고, 오직 현재 외에는 아무것도 남지 않는다. 우리의 의식을 사로잡고 있는 순전한 현재만 남는다. 예를 들어, 우리는 그야말로 내일에 대해—말하자면 당장의 문제를 다루기 위해 지금 취하는 행동이 가져올 미래의 결과나 일터에서 다루게 될 가능성이 높은 다음 업무에 대해—생각할 시간이나 에너지가 없다. 그런 것을 생각하는 것은 그저 지금 전적으로 초점을 맞추고

해야 하는 일에서 원치 않게 주의력을 분산시키는 일일 뿐이다. 우리에게는 사실 미래에 대한 그런 생각에 할애할 인식 용량이 남아 있지 않다. 우리의 인식 대역폭은 현재 업무에 모조리 흡수되어 다른 데 쓸 수 있도록 남아 있는 용량이 전혀 없다.[3]

비슷한 이유로 현재에 대한 몰두는 미래에 대한 기억을 무력화한다. 우리는 어제 점심에 무엇을 먹었는지는 아주 쉽게 떠올릴 수 있지만, 어저께 오늘 무슨 일을 하려고 했었는지는 머리에서 사라져 버린다. 지금이 된 미래에 대한 과거의 해결책은 쉽게 잊히는 경향이 있는데, 특히 그러한 해결책이 현재의 긴급한 업무에 집중하는 것을 방해할 수 있을 때는 더욱 그렇다. 예를 들어, 집세를 마련하는 데 정신이 팔려 약 먹을 시간을 잊어버리는 것이다.[4]

현재는 미래를 고려하지 않기 때문에—미래는 우리 의식에서 적극적으로 밀려나기 때문에—현재 행동이 가져올 미래의 결과는 일상적인 경우보다 훨씬 더 많이 무시되는 경향이 있다. 이것이 결핍이 유발하는 현재에 대한 몰두가 가져오는 두 번째 주요한 시간적 효과다. 미래는 언제나 어느 정도 가치 절하된다. 미래가 확실하지 않기 때문이고, 현재보다 덜 생생하고 더 상상하기 어렵기 때문이다. 그러나 그런 경향은 이제 훨씬 더 가혹해진다. 지금 취한 행동에 대한 미래의 대가는 조금도 공평하게 저울질되는 법이 없다. 미래에 치르게 될 대가는 당장 긴급한 일을 해결하기 위해 현재 취하는 행동이 가져오는 지금의 유익에 밀리는 경향이 있다.[5]

그러니 우리는 미래를 담보로, 심지어 그 비용이 엄청남에도 차용하는 쪽으로 마음이 기우는 것을 어찌할 수 없다. 나중에 더 잘 활용할 수 있을 무언가도 현재의 이익을 위해 지금 써 버리는 쪽으로 마음이 기울고, 그만큼 이후의 목적을 위해 남겨 놓는 양은 줄어든다. 나중에 사용할 시간과 자원을 다 써 버리고 나면, 새로이 긴급한 임무가 밀려들 때 훨씬 더 적은 시간과 자원으로 대처할 수밖에 없다. 따라서 모든 순간을 지금 당장 써 버림으로써 우리는 어떤 새로운 기획도 늘 뒤처져서 시작할 수밖에 없다. 이번 달 집세를 내기 위해 가불을 받음으로써 다음 달에는 집세를 낼 돈이 더 적어지는 것이다. 부가 비용—예컨대 소액 단기 대출에서 내는 아주 높은 이자—이 계속 쌓이더라도 현재에는 그러한 비용의 심각성이 무시된다. 그냥 지금 당장 돈이 필요하고, 따라올 결과들은 나중에 처리할 것이다. 나중의 결과는 현재의 관심사가 아니다. 지금 그 일을 하면서 깨어 있는 모든 순간을 잘 활용하려고 애쓰다 보면 결국 돌아오는 대가는 오직 완전한 탈진일 가능성이 높은데도, 우리는 망설임 없이 그러한 위험을 받아들인다.[6]

이런 방식으로, 결핍 때문에 현재의 고도의 효율성, 합리적 선택의 극대화로 내몰리는 사람들은 미래와 관련된 것들을 계산하는 데서는 전혀 합리적이지 못하게 된다. 그들은 현재의 비용 편익 분석에서는 매우 정확한 경우가 많다.[7] 예를 들어, 돈이 부족한 가난한 사람들은 특정 물건을 사기 위한 비용과 비교할 때, 그것이 자신에게 큰 액수든 작은 액수든 무조건 5만 원을 아끼는 쪽을 선택할 것이다. 즉, 5만 원은 언제나 5만 원이고, 딱 그만큼 집세 낼 돈이 줄어들기 때문이다. 그러나 그 동일한 사람들이, 만약 내일까지 내야 할 집세를 마련할 방법이 대출밖에 없다면 이자율이 500퍼센트에 달하는 대출이라도 망설임 없이 받을 것이다.

이런 방식으로, 현재에 몰두하도록 부추기는 결핍은 미래에 더 악화된다. 미래에 우발적 상황에 대처하게 될 때는 현재 우발적 상황을 다룰 때보다 대비가 훨씬 덜 되어 있을 것이다. 그런 이유로, 미래에 맞이하는 우발적 상황은 그 상황에 훨씬 더 몰입하게 만들고, 훨씬 더 빈약한 자원을 훨씬 더 효율적으로 사용하도록 강요하고, 미래 계획은 똑같이 무의미하게 만드는 효과를 내면서 일종의 자동 공급 악순환을 발생시킨다. 미래는 언제나 충격으로 다가오는데, 단지 무슨 일이 일어날 것인지 미리 생각해 볼 시간이 없었기 때문만이 아니라 현재의 과제를 처리하기 위해 취한 행동이 이후의 과제에 대처하기 위해 필요한 자원에 심각한 영향을 주었기 때문이다.[8]

현재가 그 시간적 차원을 박탈당하고 과거와 미래가 현재의 의식에서 밀려나는 한, 잇따르는 사건들은 수많은 현재가 연결성 없이 이어지는 것에 지나지 않게 된다.[9] 이것이 현재에 대한 몰두가 가져오는 세 번째 주요한 시간적 결과다. 앞서 일어난 일은 더 이상 현재의 기억에 남아 있지 않고, 미래 역시 현재의 예측이 다루는 문제가 아니다. 과거와 미래는 현재의 인식 안에서 함께 모이기보다, 오직 그것이 발생하는 그 순간의 현재로서 인식되고 나타나자마자 사라진다. 기억과 예상이라는 형태로 현재 안에 유지되기보다, 순수한 현재들의 불연속적 이어짐으로서 의식에 드나든다. 이런 방식으로 현재에 대한 의식은 집합적 의식보다는 그 자체로 분산된 의식이 된다. 우리는 현재 시간이 쌓이는 것을 전혀 인식하지 않고, 따라서 시간이 경과하면서 우리에게 일어나고 있는 일에 대한 일관적 서사를 구축하기가 아주 어려워진다. 우리의 삶은 그저 하나의 일 뒤에 따라오는 또 다른 일이 되고, 반복해서 끄기 바쁜데 어디서 오는지는 모르는 불길들의 연속이 된다.

금융 지배 자본주의의 효율성 촉진 조치가 가져오는 동일한 종류의 시간적 효과는, 금융 지배 자본주의 내에서 무의식적으로 시장을 반영함으로써 수익을 창출하려는 시도에 의해서도 발생한다. 우리는 시장이 보내는 신호에 즉각 반응─적절하게 주식 매입이나 매도 주문을 넣고, 신호에 맞추어 직원 근무 시간표를 바꾸는 등—해야 하는데, 이는 우리의 머리에서 과거와 미래에 대한 생각을 몰아냄을 의미한다. 그 모든 긴급함 속에서 현재 순간의 강렬함이 가장 중요하다. 과거와 미래를 생각하는 것은 기껏해야 시장에 대한 반응을 뒤처지게 할 뿐이다. 최악은 시장이 현재 보내고 있는 신호에 적절하게 반응하는 일을 가로막을 수 있다는 것이다. 예를 들어, 증권 거래인인 나에게 과거의 실패에 대한 기억은 나를 주눅 들게 하고 지금 나의 직감이 나에게 하는 말에 의문을 품게 한다. 과거의 성공을 기억하는 것은 이미 내린 결정을 과도하게 확신하도록 부추길 수 있고 현재 시장이 그때와는 반대로 보내는 신호를 무시하게 만들 수 있다.[10]

특별히 무작위 행보(random-walk), 평균으로의 회귀(regression-to-mean)의 관점에서, 금융 시장은 과거를 기억하지 않는다. 그러한 관점에 따르면, 과거 실적은 미래 실적의 지표가 되지 못한다. 주사위 던지기처럼, 이번에 던져서 나온 주사위 면은 다음 번 결과에 대해 아무것도 말해 주지 않는다. 그러니 연속해서 6이 백 번 나온 기억도 정신을 산만하게 하지 못하게 하라. 현재가 과거에 대한 의존과 아무 관계가 없고, 언젠가 현재가 될 미래 역시 현재에 대한 의존과 아무 관계가 없는 시장이, 유사한 종류의 시간적 분산을 실천하는 사람들에 의해 무의식적으로 모방되는 것이다. "[예를 들어] 증권 거래인들은 하나의 결정을 다음의 결정과 분리시키기 위해, 지금과 그때를 구분 짓기 위해 노력한다. 거래에서는 과거도 없고 앞서 하는 예상도 없다. 현재 순간이 우선권을 갖는다.…[따라서] 증권 거래인들은 일련의 연속적인 손실과 이익에서 떠오를 수 있는 어떤 서사도 와해시키는 종류의 분리를 유지하고자 매우 애쓴다. 반복되는 성공이나 실패에서 오는 연속성의 감각을 와해시키기 위해서는 적극적인 노력이 필요하다."[11] 우리는 "서사가 구축되는 것을…막기 위해 시간을 작고 불연속적인 증분 단위로 분할해야" 하고, 또한 "다음 거래에 어떤 영향도 미치지 않는 것처럼 각 거래를 다루어야" 한다.[12]

"현재의 우선권이…그 주변을 개혁하려는 서사적 뼈대를 [그토록] 가차 없이 분해하는 곳에서는" "어떤 근원적으로 다른 미래를 창출할 전략을 [고안하는] 것은 고사하고 심지어 그에 대해 일관적으로 [그림을 그리는] 것조차" 어떻게 할 수 있을지 알기가 매우 어려워진다.[13] "시간성의 와해는 갑자기 이 현재의 시간을, 그 초점을 뚜렷하게 맞춰 주고 실천할 공간을 만들어 줄 모든 활동과 의도성에서 풀어놓는다."[14] 순전한 현재의 포로가 된 우리는 "오랜 시간[에 걸친] 기획을 [추구]하거나, 현재의 시간과 과거의 시간보다 훨씬 나은 미래를 생산하는 일에 대해 설득력 있게 생각하기"를 방해받는다.[15]

단순히 현재의 의사 결정에서 과거와 미래의 시간적 지평을 단축시키는 데서도 유사한 결과가 발생한다. 현재에 과거와 미래를 고려할 때, 우리는 결코 아주 먼 과거나 미래를 생각하지 않는다. 이것이 현재에 대한 몰두가 가져오는 시간과 관련된 네 번째 주요 결과다. 오직 바로 직전의 과거나 직후의 미래만 적실성을 갖고, 그 너머의 모든 것은 떨어져 나간다.

금융 지배 자본주의의 수많은 특징은 그러한 시간적 깊이를 결핍한 현재를 생산하기를 권장한다. (주요 피사체의 전경과 후경의 초점이 어느 정도 또렷하게 맞았는지와 관련된) 사진의 심도 결핍과 유사하게, 우리는 주요 피사체를 구성하는 현재에서 시간적으로 얼마간이라도 이동해 있는 모든 것에 초점을 맞출 수 있는 능력을 상실한다. 시간적으로 너무 멀리 떨어진 모든 것은—과거든 미래든—생생함을 잃는다. 우리의 레이더망에서 떨어져 나간다. 이런 식으로, 현재의 의사 결정에서 과거와 미래의 지평은 극단적으로 짧아진다.[16]

금융 지배 자본주의에서 이러한 발전을 권장하는 것이 사회학자들이 환경의 역학이라고 부르는 것이다.[17] 시장 조건이 너무 빠르게 변하기 때문에 너무 앞서 혹은 너무 지나서 생각하는 것은 권장되지 않는다. 너무 앞서 생각하는 것은 아무 소용이 없는데, 그 이후의 상황이 어떨지 예측하기 어렵기 때문이다. 그리고 너무 지나서 생각하는 것 역시 거의 소용없는데, 그때와 지금 사이에 너무 많은 일이 일어나서 과거가 현재 상황과 별 상관이 없어지기 때문이다.

오히려 우리는 이제 막 과거가 된 것과 곧 현재가 될 미래의 모서리 옆을 맴돌면서, 첨점 바로 위에 있는 현재가 과거로 떠나가고 미래로부터 출현하는 것을 바라본다. 우리는 과거가 되기 직전의 현재를 붙잡아야 한다. 예를 들어, 모든 사람이 팔아서 현재 가치가 폭락하기 바로 직전에 주식을 팔아야 한다. 그런 다음에 앞으로 나아간다. 곧 도착할 미래와 관련해서도 비슷하게 행동한다. "시간은 언제나 앞으로 움직이고 있기 때문에, [시장은] 언제나 불확실한 채로 남아 있다. [그렇기 때문에 증권 거래인들의] 일은 이제 막 드러나고 있는 미래 안에서, 시장보다 한 걸음 앞서 존재한다."[18] 우리는 일어날 일을 초 단위로 예측한다.

시장의 불안정성과 변동성은 이런 방식으로, 모든 이의 생전 운명인 불확실한 미래에 대처하기 위해 일반적으로 사용되는 시간적 전략의 중요성을 부풀린다. 마치 호라티우스(Horace)의 유명한 표현과 같다. "내가 말한 것처럼 인생은 썰물 같다네. 그러니 각 날에 충실하고 다음 날을 믿지 말게나."[19] 가질 수 있는 것은 지금 가져라. 내일 무슨 일이 생길지 모르기 때문이다. 과거의 기쁨은 사라졌고 미래의 기쁨은 불확실하다. 어떤 경우든 현재만이 그러한 기쁨을 실제로 경험할 수 있는 시간이다. 그러므로 과거에 일어난 일이나 미래에 일어날 수 있는 일에 연연하지 말고 지금 즐길 수 있는 것을 즐겨라. 과거나 미래를 고려하는 것은 현재의 행복과 즉각적으로, 피할 수 없이 관련된 경우에 제한된다. 아마도 근대사의 이전 어떤 시기보다 미래의 불안정성이 훨씬 생생한 이때―시장에서 언제든 실직하거나 무일푼이 될 수 있는 때―에는 그렇게 현재에 대해 에피쿠로스주의적으로 축소된 시각이 무척 타당해 보일 수도 있다. 민족지학자 캐런 호 (Karen Ho)가 인터뷰했던 전직 투자 은행가 역시 그런 정서를 표현했다. "모든 것이 오늘에 관한 것이고…오늘 돈을 벌 수 있을지 없을지에 관한 겁니다. 오늘 돈을 벌지 못하면 바로 퇴출이에요.…오늘 벌 수 있을 만큼 벌겠다고 생각하는 게 필요합니다. 내일 무슨 일이 일어날지 모르니까요."[20] 혹은 현재에 대한 근본적으로 스토아주의적인 접근은 혼란스럽게 격변하는 경제 환경에서 자기 삶에 대한 더 큰 통제권을 얻으려 한다는 데서 매력적으로 보인다. 나는 현재 이익을 낼 수 있는 힘이 있다. 변화된 환경이 그렇게 할 수 있는 기회를 훔쳐 가기 전에 그 이익을 지금 취하라. 과거의 실수는 되돌릴 수 없고, 미래에는 무슨 일이 생길지 누가 아는가. 그러니 바로 지금 시장이 제시하는 기회에 적절하게 반응하는 데 집중하라. 바로 그 현재의 반응만이 우리가 확실하게 통제할 수 있는 유일한 것이다. 스토아주의자와 에피쿠로스주의자 양쪽 모두와 함께 "현재의 순간에 집중하기 위해, 미래에 대한 걱정에서뿐만 아니라 과거의 부담에서도 자신을 해방시켜라. 그것이 현재를 즐기기 위한 것이든, 현재 안에서 행동하기 위한 것이든."[21]

의사 결정에 드는 극단적으로 짧은 시간 지평은 금융 지배 자본주의에서 수익이 창출되는 방식의 기능이기도 하다. 수익은 일반적으로 장기보다는 단기적으로 창출된다. 오직 장기간을 통해서만 수익을 입증할 수 있는 투자―말하자면 판매량에 따라 그 수익이 천천히 현금화되는 중장비에 투자하는 것—는 아주 빠르게 수익을 낼 가능성이 있는 투자—말하자면 주식 시장에서 가치가 올라가면 곧바로 매각할 의도로 기업을 인수하는 것—에 밀려 일반적으로 기피된다. 심지어 장기 투자에서도, 의사 결정은 즉각적 결과를 선호한다. 주식 시장에서 회사의 가치가 지속적으로 재평가되기 때문에, 경영진의 결정은 그 성공 여부가 오직 먼 미래에야 분명해질 조치—새로운 마케팅 전략 같은—보다는 주가에 즉각 영향을 끼칠 조치—정리 해고 같은—를 선호한다. 회사가 단순히 주주 가치를 높이기 위해 경영될 때, 장기 계획은 절대적으로 어떤 가치도 지니지 못하게 된다. 오랜 기간에 걸쳐 지속적인 회사 수익을 보장하는 계획은 거의 구닥다리로 취급받게 된다.[22]

장기 투자는 금융 지배 자본주의에서 전형적인 시장 변동성 때문에 회피되어야 한다. 시장은 과거의 투자 결정을 더 이상 바람직하지 않은 것으로 만듦으로써 당신에게서 떠나갈 수 있다. 다시 말해, 단기 투자가 지금의 투자 결정에 의해 발생하는 미래의 위험을 피할 수 있는 방법이다. 우리는 계속 앞으로 나아갈 수 있고, 현금화할 수 있고, 이후에 더 수익성 있는 선택이 된 다른 무언가에 손을 댈 수 있다. 재빠르게 변화하는 조건에서, 장기 투자는 그저 위험에 대한 노출을 증폭시키고 새롭게 펼쳐지는 기회를 활용하기 위해 재빠르게 움직일 수 있는 능력을 제한할 뿐이다. 이런 이유들로 인해 일반적으로 금융 자산과 관련된 계약서는 만기 기한이 아주 짧다. 말하자면 특정 통화를 지금으로부터 10년 이후의 고정 가격이 아니라 다음 주나 다음 날의 고정 가격으로 사는 것이다. 우리는 어떠한 투자 결정에도 너무 오래 묶여 있고 싶어 하지 않는다. 이상적으로는 정말로 거래가 거의 즉각 완료되어야 한다. 구매와 판매 사이의 시간이 짧으면 짧을수록 좋다. 따라서 단순 차익 거래 같은 것이 최적의 표준이 된다. 한 시장에서 매입하고 동시에 다른 시장에서 매각하여 동일한 금융 자산이 두 시장을 오가며 만들어 내는 차액을 챙기는 것이다. 어떤 시장에서 일본 엔화를 미국 달러화로 사는 것이 다른 시장보다 싸다면, 그 시장에서 엔화를 사서 즉시 다른 시장에 팔아라.[23]

이런 방식으로 금융의 지배를 받는 단기 투자 결정은 변동성을 다루기 위한 일반적인 회사의 전략과 반대다. 판매 목적으로 무엇을 생산하든, 우리는 예상치 못한 수요 하락이나 운송 방해를 만나기 쉽다. 예를 들어, 궂은 날씨 때문에 가게에 손님이 없거나 트럭이 움직이지 못하는 상황이 생기는 것이다. 장기 헌신은 그러한 사업 환경의 변동성에 의한 위험에 노출되는 것을 매끄럽게 넘길 수 있는 방법이 된다. 소비자들이 원하는 양질의 제품이 있다면, 이러한 기복은 긴 시간에 걸쳐 안정될 수 있다. 그냥 그대로 버티면 된다. 그러나 금융 지배 자본주의처럼 변동성이 수익을 내는 데 대한 외부적 방해가 아니라 사업 모델에 대한 내부적 방해로 전환되는 곳에서는, 그대로 버티는 것이 타당성 없는 일이 된다. 이제 수익은 바로 그 변동성에 맞추어 조정되기 때문이다. 변동성이 수익 창출 수단이다. 주가가 재빠르고 가파르게 오르락내리락해야 주식 시장에 끼치는 경영진 결정의 파급 효과로부터 막대한 액수의 돈을 벌어들일 수 있다. 시장이 보내는 변화의 신호에 적절하게 반응함으로써만 그러한 수익을 낼 수 있다. 만약 그대로 버티고 시장 변동성에 따라 움직이는 데 실패하면—말하자면 겨울철 판매가 감소하고 재고 관리가 엉망이 된 뒤에도 매장을 닫거나 직원 정리 해고를 하려 하지 않는다면—회사의 주가는 곤두박질칠 것이다.

간단히 말해, 금융 지배 자본주의에서는 일반적으로 단순히 시장 변동성의 충격을 피하기보다 그것을 직접 이용함으로써 수익을 거둔다. 단기성 과주의는 단지 미래의 위험 요소를 피하는 방법이 아니라 위험을 생산하는 변동성 자체로부터 수익을 내는 주된 수단이다. 가격은 오르락내리락하고, 우리는 바로 그러한 사실을 기회로 삼는다. 그러나 그렇게 하는 데는 속도가 필요하다. 빠르게 움직이는 어떤 것으로부터 이익을 내려면 나 역시 똑같이 빠르게 움직여야 한다. 기회가 나타나자마자 덮쳐야 한다. 기다리다가는 어떤 수익도 내지 못한다. 자리를 오래 지킬수록 수익을 낼 기회는 사라지기 쉽다. 다른 사람이 그 기회를 차지하고 더 이상 남아 있지 않은 것이다. 주식이 비싸지면 다른 모든 사람이 팔아서 가격이 내려가기 전에 가능한 한 빨리 매각하라. 수익이 속도의 기능이 되고 재빠른 반응 시간의 문제가 될 때, 장기적으로 고려하는 의사 결정은 핵심을 벗어난 일이 된다.

자본주의 내에서 수익은 언제나 투자 회전 시간의 기능이다. 회전이 빠를수록 좋다.²⁴ 긴 기간에 걸쳐 조금씩 판매하는 것보다 해당 설비가 가능한 한 빨리 만들어 낼 수 있는 만큼의 모든 제품을 판매하는 것이 좋다. 그러나 금융 지배 자본주의는 실제 물건을 생산하고 판매하는 느린 과정에 의존하지 않기 때문에 그러한 회전 시간이 거의 즉각적일 수 있게 해 준다. 일반적으로 우리는 물건이 생산되기를 기다리고 그다음에 그것이 판매되기를 기다려야 한다. 그러나 예컨대 파생 계약은 작성되자마자 제품이 나온다. 그 제품은 그러한 계약이 만들어 내는 금융 자산 간 연결 고리다. 예를 들어, 우리가 보유한 자산 가치가 다른 것과 비교해 특정 지점 이하로 떨어질 경우 오히려 돈벼락을 맞게 될 보장을 지금 당장 누릴 수 있다. 그리고 그런 계약은 아주 빠르게 성사될 수 있는데, 돈 말고는 오갈 것이 없기 때문이다. 다음 주에 돼지 값이 오르리라는 데 돈을 걸면, 이 내기는 상대측과 돼지를 실제로 교환하는 게 아니라—이 경우 시간이 걸린다—단순히 진 사람이 이긴 사람에게 돈을 이체함으로써 성사된다. 그리고 그러한 모든 계약도 그 자체로 즉시 판매 가능하다. 다음 주 돼지 값이 얼마인지 알기 위해 기다릴 필요 없이 그 계약 자체를 다른 누군가에게 판매함으로써 지금 당장 수익을 낼 수 있다. 차익 거래―한 시장에서 매입하는 동시에 다른 시장에서 매도하는 거래―방식을 통한 수익 창출은, 이런 방식으로 다시금 금융 지배 자본주의가 단기를 선호한다는 것을 증명하는 극단적 예가 된다.

차익 거래에서 매입과 매도의 특징인 동시성은 금융 지배 자본주의에서 다른 형태의 거래에서도 일반적이며, 현재의 인식에서 과거와 미래의 크기를 축소시키는 것을 돕는다. 예를 들어, 금융 거래에서는 일반적으로 단기적 입장과 장기적 입장을 동시에 취함으로써 어느 쪽이든 위험에 대비하지 않은 결과에 직면하는 것을 피하려고 한다. 주가 하락에 돈을 거는 것은, 잠재적 손실을 막기 위해 동시에 주가 상승에 돈을 거는 것으로 상쇄하는 경우가 많다. 더 나아가 수익성 증가를 위한 효율성 조치는 팀 안에서 일하고 있는 사람들의 네트워크 조직을 포함하는 경우가 많다. 모든 팀원은 전산화된 그룹웨어를 이용해, 생산 라인을 통해 수립되는 일종의 직선적 단계 속에서 소통하기보다는 다른 모든 팀원과 실시간으로 소통한다.[25] 그 모든 동시적 과정에서, 작용과 반작용은 거의 실시간으로 너무 빠르게 이어지기 때문에 과거, 미래와 관련된 모든 시간적 순서는 사라진다. 내가 반응하고 있는 것이 나에게 너무 빠르게 되돌아오기 때문에 그것은 과거로서의 성격을 잃어버리고, 그에 대한 나의 반응 역시 너무 즉각적이어서 전혀 그에 선행하는 자극의 미래로 보이지 않는다. 심지어 공간적으로 상당히 떨어진 사건도 나의 현재 의식과 동시에 나타난다. 사건 발생에 주의를 기울이는 데 어떤 시간적 격차도 필요치 않은 것이다. 오히려, 모든 사건이 실시간으로 다른 사건들과 상호 작용하면서 결과를 만들어

내는 것처럼 보이고, 따라서 시간의 경과에 따라 사건들이 하나씩 차례로 전개되는 이야기로는 그런 결과를 타당하게 설명하기가 무척 힘들어진다.[26] 자신을 타임라인에 따라 위치시키지 못할 때, 우리는 우리 자신을 과거에서 미래를 향해 움직이는 진행 중인 역사적 궤적의 일부로 보기가 힘들어지고, 따라서 그 내부에서 개입하거나 가로막는 것 역시 어려워진다.[27]

즉각적 거래 시간은 단지 먼 과거나 미래의 일을 현재의 의사 결정과 무관하게 만드는 효과만 가져오는 게 아니다. 경제적으로 의미가 있는 현재까지도 거의 극단으로 축소시킨다. 이것이 금융에 훈육된 현재 몰두가 가져오는 다섯 번째 주요한 시간적 효과다. 수익을 거두는 데 걸리는 시간이 너무 가속화되는데, 그에 대한 현재의 인식에 필요한 지속 시간 이하로, 심지어 "깨어 있는 의식의" 가장 짧은 "주의력 지속 시간" 아래로 떨어진다.[28] 컴퓨터를 통해 몇 나노초 만에 처리되는 거래들은 너무 빠르게 이루어져서 경험될 수 없다.[29] 차익 실현을 위한 현재의 순간은 과거에 대한 모든 기억이나 미래에 대한 예상을 고갈시킬 뿐만 아니라 이런 식으로 그 순간 자체의 지속 시간이 사라진다. 그 순간 이상으로는 연장되지 않는다. 금융 거래에서 수익을 내려면 현재에서 그 순간 이상을 끌어내려 하면 — 말하자면 지금 일어나고 있는 일이 지속될 수 있기를 바라거나 기대하면 — 안 된다. 지금 일어나고 있는 일은 지속되지 않을 것이며, 그럴 수 있으리라 생각하는 것은 그저 앞으로의 수익을 위한 새로운 기회에 재빠르게 반응하는 것을 가로막을 뿐이다. 우리는 현재가 망각될 수 있는 과거로 흘러 들어가는 것을 막기 위해 현재에 머물러서는 안 된다. 현재에 머물러 있는 추가 시간만큼 기회를 상실한다. "바람, 기대, 기도…이러한 개인적 욕망의 표현들은 현재의 순간을 앞으로의 시간으로 확장시키는데", 이는 "투자자의 의사 결정 능력의 시간표를" 악화시키는 쪽으로 "바꾸어 놓는다." 이런 방식으로 "그러한 표현들은 투자자의 반응 능력을 저하시켜" 변화하는 시장이 요구하는 방식으로-매 순간에 기초하여-반응하는 것을 가로막는다.[30]

우리는 그러한 단기 폭리가 언젠가 돌아와 우리를 물 수도 있다고 생각한다. 시간과 자원에 쪼들리는 노동자와 채무자 입장에서 단기성과주의가 작동하는 똑같은 방식으로 말이다. 그들은 당장 불을 끄기 위해 취한 행동으로 인한 대가를 나중에 치른다. 그들의 행동은 그들이 미래에 또 다른 우발적 상황이 발생할 때 훨씬 더 대비되지 못하고 시간과 자원에 훨씬 더 쪼들리게 만든다. 비슷한 방식으로, 우리는 회사의 주가 평가에 즉각 효과를 보이는 경영 전략을 위해 장기 투자를 피하는 것은 결국 회사 수익에 해를 입히고 회사 주가가 폭락하게 만들 것이라고 생각해 볼 수 있다. 어떤 학자가 지적하는 것처럼, "어떤 장기 전략도…[회사들이] 종종 그런 것처럼 과감한 변화를 단행한 뒤 몇 달 혹은 몇 주 만에 그러한 변화가 불필요했고 성급했으며 너무 많은 비용이 드는 것이었음을 깨닫게 되는 식으로 잠재적으로 자멸적이지는 않다."[31] 시장 하락세 동안에는 수익을 유지하기 위해 어느 날 갑자기 영업장을 폐쇄하고 노동자를 해고하고, 다음에 시장 조건이 달라지면 매장을 새로 열고 다시 채용하기 시작하는 것은 장기적으로 비용 효율이 전혀 좋아 보이지 않는다. "전략 없는 전략"과 함께 회사들은 "미래를 들여다보면서, 직원을 그냥 해고한 뒤에는 아마도 곧 재고용해야 하리란 것을 인식하지 못하는" 것처럼 보인다.[32] 비슷한 방식으로, 빡빡한 흐름 속에서 어떠한 차질도 피하기 위해 기계를 재빨리 수리하는 것은 결국 시간이 지나면서 기계를 제대로 수리하지 않았다는 사실로 드러나기 쉽고, 나중에 고치려면 처음부터 제대로 고치는 것에 비해 훨씬 더 많은 시간과 에너지를 들이게 될 수 있다.[33] 단기 거래는 (다음 장에서 살펴볼 것처럼) 변동성을 너무 부풀리는 효과가 있어서 어느 시점에는 엄청난 시장 하락세가 거의 불가피해진다.

그러나 일반적으로 근시안으로 인한 장기 비용을 지불하게 되는 사람들은 단기 수익을 취한 사람들과 같은 사람이 아니다.[34] 정말로, 바로 그것이 단기 차익 실현의 핵심 중 하나다. 그런 종류의 차익 실현이 발생시키는 비용이 명백해질 즈음에 그들은 이미 사라지고 없다. 그 비용을 지불해야 하는 이들은 그들처럼 빠르게 움직이지 못한 사람들이다.

따라서 스톡옵션을 받는 전문경영인은 주가를 올리는 단기 작전이 회사 수익률에 손해를 끼친 사실이 명백해지기 전에 주식을 팔고 빠져서 새 직장으로 옮겨 갈 수 있다. 고통당하는 것은 나중에 주식을 보유한 사람들과 스톡옵션이 아닌 고정 임금을 받는, 생계가 더 오래 고용되는 것에 달려 있는(따라서 회사가 오래도록 유지되어야 하는) 회사 노동자들이다. 새 설비를 위한 투자 부족이 손해를 일으키고 회사가 망하게 될 때, 생계에 타격을 입는 사람들은 바로 이들이다.

정말로, 계획 부족에 따른 장기 비용을 이런 사람들이 감당하는 일이 금융상품에 의한 단기적 차액 실현을 일반적으로 직접 충족시킨다. 정리해고와 공장 폐쇄는 많은 경우 계획을 잘못 세운 결과라고 추측할 수 있다. 예를 들어, 과거의 고용 결정에 반영된 미래에 대한 예상이 실제로는 다르게 드러난 것이다. 그러나 그 부담을 고스란히 노동자가 떠안는 정리해고와 공장 폐쇄는 회사 주식을 오르게 한다. 즉각 비용을 절감시키고 회사 수익을 끌어올리기 때문이다.

단기 수익을 노리는 이들은 언제나 다른 사람들의 장기 계획 실패를 활용할 준비가 되어 있다. 예를 들어, 노동자들에게 작업 시간을 줄이도록 사전 작업을 하고 남는 시간은 다음 기획에 사용할 수 있게 하는 식으로 시간 효율성을 높이라는 압력이 가해질 때, 이것은 누구에게 이익을 주는가? 회사는 모든 순간 자원을 최대한 활용하는 데 신경 쓴다. 돈 없는 사람들이 연명하기 위해 절실하게 찾아다니는 고금리 대출은 누구에게 이익을 주는가? 혹은 가난한 사람들이 대출 이자를 내기 위해 안 그래도 빈약한 자원을 더 효율적으로 관리하기 위해 안간힘을 쓰는 것은 어떤가? 소액 단기 대출 제공자나 중고차 대출업자는 터무니없이 높은 이자를 물리는 것뿐만 아니라 다른 사람들에게 재빠르게 판매할 수 있는 고수익 채권으로 재포장할 수 있도록 대출 자체를 즉시 팔아 돈을 벌 수 있다. 미래 계획을 제대로 세우지 못한 사람들의 불행한 결과는 이런 식으로 다른 누군가에게 수익의 직접적 수단이 되고, 수익을 챙기는 이들은 장기 투자에 특별히 관심이 없고 자신들의 단기 수익 창출이 가져올 미래의 결과도 전혀 신경 쓰지 않는다.

일반적으로 돈 없는 사람들은 돈 있는 사람들의 근시안적 경영 결정이 초래하는 미래의 비용에 취약하다. 사람은 돈의 속도로 움직이지 못한다. 따라서 느린 속도를 보완해 줄 돈을 갖지 못한 사람들은 속도를 높여 줄 돈을 가진 사람들에 의해 언제나 뒤통수를 맞기 쉽다.

돈은 한 회사의 주식에 투자되었다가 팔고 현금화한 뒤 곧바로 다른 회사 주식을 사는 것과 같은 다른 목적을 위해 사용될 수 있다. 오르락내리락하는 주식의 움직임에 비해 사람들의 움직임 — 한 회사에서 해고되고 다른 일자리를 찾는 것 — 은 더 매끈하지 못하고, 더 많은 비용이 들며, 따라서 더 느리다. 사람들의 움직임은 돈의 움직임처럼 마찰 저항이 없을 수가 없고, 재훈련할 필요 같은 상당한 거래 비용을 발생시킨다. 회사는 실적이 부진한 사업장을 폐쇄하고 세계에서 인건비가 더 낮은 지역의 회사에 재빨리 그 일을 위탁할 수 있다. 사람들은 일자리가 있는 곳으로 쉽게 혹은 빠르게 이동하지 못한다. 동일한 유동성, 즉 투자—장소, 직장, 훈련에 대한—를 하고 빠지면서 재빠르게 움직이는 능력을 갖지 못한 돈 없는 사람들은, 돈(혹은 다른 자본 자산)을 가짐으로써 얻게 되는 이동 속도, 즉 유동성을 즐기는 사람들에 비해 취약해진다.

전반적으로 금융 지배 자본주의에서 착취는 속도에서의 상대적 차이를 유리하게 이용함으로써 일어난다. 주식 시장에서 대다수의 투자자는 정교한 실시간 데이터 분석의 혜택을 받지 못하기 때문에(혹은 거기에 신경 쓸 시간이 없기 때문에) 그런 혜택을 누리는 사람들에게 이용당할 수 있다. 대다수의 투자자가 뉴스에 느리게 반응하는 것은 매 순간 즉각 거래에 참여하는 사람들에게 더 큰 수익이 돌아감을 의미한다. 회사가 직원들이 따라올 수 없는 속도로 사업장을 이동시킬 수 있다는 사실은 노동자에게 더 적은 임금을 주는 것을 가능하게 한다. 노동자는 사업장의 이동성에 인질로 잡혀 있는 셈이다. 그러한 회사들이 사업장을 이동하지 않고 남아 있기로 결정하는 대신, 직원들은 사실상 줄어든 임금과 혜택을 받는다. 국가도 똑같은 일을 하는데, 예를 들어 기업들이 사업을 정리해 떠나는 것을 막으려고 기업세를 내려 주는 것은 국가 재정에 막대한 영향을 끼친다.[35]

우리가 소유한 자원의 정도와 유동성은 사실 현재에 초점을 맞추는 것이 미래에 불리하게 작용할 가능성이 있는지에 주요한 영향을 끼친다. 따라서 예를 들어 잘못된 장기 계획으로 인해 미래 기획을 위한 시간이 빠듯해졌지만 아직 돈은 남은 사람은 시간과 돈 모두가 빠듯한 사람보다 그 상황을 훨씬 잘 빠져나올 수 있다. 단지 더 많은 자산을 보유했기 때문이 아니라 그들에게 남은 것인 돈이 보다 유동적이기 때문이다. 시급한 마감 시한을 맞추기 위해 모든 시간을 소비하느라 진이 빠져서 더 이상 생활을 관리하는 잡다한 일에 쓸 시간이나 에너지가 남아 있지 않은 채 다음 기획으로 넘어가야 할 때, 돈이 있으면 그런 일을 해 줄 누군가를 고용하고, 그런 방식으로 짐을 덜 수 있다. 반대로 돈이 없거나 더 나아가 빚을 지고 있다면, 근시안에 따른 결과는 대체로 회복 불가능하다.[36]

유동 자산을 다량 보유한 사람들에게는 단기성과주의가 단순히 미래를 덜 생생하게 만드는 것 자체로 나쁜 결과를 초래하지는 않는다. 이는 많은 부분 그들이 현재에 몰두하는 이유가 시간과 자원이 쪼들리는 노동자나 모아 둔 돈이 없는 가난한 사람들이 그렇게 하는 이유와 다르기 때문이다. 투자할 여윳돈이 있는 사람들에게, 현재가 긴박한 것은 불이 나서—대처해야 할 응급 상황이어서—가 아니라 그저 수익을 낼 기회가 사라지기 전에 재빨리 붙잡을 필요가 있기 때문이다. 일반적으로 우리는 미래에 현금이 궁한 사람이 될 수도 있을 만큼 가진 돈을 모두 털어 투자하지는 않는다. 미래에 사용할 수 있을 돈을 여유 있게 남겨 놓음으로써 수익을 낼 수 있는 다음 순간의 기회를 활용할 태세를 갖춘다. 대출은 일반적으로 현재에 몰두한 사람들에게 매력이 있다. 정말로 그들은 그러한 투자에 자신의 돈이 묶이는 액수를 제한하고 레버리지를 이용해 수익을 가능한 한 끌어올리고자 차입금을 끌어들이기 쉽다. 그러나 그런 차입은 빈곤에 의해 강요되는 것이라기보다 분명 자유재량에 따른 것이다. 따라서 그런 사람들은 그것을 갚을 자금을 보유한 경우가 많다. 그들은 단지 편의를 위해—자신의 돈 가운데서 이용 가능한 액수를 더 많이 남겨 놓음으로써 미래에 더 자유롭게 움직일 수 있기 위해—그리고 이익 극대화의 목적을 위해 차입을 하는 것이다. 또한 그들은 투자 자체를 당장 처분함으로써, 즉 다른 누군가에게 팔아넘김으로써 자신의 돈을 회수할(그리고 어떤 차입금이라도 갚을) 가능성을 보유하고 있다. 손실을 입더라도 그게 그리 대수인가? 그들에게는 그러한 손실을 견딘 뒤 다음번에 기회가 올 때 가능한 한 크게 한몫 챙길 수 있을 만큼 충분한 돈이 있다.

이런 식으로 유동 자산을 많이 보유한 사람들은 어떤 피해도 입지 않은 채 상대적으로 별 걱정 없이 현재에서 그다음으로 이동하는 경향이 있다. 현재는 그다음의 현재와 별 상관없이 과거로 물러나고, 그다음의 현재는 그것에 선행하는 어떤 것의 부담도 없이 자유롭고 선명하게 도착한다. 현재들은 불연속적 방식으로 서로의 뒤를 이어 가며, 이런 방식은 그 모든 것에 대해 여유롭고 평온하다. 돈이 썩어 나는 사람들의 단기 투자에 의해 만들어지는 일련의 불연속적 현재들은 당황시키거나 마음을 동요하게 하는 것과는 거리가 멀다. 이전의 문제에 대처하기 위한 노력이 다음번의 문제에 전혀 대비하지 못하게 만듦으로써 매번 청천벽력같이 다가오는 예상치 못한 일련의 폭풍우와는 전혀 다르다. 유동성이 없는 사람들은 "실제로 생존을 위해 계획하는 것이 필요하다."[37]

특별히 자원이나 유동 자본이 없는 사람들에게 현재의 끊임없이 변화하는 특징은 무력화하는 불안정성의 경향을 띤다. 현재를 우리의 미래와 관련된 의사 결정의 기초로 삼기에는 현재 안에서 우리는 충분히 안정적이지 못하고, 따라서 현재는 미래를 계산에 넣는 의사 결정에 믿을 만한 토대를 제공하기 위해 우리가 기댈 수 있는 것이 전혀 아니다. 어떻게 하는 것이 나의 인생 운을 트이게 해 줄 가장 좋은 방법일지에 대해 지금 내가 내리는 판단이 내일 틀린 것으로 판명되지 않을지 어떻게 알 수 있다는 말인가? 앞으로 몇 년간 교육을 더 받겠다는 결정이 기대하는 열매로 맺히리라고 어떻게 확신할 수 있는가? 위기의 시간에 자본을 깔고 앉아 있는 기업처럼, 유동 자산이 부족해서 어떤 충격에도 흔들리는 사람들은 투자를 하거나 이후에 자신을 위험에 빠뜨릴 가능성이 조금이라도 있는 어떤 조치도 취하기를 꺼려 하는 우유부단함 속에서 마비되기 쉽다. 그들

은 위험을 무릅쓰거나 자원을 과감하게 쓰거나 기회를 붙잡는 사업가가 되지 못한다.[38]

끊임없이 변하는 현재의 하방 리스크에 취약한, 자원에 쪼들리는 사람들의 현재 인식은 두려움으로 채워진다. 그들은 지속적으로 위협을 느낀다. 그들은 자신에게 현재의 도전에 맞설 능력이 있는지 확신하지 못한다. 실패에 대한 두려움이 언제나 부각된다. 또한 그들은 현재 성취한 것도 언제든 잃어버릴 수 있음을 자각한다. 현재 누리고 있는 어떤 것이든, 그들이 붙잡고 있는 것이 불안정함을 언제나 매 순간 의식한다. 현재가 얼마나 불확실한지 끊임없이 느끼면서 그것과 관계 맺는다. 현재의 직장, 현재의 임금도 안전하지 않다. 모든 것은 언제나 매 순간 사라질 위험에 처해 있다.

현재에 맞추어진 근시안적 초점이 설령 다른 미래를 상상하는 것을 허락한다 할지라도, 이러한 두려움으로 채워진 현재와의 관계는 그런 다른 미래를 가져오기 위해 행동하기를 머뭇거리게 만들 것이다. 다른 미래를 상상하는 것은 한 가지 일이다. 현재에 대한 몰두의 시간적 효과는 그러한 상상을 멈춰 세운다. 다른 미래를 원하고 바라는 것은 현재와의 정서적 관계에 많은 부분 달려 있는 또 다른 일인 것이다. 현재가 주는 가능성에 대해 희망보다는 두려움을 느끼고 불안해하는 것은 다른 미래를 원하고 바랄 수 있는 가능성을 사라지게 한다.[39]

사람들은 일반적으로 손실을 싫어하는 경향이 있다. 즉, 그럴 만한 가치가 있을 때에도 무언가를 얻기 위해 가진 것으로 위험을 무릅쓰기보다 그것을 지키는 쪽을 택하는 경향을 보인다. 그러나 금융 지배 자본주의에서 매 순간 노동자들에게 부각되는 하방 리스크—약간의 도발에도 언제든 일자리를 잃고 임금이 삭감되고 직원 혜택이 줄어들고 근무 시간이 단축될 수 있다는 인식—는 그러한 손실을 싫어하는 경향을 부풀린다. 여기서 손실을 더 싫어하게 되는 것은 가진 것 때문이 아니다. 더 많이 가졌을수록 잃을 것도 많고, 따라서 무언가를 얻기 위해 가진 것으로 위험을 감수하고 싶어 하지 않는다. 동전 던지기를 해서 맞추면 처음 건 금액의 두 배를 얻게 된다 해도, 10억을 걸기보다는 천 원을 걸기가 훨씬 더 쉬운 법이다. 이미 충분하니, 고맙지만 그냥 가진 것이나 지킨다는 말이다. 그 대신 지금과 같은 경우에도, 현재 누리고 있는 어떤 것이든 그에 대한 명백한 위험 요소는, 할 수 있다면 언제든 손실을 피하거나 제거하려는 생각을 강화한다. 매달릴 것이 오직 현재밖에 없는 사람은 그다지 많은 것이 아닐지라도―적은 보수를 받는 보잘것없는 파트타임 일자리라도―뚜렷한 위협 요소가 보일 때는 그것을 아주 꽉 붙잡고 놓지 않으려 한다. 그것을 포기하는 편이 훨씬 더 나은 미래를 가져올 가능성이 클 때조차 마찬가지다. 두려움은 행동을 촉진할 수도 있지만―두려움이 반드시 마비시키지는 않는다―우리는 단순히 자기를 보호하는 쪽으로 행동하기 쉽다. 현재에 대한 손실을 두려워할 때 우리는 있는 그대로의 상태에 만족하고―혹은 적어도 체념하고―모든 것을 그대로 유지하기 위해 할 수 있는 일을 한다. 자기 방어의 한 형태로서, 그저 현상 유지에 위협이 되는 어떤 것이든 거부함으로써 그렇게 한다.[40]

기독교가 현재에 접근하는 방식

내가 묘사한 대로 기독교 역시 현재에 대한 몰두를 보여 준다. 기독교에서도 현재는 주의력을 집중시키는 긴급성을 띤다. 그렇게 서로 중복되는 시간적 감성 덕분에, 기독교가 현재에 접근하는 방식은 금융 지배 자본주의가 권장하는 현재와 관계 맺는 방식 안으로 스며들어 그것을 와해시킬 수 있는 능력이 있다. 두 경우, 현재의 순간에 초점을 맞추는 이유와 그 효과가 완연히 다르기 때문이다.

기독교가 현재에서 찾는 긴급성은 모든 순간이, 그리스도를 통해 하나님께로 회심하라는 끊임없이 제기되는 요구에 반응하는 시간이 되는 데 있다. "'하나님을 기억함'은 삶의 모든 순간 끊임없이 하나님과 연관되는 것이다. 카에사리아의 바실레이오스(Basilius of Caesarea)는 이를 '마음을 지키는 것'과 명시적으로 연결시킨다. '우리는 하나님에 대한 생각을 한순간이라도 놓치지 않기 위해…방심하지 않고 우리의 마음을 부단히 지켜야 합니다.'"[41] 우리의 삶을 하나님께 헌신할 것인가를 고려할 때 잃어버릴 시간은 없다. 미뤄서는 안 된다. 미래가 상황을 나아지게 하지 않을 것이다. 결정을 미룬다면 우리는 오직 그러한 인생을 바꿀 회심의 가능성을 앗아가 돌이킬 수 없게 하는 죽음에 더 가까이 갈 뿐이다. 매일이 우리의 처음이자 마지막 날인 것처럼 일어나라. 그렇게 함으로써 주어진 시간에 최대한 집중하고 바로 그런 의미에서 바울이 권면한 것처럼 날마다 죽는 것을 연습하라.[42] 죄로 인해 자신의 월계관을 의지할 수 없는 우리는, 모든 순간 우리가 실제로 삶의 방향을 바꾸었는지의 문제에, 그만큼 우리의 현재 행동이 드러내는 방향 전환의 정도에 지속적으로 관심을 두어야 한다. 하나님께 전념하기를 거스르는 "마음속 숨겨둔 이야기가 없도록 스스로 삼가라."[43]

그러나 여기서 현재가 긴급한 것은 결핍 때문이 아니다. 우리는 삶의 방향 전환을 위해 필요한 모든 것을—필요한 것보다 더 많이—가졌다. 바로 그리스도 안에서 주어지는 은혜다. 금융 지배 자본주의가 효율성을 이끌어 내기 위해 사용하는 결핍과는 뚜렷하게 대조적으로, 여기서 현재를 긴급한 일, 민첩하게 붙잡아 잘 활용해야 할 기회로 만드는 것은 오히려 회심을 위해 공급되는 것이 넘칠 정도로 충분하다는 점이다. 과거나 미래가 일을 더 쉽게 만들어 주리라 간절히 기대하는 것은 아무 의미가 없다. 바로 지금 행동을 취할 시간이 무르익었고 과거도 미래도 이보다 더 좋을 수는 없다. 삶의 방향을 전환하겠다고 지금 결단하지 않고 미루는 것, 그리고 과거는 어떠했고 미래는 어떠하리라는 생각에 주의가 산만해서 현재 주어진 것에 최선을 다하지 않고 소홀히 하는 것은, 미래에 아무리 많은 기회가 주어진다고 해도 삶의 방향을 전환하는 일은 결코 일어나지 않으리라는 것을 암시한다. 현재 주의를 산만하게 만드는 그런 요소들은 미래에도 역시 어느 때든 핑곗거리가 될 것이고, 그럼으로써 결단은 끝없이 연기될 것이다.

여기서 현재가 긴급한 것은 지금 이 순간의 기회를 상실할 수 있기 때문이 아니라, 이것이 너무도 훌륭한 기회이고 우리가 처한 곤경과 우리에게 필요한 것들을 해결해 줄 완벽하게 적합한 기회이기 때문이다. 말하자면, 그 '놓치지 말아야 할' 성격 때문이다. 현재 우리 삶의 방향을 전환할 수 있게 해 주는 것—그리스도의 은혜—은 오늘 여기 있다가 내일은 사라지는 것이 아니라 영구적으로 제공된 상태에 있다. 그것은 금세 사라지는 성격이 없다. 그렇다면 바로 지금 그것을 붙잡도록 부추기는 것은 기회를 잃어버릴 수 있다는 두려움이 아니라 제안된 것의 즉각적·압도적 매력이다.

또한 여기서 현재의 순간에 대한 관심을 날카롭게 만드는 것은 가장 작은 실책도 파멸로 드러날 수 있음을 아는 비관용의 환경이 아니다. 반대로, 우리는 잘못을 용서받을 수 있다는 확신을 가지고 현재의 임무—하나님께 돌아서는 회심—에 임한다. 과거나 현재의 어떤 잘못도 죄인의 구원을 위해 특별히 기획된 은혜의 효력을 중단시키지 못한다. 우리에게 은혜의 형태로 주어지는 것은 그럭저럭 버틸 수 있는 양보다 훨씬 많고 넉넉해서, 하나님을 향해 우리의 삶을 전환하고자 노력하는 가운데 범하는 모든 과실을 메꾸거나 덮기에 충분하다.

따라서 과거를 되뇌거나 미래를 걱정하는 것은 아무 의미가 없다. 현재만이 우리의 유일한 관심사다. 과거의 실수나 불확실한 미래에 대해—둘 다 우리의 통제 아래 있지 않기 때문에—할 수 있는 것이 아무것도 없어서가 아니라 결과에 대한 책임을 지지 않은 채 과거에서 자유로워질 수 있고—우리의 죄는 용서받았다—미래가 현재보다 더 위협이 될 일은 없기 때문이다. 스토아주의의 영향을 받은 금융계 종사자들의 시간적 감성과 반대로, 현재는 과거나 미래보다 통제하기 더 쉬운 것이 아니다. 시간 속의 어떤 순간이든, 우리가 하나님을 향해 우리를 돌아설 수 있게 하는 것은 오직 하나님의 은혜이지 우리 자신의 힘이 아니다. 그렇기에 미래에 삶을 전환하고자 노력할 때 겪을 수 있는 어려움은 지금 겪는 어려움보다 결코 크지 않다. 오늘의 염려만으로도 걱정거리는 충분하다.

기독교에서 회심의 긴급성 주변을 용서가 에워싸고 있다는 것은, 여기서는 여러 번의 실수가, 금융에 훈육된 현재 몰두에서 일반적인 일종의 결핍 올가미를 만들도록 조합될 수 없음을 의미한다. 그리고 현재의 상황에 대처하기 위해 취하는, 시간과 자원을 고갈시키는 행동 때문에 우리의 상황이 더 악화되는 일도 생기지 않는다. 우리의 계속되는 죄성은, 현명하지 못하게 떠맡은 미래의 부채 의무처럼 미래의 요구를 만족시키기 위해 필요한 자원을 고갈시킬 수 있는 힘이 없다. 현재의 요구 때문에, 앞으로 찾아올 예상치 못한 우발적 상황에 맞서기 위한 충분한 자원을 비축하는 미래 계획을 세우지 못한다 해도 괜찮다. 은혜의 차고 넘치는 특징은 어떤 경우에도 미래를 담보로 하는 그러한 대출의 필요가 사라짐을 의미한다. 우리에게는 현재의 도전에 맞서기 위해 지금 우리에게 필요한 모든 것이 있다. 그리고 회심에 필요한 자원은 그저 자원을 쌓아 놓으려는 노력에 순순히

응하는 자원이 아니다. 그러려는 시도는 사실 그 본성을 오인하는 것이다. 그 자원은 우리 자신의 행동에 의해 더해질 수도 감해질 수도 없기 때문이다.

거듭되는 결단의 순간마다 회심에 필요한 자원이 차고 넘치게 반복해서 채워지는 기이한 방식은 그리스도 안에 있는 은혜의 고유함이겠지만, 노동자와 가난한 사람들이 받는 압박을 극복하기 위한 실제적 제안들과도 아주 잘 맞아떨어진다.⁴⁴ 그들에게는 약간의 느슨함이 필요하다. 단순히 시간과 자원 관리 효율성에 대한 무자비한 요구를 약화시키기 위해서만이 아니라, 실수로 인해 그들에게 주어지는―또한 충분한 시간과 돈을 가진 사람들에게는 해당되지 않는―파괴적 결과, 삶 자체를 쥐어짜는 그 결과를 만회할 수 있도록 돕기 위해서다. 그들에게는 필요할 때 필요한 것을 가질 수 있도록 덜 변동하는 자원 공급이 필요하다. 현재 상태에서, 우리가 받는 임금―기본 급여, 노동 시간 등에 의해 결정된다―은 우리가 다른 사람들에게 지불해야 하는 돈과 완전히 동기화되지 않은 채 오르락내리락한다. 임금을 받기 전 상당 시간―일반적으로 월말까지―일함으로써 노동자들은 사실 고용주에게 대출을 해 주고 있는 셈이다. 그렇다면 어째서 고용주들은 노동자들이 예상치 못한 지출을 감당하거나 단순히 월말에 생활비 적자를 메꿀 수 있도록, 고금리의 소액 단기 대출을 받는 것이 직원들의 유일한 선택이 되게 하는 대신 똑같은 일상적 방식으로 무이자 선불을 해 주지 않는가? 매일같이 이어지는 치열한 응급 상황에 쫓기는 사람들의 삶을 조금 덜 힘들게 만들기 위해 취할 수 있는 무수히 많은 조치가 있다. 그러나 그러한 조치 대부분은 금융 지배 자본주의가 요구하는 기업의 최대 수익에 직간접적으로 해를 끼치기 쉽다. 예를 들어 느슨해지고, 화낼 시간이 있으며, 직장에서의 부당한 요구를 거절할 만큼 은행에 충분한 예금이 들어 있는 최대한 효율적인 노동자란 존재하지 않는다.

그러나 기독교에서 과거와 미래가 지금 우리 삶의 방향을 전환하는 긴급한 임무를 방해하지 못하게 하려는 노력은, 금융 지배 자본주의에서 현재와 관계 맺는 방식처럼 현재 순간의 시간적 차원을 고갈시키지 않는다. 하나님께로 돌아서는 일은 일생의 과업, 즉 삶 전체―우리의 모든 과거와 미래―를 규정해야 하는 어떤 것이다. 맨 처음부터 하는 것처럼 매일 다시 시작될 필요가 있음에도 말이다. 금융 지배 자본주의에서 폭리를 취하는 행위의 짧은 시간 지평과는 완전히 반대로, 여기서 우리의 시간 지평은 아주 길다. 예를 들어, 우리는 지금 행동을 취하면서 죽은 뒤 하나님의 심판대 앞에 서 있는 우리 자신을 상상한다. 모든 순간 우리는, 말하자면 우리 삶의 끝에서 그 전체를 가장 깊은 곳까지 꿰뚫어 보실 수 있는 능력이 있는 어떤 분, 즉 하나님의 눈으로 결산하게 될 수익성을 평가하도록 격려받는다. 더 나아가 우리는 비슷한 관심사를 가진 모든 이―앞서 왔던 사람들, 고인이 된 성도들, 세상의 종말 때까지 성도의 교제 안으로 들어오게 될 미래의 모든 이―와 더불어 그러한 과업에 임하고 있는 우리 자신을 상상한다. 하나님의 형상 안에서 우리의 삶을 개선하고자 노력하는 순간마다 마치 그들이 동시에 존재하는 것처럼, 우리는 지금 우리의 정신 안에서 그들을 불러낸다. 예를 들어, 우리는 성찬 식탁 앞에서 그들과 함께 노래한다. 그럴 때 우리는 하나님 자신의 시간 인식, 즉 한꺼번에 함께 붙들어 하나의 동시적 전체로 형성하는 인식, 하나님께 전념하는 그러한 과거, 현재, 미래의 노력의 총체로 형성하는 능력을 갖춘 인식을 가지고 현재에 참여한다.

이런 방식으로 지상의 시간을 총체적으로 인식하는 우리는, 그렇게 함으로써 현재의 순간에 온통 몰두하기 때문에 시간적으로 방향을 잡고 시간의 흐름 안에서 자리를 찾는다. 예를 들어, 앞서 살았던 모든 사람의 (좋고 나쁜 경우 모두의) 본을 통해 도움을 받는 한, 그리고 반대로 우리 뒤에 올 사람들을 비슷한 방식으로 돕기를 바라는 한, 우리는 과거 및 미래와 관련해 우리가 어디에 서 있는지 안다. 우리는 과거 전체와 미래 전체 사이에서 시간 이행이 일어나는 그 순간에 자리 잡고 있다.

소모되거나 고갈되는 것과는 전혀 달리, 시간의 총체가 특정 방식으로—하나님과 연관됨을 통해—그 안에 있기 때문에 현재는 중요성을 품는다. 이것은 [윌리엄 블레이크(William Blake)의 생각처럼] "한 줌의 모래에서 세계를 보고 한 시간 안에서 영원을 보는" 종류의 의미로 채워진 순간이 아니다.[45] 우리가 인지하는 순간 안에 현존하는 시간의 총체는 여기서 단 하나의 귀중한 지점으로 좁혀지는 것이 아니라 오히려 팽창성을 지닌다. 다시 말해, 현재의 순간은 전체가 그 안에서 농축되어 발견되고 그럼으로써 그것만의 특수성을 형성한다는 사실에 의해 그 자체로 귀중해지는 것이 아니다. 혹은 현재의 순간을 그 안의 본질적 부분으로 포함하는 전체의 관점에서만 현재가 그러한 특수성을 띠게 되기 때문도 아니다. 오히려 현재가 중요해지는 것은, 우리가 지향하는 하나님 안에서는 구분될 수 없고 동시에 존재하는 방식으로 주어지는 총체적 시간을 그 안에 담고 있기 때문이다. 하나님은 우리가 그분 자신을 향할 수 있게 하는 은혜 안에 존재하시기 때문에, 어떤 시간에든 단순히 부분적으로가 아니라 전체로서 임재하신다. 그렇기에 하나님 안에 담겨 있는 것, 곧 동시에 존재하는 모든 시간이 현재에 또한 우리의 것이 된다. 현재가 전적으로 그렇게 존재할 때, 이는 영원으로 채워진 놀랄 만큼 충만한 현재의 순간이 된다.

현재의 순간은 지속성이 없을 수도 있다. 아우구스티누스가 말한 것처럼 현재의 순간은 날아가는 것 같을 수 있고, 금융 지배 경제 거래가 확증하기 위해 최선을 다하는 것처럼 그런 속도로 미래에서 과거로 날아들면서 어떤 범위도 갖지 않을 수 있다.[46] 그럼에도 하나님을 향해 돌아서는 현재의 순간은 그 자체보다 훨씬 큰 것, 그 자체를 뛰어넘는 시간, 하나님 자신의 영원을 향해 그 순간을 열어 놓는 특성이 있다. 우리가 하나님을 얼마나 조금 혹은 많이 경험하는지와 상관없이, 우리가 경험하고 있는 것을 얼마나 조금 혹은 많이 이해하는지와 상관없이, 우리가 그렇게 경험하거나 알고 있는 것은 하나님 전체다. 그런 의미에서 그 순간 우리가 경험하는 것은 그 자체 그대로 언제나 완전하고 온전하며 거기에 어떤 것도 더해질 수 없다. 우리 자신을 완전히 하나님을 향하게 하는 데서 오는 그 순간의 성취는 그것이 무한히 확장된다고 해서 질적으로 향상되는 게 아니다.[47]

일종의 비통합적 분산으로 피폐해진 삶은, 그 너머에 계신 하나님께 주의를 집중함으로써 그 자체의 수용력을 뛰어넘어 함께 모여 통합된다. 우리의 삶은 정말로, 연속되는 각 순간마다 우리의 존재 전체를 하나님을 향하게 하는 동일한 과업이 반복되고 다시 시작되어야 하는 일련의 단절된 현재들을 형성한다. 앞 장에서 논했던 이유로 그러한 순간들은 앞선 순간들 위에 쌓이지 않는다. 그리고 그러한 과업은 환경의 차이에 적절한 주의를 기울이면서 반복해서 행해져야 한다. 특히 금융 지배 자본주의의 달라진 환경에서는 그 자체로 단순히 하나의 일 뒤에 또 다른 일이 이어지는 단절된 연속을 형성하기 쉽다. 예를 들어, 어느 순간에 우리는 돈을 많이 받는 직업을 가지고 하나님에 대한 전념을 어떻게 적절하게 표현할 것인지 고민해야 하고, 다음 순간에는 그런 직업을 잃은 채로 어떻게 그리할 수 있을지를 고민해야 한다. 어느 순간에 우리는 잠재적으로 호화로운 생활양식을 누리는 모기지 중개인으로서 하나님에 대한 전념을 어떻게 표현할 수 있을지 규명해야 하고(아마도 그만둠으로써!), 다음 순간—금융 위기가 닥치고 난 뒤―에는 세차장 종업원으로 일하고 친구의 집에서 신세를 지는 가운데 어떻게 그리할 수 있을지 규명해야 한다. 우리의 연속되는 현재들이 아무리 뒤죽박죽되더라도, 우리는 언제나 어떤 환경의 변화도 위협할 수 없는 방식으로 우리의 모든 관심을 하나님께로 돌리는 동일한 일을 행하려 한다. 우리의 근본 기획은 그러한 일련의 단절된 현재들을 오가며 변화되지 않는다. 우리에게는 우리의 삶을 전체로 통일시켜 주는 단일한 지향의 초점이 있다.[48]

우리가 이렇게 할 수 있는 것은 관심의 대상이 지닌 색다른 성격 때문이다. 현재 상황의 특성과 달리, 우리가 주의를 기울이는 대상―하나님―은 결코 왔다가 사라지지 않으신다. 금융 지배 자본주의 안에서 빠르게 변하는 현재들의 분산에 따라 우리의 삶을 파편화할 단순한 반응성이 권장되는 것처럼 우리가 그저 빠르게 변하는 현재 자체에―현재가 수익을 위해 제공하는 기회들에―주의를 기울이는 것이 결코 아니다. 오히려 우리는 모든 현재의 순간을 분별하면서, 현재의 순간이 현재 너머에 있는, 현재와는 다른, 결코 변하지 않는 무언가를 향하게 하는 기회를 제공하는지 살핀다. 우리는 현재의 모든 순간을 통해, 그 자체로 (금전적 수익처럼) 늘 변화하며 예측 불가능한 방식으로 변동하는 동일한 혼합체의 일부가 아닌 어떤 것, 현재의 굴곡에 달려 있지 않은 절대적 가치를 지닌 어떤 것에 주의를 기울인다.

방향성 없는 분산―행운의 바람이 부는 대로 여기저기 사방으로 흔들리는 산만함의 삶―에 대한 치유는 이런 식으로 단순한 시간적 팽창, 궁극적으로 아무것도 남지 않고 모든 것이 원래 왔던 대로 무로 돌아가는 끊임없는 시간의 경과―미래로부터 현재로 와서 과거로 가는―를 치유하는 것과 같다. 치유는 시간이 영원과 연관되는 것이다. 아우구스티누스가

말한 것처럼, 태초에 하늘 위의 하늘은

> 하나님을 묵상하는 황홀감과 기쁨을 통해…변화하는 성향에 저항하는 힘이 있고, 창조 이래 언제나 한결같이 [하나님께] 붙어 있음으로써…시간의 소용돌이 안의 모든 변화를 초월한다.…어느 때든 어떤 방식으로든 변덕을 드러내는 법이 없고…[하나님의] 임재 안에 언제나 거하고 모든 사랑을 다해 [하나님께] 붙어 있으면서, 고대할 미래도 기억할 과거도 갖지 않으며 따라서 변화 없이 유지되고 과거와 미래의 시간으로 나뉘지도 않는다.[49]

죄의 영향력이 사라지고 우리가 원래 의도된 창조의 모습으로 되돌아갈 때, 죄로 인해 지나가는 시간의 단절된 연속이 된 것 안에 있는 모든 순간은 똑같이 직접적인 방식으로, 결코 변하지 않는 하나님께 반복해서 연결될 것이다. 그렇게 함으로써 그러한 모든 순간은 서로와의 관련성이 아니라, 동일하시며 변함없이 존재하시는 하나님과 모든 순간을 공유하는 관련성을 통해 일관된 방식으로 함께 모일 것이다.

우리는 스쳐 지나가는 삶의 모든 단절된 순간이 완벽한 하나님 지향성의 그 모든 단일한 순간 안에서 함께 모이리라고, 그리하여 그러한 순간들은 사라지기보다 지속되고 확장되어 '결코 끝나지 않을 날'이 되리라고 말할 수 있다. 우리는 하나님 자신의 영원 안에서 영광스럽게 되어, 결코 끝나지 않는 날, 하나님 안에서 영원히 우리 자신으로 계속 현존하는 자신을 인식하는 날을 누리게 될 것이다. 우리의 삶에 어떤 일이 계속 일어나든, 우리에게 남은 시간이 얼마나 짧든, 하나님 안에 남아 있음으로써 우리는 영원히 하나님 안에서 우리 자신을 인식하며 우리 자신에 대해 현존하는 존재로 남을 것이다. 심지어 우리가 죽는 가장 짧은 날에도 가장 긴

날―가장 길게 현존하는 자기 인식―이 이런 식으로 우리에게 주어질 것이다. 오늘―바로 지금 우리가 죽는 시각에―네가 나와 함께 낙원에 있으리라.⁵⁰

지금 죄의 상태 아래에서 우리의 삶을 하나님과의 관련성을 통해 하나로 모으려는 시도만으로도, 모든 것을 한데 모을 우리 자신의 능력에 대한 우려를 풀어 주고 그렇게 함으로써 현재 스스로 모으기 위한 초조한 노력을 떨쳐 낸다. 변동하는 환경에서 자기 분산을 피하려는, 말하자면 스토아주의적 노력과 달리, 여기서 차이를 만드는 것은 현재의 모든 순간마다 우리 자신의 의지를 성공적으로 통일시키는 능력이 아니라 하나님―우리가 의지할 대상―이다.⁵¹ 무슨 일이 일어나든 뒤로 물러나 자신을 하나로 모으는 능력을 보장하는 것은 삶의 기획이 갖는 흔들림 없는 일정성이 아니라 늘 불완전한 기획의 대상이 지닌 일정성이다. 언제 어떻게든―어떤 방식으로든―우리가 그 대상을 향해 돌아서면, 그 대상은 늘 거기에 있다. 두 가지―우리의 자아 기획과 그 대상―는 여기서 스토아주의 방식으로 서로 대체 가능하지 않다. 여기서 근본적으로 자아는 지나가는 현재를 통합하기 위해 필요한 자원을 스스로 공급하고 있지 않기 때문이다. 그러한 자원은 다른 데서, 우리에게 방향을 알려 주며 우리 자신과는 전혀 같지 않은 대상으로부터 온다. 마침내 견고한 의지를 성취해 내려는 초조한 노력과 반대로, 여기서 우리는 주의를 산만하게 하는 것과 여러 형태의 분열된 욕망 때문에 집중하는 데 반복해서 실패하는 것을 당연한 일로 예상하며, 근본적으로 그러한 실패를 두려워할 일이 전혀 없다고 믿는다. 은혜는 그 모든 것에도 불구하고 손상되지 않은 채 남아 있고, 늘 그렇듯 우리에게 돌아서게 하는 충분한 힘을 제공한다.

우리를 고스란히 우리 자신의 자원에 맡기는 스토아주의 같은 세계관이 암시하는 것과 달리, 세상의 격변과 그 자체의 무작위적 분산은 사실 우리가 현재 두려워할 어떤 것도 가져오지 않는다. 예를 들어, 우리는 그러한 격변이 우리의 손에서 우리 자신의 삶의 방향을 통제하는 능력을 앗아갈 것처럼 위협하는 방식을 두려워할 필요가 없다. 과거에 그러한 격변이 우리를 이리저리 흔들면서 나를 제압하는 힘을 증명했을지라도 두려워할 필요가 없다. 과거의 실패를 두려워하지 않아도 된다. 우리 자신을 하나님께 전념케 하려는 현재의 노력은 어떤 걸림돌도 없이 그 자체로 다시 시작될 수 있으며, 이는 우리 자신의 증명된 불완전함이 무엇이든 하나님의 은혜로 가능하다.

미래에 대한 두려움 역시 우리가 현재 염려로 가득 차서 지금 당장의 순간을 꽉 잡으려 노력하고 우리가 가진 아주 작은 것이라도 사라지지 않게 하려고 자기 보호적으로 애쓰도록 부추길 필요가 없다. 이 생애에서 회심이 끊임없이 다시 일어나야 하는 결코 초월하지 못한 상태가 현재에 어떻게 접근해야 하는지를 보여 주는 모델이라면, 염려로 가득 찬 불안정한 이 순간도 지나갈 것임을, 그와 더불어 유난히 힘든 환경에서 우리가 스스로를 지키기 위해 노력해 온 모든 것 역시 지나갈 것임을 믿어라. 특히 금융 지배 자본주의에서 우리에게 허락되는 것이 너무 적어서 받게 되는 굴욕감—또한 더 많이 가지려는 노력에 수반되는 불의—을 고려할 때, 현재의 그러한 지나감은 환영할 일이다. 두려움으로 인해 현재의 질서를 받아들이는 자기 보호의 사고방식은 장차 올 들어 보지 못한 미래를 향해 열렬히 열려 있는 태도로 대체되어야 한다.

5장

또 다른 세상?

현재 자본주의 지형을 지배하는 금융 시장에서 미래가 특별한 관심의 대상이 되는 것은 미래가 우리를 성공시킬 수도 있고 무너뜨릴 수도 있는 방식으로 현재와 중요하게 달라질 가능성이 있기 때문이다. 지금은 우리가 잘나가고 있어도, 미래에는 주식 시장이 폭락해서 일과 저축한 돈을 날려 버릴 수 있음을 아주 잘 안다. 그러니 미래를 통제할 수는 없어도 미래에 대비하는 것이 상책이다. 상황은 급변하기 쉽고 우리의 운명에 막대한 영향을 끼칠 가능성이 있다는 바로 그 이유로, 우리는 신중해지기 위해, 미래에 주의를 기울이기 위해, 무슨 일이 일어날 가능성이 있는지 예상하기 위해, 무슨 일이 일어나든 그것을 최대한 잘 활용할 수 있도록 지금 적절한 행동을 취하기 위해 값을 치른다.

그러나 앞으로 살펴보겠지만 금융은 사람들에게 그러한 현재와 미래 간의 예상되는 차이에 대해 충분히 역설적일 만큼 그 차이를 좁히는 방식으로 접근하기를 권장한다. 다시 말해, 금융이 현재와 미래 간에 큰 여파를 가져올 차이가 존재할 가능성을 다루는 방식은 현재와 미래를 적어도 이차적 수준에서는 서로에게로 함몰시키는 효과가 있다. 우리는 미래가 현재와 똑같으리라고 기대하지 않지만, 그렇더라도 미래에 대한 현재의 예상과 미래가 다르지 않으리라 기대한다. 미래는 현재와 아주 다를 가능성이 꽤 있지만, 그러한 차이를 해결하기 위한 금융상품들은 우리로 하여금 이를 믿을 만하게 미리 예측할 수 있다고 기대하도록 우리를 이끈다.

현재와 미래 간의 차이를 이용해 수익을 얻기 위해서, 혹은 적어도 그로 인한 피해를 피하기 위해서 우리는 미래의 현재―즉, 미래가 드러낼 모습―를 현재의 미래―즉, 미래에 대한 현재의 시각―안으로 함몰시킨다.[1] 그러한 금융상품들이 우리의 경제적 이익을 위해 급격하게 다르며 그 여파가 아주 클 미래를 관리할 능력이 과연 있는지에 대한 확신은 하나―앞으로 올 미래―를 다른 하나, 곧 미래에 대한 현재의 시각과 동일하다고 간주하는 데 달려 있다. 그런 식으로 미래가 현재 안으로 함몰되기 때문에, 우리가 고대하는 미래는 우리를 깜짝 놀라게 할 능력을 상실한다. 장차 올 미래는 단순히 현재 상황에서 충분히 예상할 수 있는 미래로 축소된다. 그러한 상황들은 그 자체로 일종의 자기 폐쇄적 세계가 된다. 우리는 그 연속성을 가정하여 주어진 세계에서 현재의 한계가 허용하는 것, 그러한 한계 안에서 합당하게 예상할 수 있는 것 이상을 미래에 기대하지 않는 법을 배우기 때문이다. 다시 말해, 현재의 상황들은 넘을 수 없도록 엄격하게 그어진 가능성의 경계를 설정함으로써 미래에 대한 상상력을 속박하게 된다. 그렇게 함으로써―유명하게는 프레드릭 제임슨이 꼬집어 말한 것처럼―자본주의의 종말보다는 차라리 세상의 종말을 상상하는 게 더 쉬워진다.[2]

미래에 맞추어진 금융의 초점

상황이 쉽게 변동하는 금융 지배 자본주의 환경을 전혀 따라가지 않고 미래가 현재와 똑같으리라 예상한다면 미래에 대해 많이 생각할 이유가 별로 없을 것이다. 사람들이 미래가 단순히 지금과 똑같으리라 생각한다면 미래는 그 자체로 그다지 특별한 관심을 받지 못한다. 미래는 추측대로 현재의 연장에 불과할 가능성이 크고, 바로 그 이유로 우리가 현재에 대해 이미 알고 있는 것이 미래에 대해 알아야 할 모든 정보를 제공한다. 미래와 현재 간의 예상되는 차이가 클수록, 그러한 현재와의 간격이 존재하리라 생각될 가능성이 더 높을수록, 그러한 차이의 잠재적 영향력이 중대할수록 미래 자체에 대한 관심은 훨씬 더 커진다. 미래가 아마도 현재와 아주 많이 다를 것이고 우리의 운명에 중요한 영향을 끼친다면, 우리의 관심을 미래로 돌리는 것이 좋은 생각이다.³

그 자체로 관심의 대상이 되게 만드는 이 미래의 특징들은 현대의 삶에서 대체로 일반적일 것이다. 그러한 특징들은, 미래가 어떤 모습이어야 하는지를 인간이 자유롭게 결정하는 시대의 개인과 사회에 미래가 갖는 중요한 영향력에 대한 인식에 따른 것이다. 우리를 더 훌륭하게 혹은 더 형편없게 형성하는 사회적 관계를 생산하는 것은 우리의 몫이다. 그렇기에 우리는 지금의 사회적 관계가 미래에도 똑같으리라고 가정할 이유가 없다. 인간 삶의 조직은 정말로 지금과 근원적으로 다를 수 있다. 그 여부는 인간 행위자의 불확정적 선택으로 결정된다.

예를 들어, 우리가 사회 형태를 더 나아지게 만드는 데 신경 쓴다면 사회 형태는 지금의 모습과 아주 달라질 수 있다. 정말로, 현대성 안에서는 모든 종류의 사회 개선 실험이 일어난다. 과거에 다른 곳에서 사회 형태는 상당히 다양하게 존재해 왔다. 지금 여기서도, 사람들이 그 결함을 교정하거나 더 유익하게 만들기 위해 그 형태를 어떻게 할 것인지 결정하는 바에 따라 미래에 사회 형태가 현격하게 달라지는 일은 언제나 일어날 수 있다. 사람들이 이제는 일들을 다른 식으로 해 보기로 선택하는 정도에 따라, 실제로 그러한 사회적 관계들은 미래에 어떤 식으로든 달라져 있을 것이다. 현재의 결정은 불가피하게 미래에 나타날 효과—차이를 만들고 (많든 적든) 영향력을 행사하는—를 지닌다. 그러한 미래의 효과가 우리가 의도한 것이든 아니든, 계획한 대로 펼쳐지든 그렇지 않든 상관없이 말이다.

그렇다면 모든 것이 언제나 좋은 쪽으로든 나쁜 쪽으로든 우리의 생계에 중요한 영향을 끼칠 수 있는 잠재력을 갖는 방식으로 변할 수 있다는 것이 전부가 아니다. 현대성이 뜻밖의 횡재와 기약할 수 없는 행운에 독점권을 가진 것은 분명 아니다. 어느 시대에 살든, 미래는 현재와 어떤 면으로든 아주 많이 다를 것이다. 우리는 지금 살아 있지만, 어느 시점에서는 불가피하게 죽은 상태가 될 것이다. 현대성이 가져온 것은, 변화될 운명은 미래에 영향을 끼칠 인간의 결정에 달려 있다는 인식이다. 우리 자신의 선택과는 상관없이 그저 우호적이거나 위험한 상황에 처해 있게 되는 대신, 우리는 우리가 지금 무엇을 하기로 결정하느냐에 따라 미래에 이익을 보거나 손실을 입을 수 있는 위치에 스스로 서는 것이다. 지금 무엇을 하기로 결정함으로써 우리는 미래에 그러한 결정으로부터 이익을 볼 수 있는 가능성을 획득한다. 그러나 막상 일들이 예상한 대로 되지 않는다면, 우리가 현재 내린 결정은 미래의 손실에 대한 책임을 지게 만든다.

우리가 지금 한 선택이 옳은 것이었는지 후회해야 할 것이었는지는 미래가 말해 줄 것이다. 따라서 우리에게는 지금 무엇을 할 것인지 결정할 때 미래를 예상해 보아야 할 이유가 있다. 그러나 최종 판결권은 오직 미래—미래에 대한 현재의 예상이 아니라—에 있다. 현재 나의 결정이 적절한지 판단하기 위해 우리는 일들이 어떻게 펼쳐지는지 기다려 봐야 한다. 이 기다림의 필요는 적어도 부분적으로는 의사 결정이 이루어지는 사회 환경의 복합성의 결과다. 다시 말해, 현재의 의사 결정을 복잡하게 만드는 것은 다른 사람들 모두가 미래에 어느 정도 영향을 끼칠 결정을 내리고 있음을 아는 인식력이다. 우리가 통제할 수 없거나 심지어 다 알 수 없는 방식으로 이루어지는 다른 사람들의 의사 결정은 우리 자신의 결정이 가져올 결과를 우리 자신에게도 다른 사람들에게도 불확실하게 만든다. 간단히 말해, 우리는 지금 결정을 내릴 때―이런 종류의 사회적 불확실성 때문에―미래가 우리가 예상한 대로일 것이라고 확신할 수 없다.

따라서 우리는 지금 무엇을 해야 할지 결정할 때 미래에 과거, 즉 우리의 현재를 되돌아보는 상상을 하면서 그때 그 결정이 실수가 아니었던 것으로 드러나기를 바란다. 미래는 이런 식으로 현재의 의사 결정에서 '일종의 앞당겨진 기억'으로 나타난다.⁴ 지금 우리는 상상된 미래의 관점에서 우리 자신의 결정이 우리에게 가져올 이익과 손실에 대해 생각한다. 현대성의 조건 아래, 현재와 구별된 미래는 이 모든 방식으로 현재의 고려 사항에서 고유하게 두드러지는 문제가 된다.

미래를 관심을 기울여야 할 하나의 구별된 주제로 만드는 이 특징들은 현대의 삶에서 전반적으로 발견되지만, 금융 지배 자본주의에서는 거의 전례가 없을 정도로 부풀려진다.⁵ 경제적 의사 결정은 내가 현대성에서 전형적이라고 말해 왔던 종류의 미래에 대한 관심을 분명 일상적으로 보여 준다. 현대의 삶에서 내리는 아마도 거의 모든 결정―누구와 결혼할 것인지 결정하는 일부터 흡연 광고를 금지하는 주 입법에 의한 정책 결정에 이르기까지―이 그런 것처럼, 우리는 우리의 투자 결정 역시 미래의 관점에서 좋은 판단이었던 것으로 판명될지 궁금해 한다. 그러한 결정―주식을 구매하는, 취직하는, 대출 서류에 서명하는 결정―을 할 때, 우리는 지금 어떤 위험과 미래의 어떤 수익 가능성을 받아들이고 있는지 알고 있으며, 오직 미래만이 그것이 좋은 결정이었는지 아니었는지 말해 줄 것이다. 미래가 되고 나니, 우리가 학비 대출을 받아 훈련받은 분야에서 일을 구할 수 없는 것으로 드러난다. 다른 모든 사람이 똑같은 결정을 했고 그 분야의 취업 경쟁이 이제는 믿을 수 없을 만큼 치열해졌기 때문이다. 미래가 되고 나니, 주식 시장이 폭락하고 따라서 바로 전 해에 모든 자산을 채권으로 전환한 것이 정말 잘한 결정으로 드러난다. 너무 많은 것이 미래가 가져올 것에 달려 있기 때문에, 경제적인 결정을 내리는 지금 미래를 상상하는 것이 중요해진다.

그러나 금융 지배 자본주의에서는 지금 우리의 운명이 달려 있는 경제 환경이 아주 심한 변동성을 띤다는 사실 때문에, 그러한 현대의 일반적 예보다 미래에 대한 관심을 훨씬 더 많이 드러낸다. 경제 환경의 굵직한 변화들은 매일 정기적으로 일어나는 일이 된다. 그리고 그러한 변화들은 우리가 수익을 내거나 손실을 떠맡을 가능성과 직접적이고 아주 중요한 관련을 맺고 있다. 많은 부분에서 이는 금융 자산이 미래의 수입에 대한 권리 주장에 지나지 않기 때문이다.

예를 들어, 모든 사람은 주식 거래에서 미래의 주가가 현재와 같을 가능성이 높지 않음을 안다. 주식의 가치가 변화하는 수요에 달려 있음을 고려하는 것이다.[6] 주식 가격은 순간순간 얼마나 많은 사람이 그것을 사고 싶어 하는지에 따라 오르락내리락한다. 그러한 시장에서 수익을 거두는 방법은 정말로 현재와 미래의 가치에 중요한 차이가 있을 가능성에 달려 있고, 그 차이는 클수록 더 좋다. 만약 주식 시장에 기복이 없다면, 거기서 매입과 매도를 통해 돈을 잃는 사람은 없겠지만 무언가를 얻는 사람 역시 없을 것이다. 현재 가치와 미래 가치 간의 차이가 클수록—예를 들어, 미래의 주가 변동 방향을 올바르게 예상하고 투자를 한 시장 참여자의 편에서는—더 높은 수익을 낼 잠재력이 커진다.

게다가 총체적 경제의 조건을 수립하는 금융 시장은 단지 일상적 변동성뿐만 아니라, 어느 지점에서는 경제에 엄청난 결과를 초래할 극도의 변동성을 보일 가능성이 매우 높다. 미래를 고유한 관심의 대상으로 만드는 특징들 하나하나를 특별히 부각하는 것은 바로 언제나 존재하는 이 극단적 변동의 가능성이다.

금융 시장에서 거래되는 자산들은(이에 대해서는 여러 이유로 곧 보다 자세히 살펴볼 것이다) 가치가 위아래로, 종종 급회전하는 것처럼 보이는 시장 분위기 변화와 나란히 아주 빠른 속도로 심하게 요동하기 쉽다. 가치의 그 잠재적 요동은 정말로 너무 극단적이어서 하룻밤 사이에 일생 동안 모은 것을 날려 버릴 수도, 수십 년간 꾸준히 조금씩 잃어 온 손실을 단 하루 만에 상쇄할 수도 있다. 그런 극단적인 경우가 자주 일어나지는 않을지라도—주가가 매일 폭락하지는 않는다—어느 순간 극단적 요동이 일어날 가능성은 존재한다. 주식 시장은 붐이 일었다가 꺼지는 경향이 있고, 그럴 경우 그 규모 때문에 거의 항상 경제에 막대한 영향을 끼칠 것이다.[7]

우리가 살펴본 모든 이유로, 금융 시장은 미래에 특별한 관심을 갖는다. 너무 많은 것이 달려 있기 때문에, 금융 시장은 미래가 무엇을 가져올 지에 대해 관심을 조성한다. 그러나 금융 시장은 또한 미래와 현재의 가능한 차이에도 관심을 돌린다. 바로 그 차이가 수익의—혹은 손실의—주된 원천이기 때문이다. 게다가, 금융 시장은 우리가 예상하는 미래와 실제로 드러난 미래 사이의 잠재적 차이를 고려하도록 부추긴다. 만약 미래가 우리가 예상하고 계획한 것과 아주 다르면, 시장 변동성을 고려할 때 금융과 관련한 결과는 아주 혹독할 수 있다.

정말로, 우리는 금융 시장이 미래에 너무 관심을 가진 나머지, 어떤 의도와 목적이든 현재에 대한 고려는 그저 미래에 대한 관심 안으로 함몰되어 버린다고도 말할 수 있다. 미래는-이러한 다른 모든 면에서-현재의 모든 결정 속에서 전폭적으로 몰두할 것이 된다. 기회가 사라지기 전 모든 현재의 순간을 최대한 활용할 기회를 잡을 때마다 우리가 기대를 거는 것은 미래다. 예를 들어, 주식을 살지 말지 결정할 때 진짜 중요한 문제와는 상관없는 주식 발행 기업의 현재 수익성은 특별히 신경 쓰지 않아도 된다. 진짜 중요한 문제는 이런 것이다. (주식 시장에서의 미래 가격에 의해 결정되는 것처럼) 미래의 이 주식의 가치에 끼치는 영향은 무엇인가? 이 주식의 가치는 미래에 얼마나 올라갈(혹은 내려갈) 것인가? 예상한 미래 가치와 미래에 일어날 가능성이 있다고 예상한 변동 정도가 틀린 것으로 드러나면 어떻게 되는가? 미래에 대한 지금의 판단이 미래에 잘못된 것으로 드러날 가능성은 얼마나 되는가?

정말로 주식의 현재 가격은 일반적으로 이 모든 미래 지향적 질문에 대한 답을 그 내부의 토대로 쌓는다. 이런 식으로 현재 가격은 그저 미래에 대한 그러한 질문들에 대한 답을 기초로 계산된다. 현재의 가치는 예측된 미래의 가치 안으로 함몰된다. 예를 들어, 현재의 가격은 (다른 미래 지향적 고려 사항 가운데서) 단순히 주식의 예측된 미래 가치를 반영한다. 금융 자산은 미래의 수입에 대한 권리 주장과 다름없고, 따라서 쉽게 변하는 금융 시장에서 그러한 미래 수입 흐름의 성격-어느 정도, 그리고 얼마나 빨리 증가할 가능성이 있는지-이 현재의 가치를 설정하게 된다.

따라서 주식을 발행한 기업이 현재 아무리 수익성이 좋더라도, 현재의 주식 가격은 시장 참여자들이 그 가치가 미래에 올라가리라고, 또한 얼마나 올라가리라고 믿는지에 따라 결정된다. 이는 시장 참여자들이 주식을 보유하는 동안 점증적으로 쌓이는 회사 배당금을 받기 위해 주식을 사는 것—이 경우 기업의 현재 수익성이 적어도 꾸준히 지속되기만 한다면, 이는 장기적으로 그러한 투자를 유지한다고 가정할 때 이러한 주식 매입을 수익성 있게 만들 것이다—이 아니기 때문이다. 오히려 시장 참여자들은 일반적으로 미래에 거래소에서 기꺼이 더 많은 돈을 낼—이상적으로는 훨씬 더 많은 돈을 낼—누군가에게 팔게 되기를 바라면서 주식을 산다. 만약 누구도 그렇게 더 비싼 값에 사지 않으리라고 예상한다면 구매자들은 그 주식을 매입하지 않을 것이다. 시장 참여자들이—말하자면, 수익성이 아주 좋은 이 기업이 미래에는 그렇게 높은 수익을 낼 능력이 부족하다는 이유로—가격이 많이 오를 가능성이 높다고 믿지 않는다면 현재 가격은 그러한 사실을 반영할 것이다. 그 기업이 그때는 엄청난 수익을 내고 있을지라도 주식에 대한 수요는 낮을 것이고, 그 결과 현재의 주식 가격 역시 낮아질 것이다.

만약 현재의 가격이 모든 관련 측면에서 미래로 값이 매겨져야 한다면—즉, 가능성 높은 미래의 가치, 가능성 높은 미래 가치의 변이성, 그리고 가능성 높은 미래에 대한 이 두 예상의 정확도에 따라 값이 매겨져야 한다면—미래 자체에 값이 매겨져야 할 것이다. 다시 말해, 현재의 가격이 미래를 반영해야 한다면, 미래는 미래에 금전적 가치를 제공하도록 계산될 수 있어야 한다. 예를 들어, 내가 주식에 얼마를 기꺼이 쓸 것인가는 바로 그러한 계산에 달려 있다. 미래가 숫자화될 수 없다면, 주식의 현재 가치 역시 숫자로 주어질 수 없다.

금융 시장이 미래의 가격을 신뢰할 만하게 책정해야 하는 이러한 필요를 다루는 방식은 결국 미래를 미래에 대한 현재의 평가 안으로 함몰시킨다.

현재의 투자 결정에서 미래에 그토록 몰두하게 만드는 바로 그 변동성을 고려하면, 미래의 가격을 신뢰할 만하게 책정할 수 있는 방법은 존재하지 않는다고 충분히 생각할 수 있다. 미래는 그냥 너무 종잡을 수 없다. 금융 시장의 자산 가치가 그토록 큰 폭으로 달라질 수 있고 정말로 매 순간 심하게 요동할 수 있으니, 어느 정도 긴 시간은 고사하고 당장 내일 그러한 자산 가격이 어떻게 될지 누가 알겠는가?

단순히 장래의 일이기 때문에, 이후의 금융 자산 가격은 아직 존재하지 않는다. 정의상, 미래는 도착하기 전에는 아무것도 아니다. 그러나 이보다 더 중요하게는, 금융 시장에서 자산의 미래 가격은 그 자산에 대해 내려진 현재의 매입 결정 이전에는 어떤 확정된 가치도 가지지 않는 것처럼 보일—따라서 평가할 것도 없어 보일—것이다. 금융 시장에서 가격이 수요에 의해 결정되는 방식 때문에, 미래의 가격은 상당 부분 (그 미래 가치에 관한 예상에 근거하여) 현재 주식을 사거나 사지 않기로 결정하는 사람 수에 의해 결정된다. 미래의 가치는 누적되는 효과를 갖는 현재의 그러한 결정들을 그저 기다릴 뿐이다.

만약 현재의 가치 안에서 미래의 값이 매겨지고 반영되기 위해 미래의 특정 시점에 무슨 일이 있을지 미리 알아야 한다면, 이러한 문제들은 해결될 수 없을 것이다. 그러나 다행히 사실은 그렇지 않고, 미래의 값을 매기기 위한 다른 방법이 남아 있는 것처럼 보인다.[8] 우리는 금융 자산의 가격이 미래의 T라는 시점에 얼마일지 신뢰할 만하게 예측할 수는 없지만, 얼마간 가능성 있는 그 시점의 가치 범위는 신뢰할 만하게 예측할 수 있다고 여전히 생각할 수 있을 것이다. 미래와 관련된 계산들은 일상적으로 단순한 미래 예측으로부터—이는 조금이라도 멀어지면 불가능한 것으로 폭넓게 인식된다—미래의 가변성에 대한 고려로 옮겨 간다. 금융 자산을 얼마에 매입해야 하는지 결정하기 위해, 우리가 미래에 대해 알아야 하는 전부는—정말로, 우리가 알 수 있는 전부는—그것을 보유하고 있는 기간 동안 발생할 가능성이 높은 가치의 상향 혹은 하향 변동 폭에 관한 신뢰할 수 있는 정보다. 간단히 말해, 우리는 자산이 가진 미래의 변동성을 어느 정도 확실하게 예측할 수 있어야 한다. 우리가 기꺼이 매입할 의사가 있는 가격은 이런 식으로 일종의 위험 부담 평가에 의존하게 된다. 해당 자산이 다른 자산에 비해 변동성이 더 커서 위험 부담이 올라갈수록 그 자산을 위해 돈을 쓸 의사는 줄어든다. 그러한 위험 부담이 초대형 이익 가능성으로 보상될 수 있지 않는 한 말이다.

그러나 변동성을 어떻게 계산할 수 있는가? 가격이 예측 불가능한 방식으로 쉽게 변한다면, 그 동일한 가격의 변동성 역시 예측 불가능하지 않겠는가? 특정 자산의 가격이 과거에 일정 범위의 변동을 보였을 수 있지만 어째서 미래에도 동일한 범위 내에서 변동할 가능성이 높다고 추정한다는 말인가? 널리 인정되는 것처럼 과거 가격은 미래 가격의 좋은 지표가 아니지만, 그럼에도 과거의 변화량은 미래의 변화량의 좋은 지표로 받아들여진다. 정말로 그러한 가정—과거와 미래의 연속성에 대한—위에서만 미래의 변동성을 계산할 수 있다. 그리고 이런 방식으로, 예상되는 미래와의 차이는 줄어든다. 우리는 이미 신뢰할 만한 범위 내에서 미래에 일어날 수 있는 일을 이미 알고 있다고 확신한다.

정말로, 만약 미래에 대한 우리의 예상이 진짜로 과거 시장의 행동에 근거하고 있다면, 과거는 지금 미래를 예측하는 우리의 능력—특정 가치에 대해서든 그 변이성 정도에 대해서든—에 대한 확신을 와해시킬 것이다. 과거가 정말로 우리의 안내자라면, 우리는 현재의 미래 예측 가능성이—어느 면으로든—과거보다 더 나은 것이 없다고 결론지어야 한다.⁹ 과거의 미래—즉, 과거의 관점에서 보았던 미래—는 예상 불가능한 것, 뜻밖의 충격으로 드러났다. 현재의 미래―즉, 우리가 지금 현재의 관점에서 보는 미래―역시 이와 비슷하게 예측 불가능하다. 과거에 다른 사람들이 예상하지 못했던 것이 결과로 나타날 가능성이 높다는 것은 오직 일이 벌어지고 나서야 볼 수 있으며, 이는 앞서 일어났던 일들을 고려할 때 전혀 놀랍지 않다. 예를 들어, 금융 자산의 가격이 지속 가능한 정도를 훨씬 넘어 부풀려지던 과거 시장의 폭락은 언제나 거의 불가피해 보였다. 정확한 시기는 예측할 수 없었지만, 지금 보면 폭락은 어느 때든 일어날 수밖에 없었다. 그러나 그때는 그것이 대체로 명백해 보이지 않았다. 그렇지 않았다면 그토록 많은 사람이 시장이 완전히 붕괴되는 바로 그 시점까지 그런 자산을 미친 듯이 계속 사지는 않았을 것이다.

이런 종류의 과거와 미래의 변동성 사이의 연속성은, 오직 추정되는 기준이나 적당한 가치 주변에서 가격이 무작위 행보를 보이고 따라서 가우스 종형 곡선에 근거하여 계획을 세울 수 있다고 확신할 때에만 시장의 일반적인 예측 무력화에 대한 예외를 증명하리라고 생각하는 것이 타당하다.[10] 그런 경우에 시장은 결과의 확률이 알려진 채 운에 맡기는 게임과 같다. 앞면 혹은 뒷면이 나올 확률은 동전 뒤집기의 안정된 속성 덕분에 확실하게 알려진다. 연속해서 앞면이나 뒷면이 나올 횟수의 극단적 변화는 바로 그러한 토대에서 예측 가능하고―우리는 뒷면이 연속해서 천 번 나오는 일어나기 힘든 경우가 일어날 확률을 계산할 수 있다―동전을 충분히 동전을 던지면 마침내 앞면과 뒷면이 나오는 횟수가 균등해지리라고 확신할 수 있다. 그러나 금융 시장은 단순히 운에 맡기는 게임과는 다른데, 그 한 가지 이유는 미래의 가격이 과거의 가격에서 독립적이지 않다는 것이다 (또 다른 이유는, 금융 자산의 진짜 혹은 적절한 가치가 일차적으로 시장 외부의 역학 자체를 반영하지 않는다는 것이다). 한 번의 동전 던지기는 그다음 번 던지기에 대해 아무것도 말해 주지 않는다. 이와 반대로, 금융 시장에서 미래의 가격은 과거의 가격, 특히 최근의 가격과 아주 깊은 관계가 있다. 예를 들어, 최근 높은 수요로 인해 어떤 금융 자산의 가격이 올라가면 이는 그 자체로 미래에 가격이 상승하리라는 기대의 신호로 받아들여지고, 그런 방식으로 더 많은 수요와 그에 수반하는 더 높은 가격이 주어진다.

혹은, 과거와 미래의 시장 변동성 간의 연속성이 받아들여지면, 언제나 뜻밖으로 다가오는 누군가의 죽음이 축적된 과거 자료에서 얻은 통계적 확률을 통해 엄격한 보험료 산출의 대상이 되는 방식으로 그러한 변동성도 예측할 수 있다고 종종 여겨진다. 과거에 그러한 사건이 일어난 실제 빈도에 관한 데이터를 이용해, 우리는 특정 연도, 특정 도시에서 얼마나 많은 사람이 사망하고 얼마나 많은 집에 화재가 일어날 것인지 아주 신뢰할 만하게 계산할 수 있고, 그렇게 함으로써 오랜 기간에 걸쳐 균등해질 표준으로부터의 이탈 가능성 역시 계산할 수 있다. 그러나 시장 가치는 훨씬 더 예측 불가능하게 변동적이다. 정말로, 이따금 일어나는 극도의 시장 변동성이 어떻게 이른바 정상적 가치를 약간이라도 돌려받을 수 있는 모든 희망을 완전히 없애 버리는지는 역사적으로 증명되어 왔다. 예를 들어, 많은 시장에서 집값 붕괴 이후에 아무리 사람들이 꾸준히 주택을 구하고 있고 아무리 주택 물량 자체의 가치―특별 제작된 매력적인 주방과 놀랄 정도로 여유 있는 공간 등―가 높다고 하더라도, 주택 가치 하향세는 반등하지 못한다. 여전히 희귀하다고 하지만, 시장의 완전 궤멸은 단순히 통계적 확률이 예측하는 것보다 훨씬 더 일반적이다." 이는 부분적으로, 그러한 계산에 활용되는 과거 데이터가 그러한 궤멸이 마지막으로 발생했던 때를 포함할 만큼 충분히 오래전의 자료까지 포함하지 못할 때가 많기 때문이다. 그러나 이는 또한 시장이 마치 (단순히 자연재해나 적의 침입 같은 비

일상적 외부 사건이 아닌 명백한 자연사로) 사람들이 한꺼번에 죽을 수 있다는 위협에 직면하기라도 한 것처럼 주기적으로 공멸 가능성에 사로잡히는 마을과 같기 때문이기도 하다. 오랜 기간에 걸쳐 안정적인 이전의 사망률은 그런 일이 일어나리라고 예상할 아무런 이유가 없음을 증명함에도 말이다.[12]

　미래의 변동성의 특징을 예측하며 나타나는 경솔한 확신이라 해도, 그런 확신을 한다는 단순한 사실은 그 확신에 근거한 가격 책정을 허용하는 동안 미래 자체는 여전히 미지로 남아 있을 수 있음을 의미한다. 금융 자산에 대한 현재의 가격 책정에서 가장 중요한 것은 미래의 변동성에 대해 지금 당장 후퇴하는 것처럼 보이는 시장의 합의된 여론이다. 다시 말해, 현재의 가격 책정이라는 목적을 위해 계산될 수 있어야 하는 전부는 미래의 변동성이 현재 대부분의 시장 참여자에게 어떻게 보이는가다.[13] 근거가 충분하든 그렇지 않든, 사람들은 실제로 자신들이 금융 자산이 가진 미래의 변동성에 숫자로 가치를 매길 수 있다고 생각한다. 실제로, (블랙-숄즈 공식 같이) 위험 부담이 있는 가치를 계산하는 데 광범위하게 받아들여지는 공식들이 존재한다. 그러한 널리 퍼진 실천이 현재의 가격 책정에 기초를 제공한다는 것은 단순한 사실이다.[14]

　미래의 변동성에 대한 예상을 구체적으로 포함하든 하지 않든, 그런 종류의 현재 가격 책정의 근거는 전반적으로 받아들여진다. 실제의 현재 가격은 일반적으로 지금 대부분의 사람이 미래가 어떠하리라고 생각하는지를 반영하는데, 바로 그것이 많은 부분 현재 수요를 결정하기 때문이다. 이런 이유로, 현재 얼마나 많은 사람이 어떤 주식이 미래의 특정 기간 내에 어떤 액수만큼 오르거나 내리리라고 생각하는지를 수량화할 수 있다면, 현재 주식의 가치도 수량화할—신뢰할 만하게 가격을 매길—수 있다. 이런 식으로 미래에 대한 현재의 계산이 측정 가능해진다. 미래 자체는 직접 고려할 대상이 되지 못하고 시야에서 사라지는 것이다. 우리가 기꺼이 지불할 돈의 액수는 단순히 현재 예상되는 미래에 대한 판단이나 [니클라스 루만(Niklas Luhmann)을 따라] 내가 현재의 미래라고 부르는 것에 의해 결정된다. 미래의 현재—미래가 실제로 드러낼 모습—는 정말로 문제가 아니다. 지금 모두가 예상하는 것과 근원적으로 다를 가능성은 금융 자산의 가치에 대한 현재의 평가에서 간단히 무시될 수 있다.[15]

정말로 미래에 대한 현재의 예상은 이런 식으로 금융 자산의 현재 가치 수립을 그저 돕기만 하는 것이 아니다. 그 예상은 실제 미래의 가치에 엄청난 영향력을 갖는다.[16] 바로 이런 이유로, 현재의 예측이 잘못된 것일 수 있는 가능성에 대한 걱정은 버리는 게 타당해 보일 수도 있다. 현재의 예측은 잘못될 수가 없는데, 그 예측 자체가 바로 그러한 미래를 오도록 돕는 중요한 역할을 하기 때문이다.

다시 말해, 금융 시장에서는 미래의 가격이 족내혼의 방식으로, 즉 수요가 추동하는 시장 내부의 역학에 의해 결정되며, 그러한 미래의 가격 결정 방식에 힘입어 현재의 예상은 일종의 자기 충족적 예언과 다름없게 된다. 예를 들어, 이유가 무엇이든 미래에 가치가 빠르게 오르리라 예상함으로써 오늘 어떤 금융 자산을 사는 사람이 많을수록, 실제로 미래에 그 자산의 가격은 바로 그 올라간 수요로 인해 더 많이 오를 것이다.

가격 상승에 대한 예상은 단순히 그것이 예측하는 것처럼 보이는 것이 실제로 일어나는 일을 돕기만 하는 게 아니다. 그 예상은 동일한 시장 역학 때문에 일종의 자기 발생적 상승이나 하강의 순환 속에서 그 자체를 살찌우는 능력을 가지고 있다. 미래에 대한 현재의 예상은 그저 결과적으로 확정되는 것 이상이다. 단순히 그러한 예상을 하고 있다는 이유로, 사람들은 현재의 매입에서 미래의 수익을 일상적으로 초과하여 기대한다.

재화와 서비스가 거래되는 다른 비금융권 시장에서, 인상된 가격은 수요를 떨어뜨린다. (땅콩버터 가격이 하룻밤 사이 두 배로 오르면 그 수요는 가파르게 하락할 것이다.) 그러고 나면 낮아진 수요는 낮은 가격으로 이어진다. (사람들이 그들의 오랜 구매 습관으로 돌아오게 하려면 땅콩버터의 가격이 내려가야 한다.) 이와 대조적으로 금융 시장에서는, 증가한 수요가 동력이 되어 현재 상승한 가격은 그 자체로 미래의 더 많은 수요를 조장하는 경향이 있고, 그렇게 함으로써 미래의 가격이 계속 훨씬 더 높이 오르게 한다. 이런 종류의 피드백이 발생하는 것은 이를 보장하는 어떤 독립된 검증과도 상관없이, 현재 수요의 증가와 그에 수반되는 가격 상승이 미래 가격 상승에 대한 시장의 확신을 보여 주는 신호로 여겨지고, 그에 따라 구매 증가를 부추겨서 그 자체로 추가적인 가격 상승을 돕기 때문이다.

이 두 방식 모두에 의해—금융 시장에서 미래에 대한 예상이 그러한 미래를 창조하는 것을 돕기 때문에, 또한 그러한 예상이 자체 추동하는 피드백 고리(feedback loop)를 쉽게 발생시키기 때문에—금융 시장 안에서 미래의 현재는 사실 현재의 미래 안으로 함몰되는 경향이 있다. 미래가 현실로 드러나는 모습은 시장 참여자가 그러하리라고 예상한 그대로이거나 바랐던 것 이상인 경우가 많다.

물론 이것도 미래가 예상한 대로 순순히 드러날 때까지다. 예를 들어, 그러한 시장 역학에 의해 주식 가격은 마침내 기업의 실제 수익성 증가에 의해 대체적으로 정당화될 수 있는 정도를 훨씬 넘는 지점까지 부풀려진다. 그렇게 되면 가격은 별안간 역방향을 향하고, 이제 부정적 종류의 피드백 고리가 나타날 가능성이 커진다. 가격은 바로 그 동일한 기업 수익성 평가가 보장하는 수치 훨씬 아래까지 자기 추동적 방식으로 가파르게 하락한다. 금융 시장에서 그다지 현재 가격 설정에 반영되는 요소는 아니지만, 정말로 금융 종사자들은 미래가 예상과 다를 수 있음을 잘 안다. 지식이 의식의 최전방에 있지는 않을지라도, 그들은 현재 (예를 들어) 미래의 변동성의 가격을 책정하는 데 사용되는 모델이 부정확한 것으로 드러날 수 있고 그렇게 된다면, 그리고 그렇게 될 때 그 결과는 매우 파괴적일 가능성이 높음—단지 그러한 가능성을 현재의 가격 요인에 포함하지 않았기 때문에—을 분명히 아는 것이다. 100만 년의 기간 동안 단 하루 만에 주식 시장에서 2천 포인트가 하락하는 일이 발생할 수 있다고 예상하는 사람은 아무도 없다(그러한 가능성을 계산할 때, 시장 가격이 종형 곡선, 곧 평균값에서 멀어질수록 발생 확률이 급격하게 감소하는 원칙을 따른다고 추정한다면 말이다). 그런 사실 자체가 그러한 하락이 혹 일어났을 때 그 하락을 훨씬 더 파괴적으로 만든다. 사람들은 바로 그런 가격 하락이 다가오고 있음을 보지 못한 채 열성적으로 주식을 사들이기 때문이다. 모든 사람이 신중하기보다는 시장에 너무 많이 투자하면서 가격이 지속 가능한 수준보다 훨씬 위로 올라가고, 그 과정에서 모든 사람에게 너무나도 크고 파괴적인 결과를 끼칠 가격 하락 발생 가능성은 더더욱 높아진다.¹⁷

금융 시장—파생 금융 시장—의 많은 주요 혁신은 미래가 예상한 것과 다르게 나타날 수 있는 바로 이 가능성에 대비한 대비책으로 기획되었다. 예를 들어, 미래에 어떤 자산의 가격이 내가 지불하고 싶은 가격보다 더 많이 올라갈 것을 염려해, 그러한 미래 시점에 미리 정해진 가격을 내기로 하는 약정을 지금 맺을 수도 있다. 그때 가격이 지금 약정한 가격보다 더 높으면 그 사람은 약정한 것과 미래의 실제 가격 사이의 차액만큼 이득을 본다. 미래의 실제 가격이 과거에 지불하기로 동의한 가격보다 더 낮은 것으로 드러날 경우 그 사람은 그 차액만큼 손해를 보고, 내지 않아도

됐을 액수만큼 더 내야 한다. 그러나 적어도 그런 선물 거래를 취득함으로써, 우리는 미래의 가격이 우리가 내고 싶은 액수보다 더 높을 수도 있는 가능성에서 자신을 보호한다. 혹은 단순히 미래의 어떤 시점에 특정 가격을 지불하는 옵션을 사기 위해 지금 돈을 지불할 수도 있다. 그 옵션은 시간이 흘러 미래의 실제 가격이 약정한 가격보다 높지 않은 이상 사용하지 않아도 된다. 물론 그때의 가격이 옵션 상의 가격보다 낮아서 그런 계약이 쓸모없게 될 수도 있지만, 적어도 그런 옵션을 사는 것은 약정된 가격보다 더 많이 내야 할 수도 있을 가능성으로부터 보호해 준다.

이러한 약정들—한 경우는 선물에 관한, 또 다른 경우는 옵션에 관한 약정—은 이런 식으로 예상한 미래와 실제 미래 사이에 차이가 있을 가능성에 근거를 두는 동안 그 자체에도 가격이 매겨질 필요가 있다. 미래에 지금 내고 싶은 가격보다 더 많이 내지 않을 수 있게 보장해 주는 대가로 사람들은 얼마를 내려고 할까? 혹은 반대로 그러한 선물 약정의 상대 당사자가 되는 대신, 가령 그 약정의 목표 금액이 미래에 실제로 그 자산을 팔 수 있었던 가격보다 훨씬 낮을 수 있는 위험 부담을 떠안는다면 얼마를 요구해야 할까? 그러한 질문에 답하고 옵션과 선물 약정 자체의 가격을 제시하기 위해서는, 그러한 약정이 관여하는 자산의 미래 가격이 오르거나 내릴 수 있는 가능성의 범위를 믿을 만하게 예측할 수 있는 방법이 있어야 한다. 정말로, 특정 범위 내에서 그러한 자산 가격의 미래 변화량에 매겨진 확률의 정확도에 대해 높은 수준의 확신이 있을 때에만 이러한 파생상품들에 가격이 매겨질 수 있다. 앞서 살펴본 종류의 미래의 변동성 계산은 이런 이유에서 특별히 파생상품 시장과 가장 직접적인 연관이 있다. 그러한 파생상품이 직접적으로 관여하는 것이 바로 변동성이 가져오는 위험 부담과 가능한 보상이기 때문이다. 이 파생상품들은 특별히 변동성을 다루도록 고안되고, 그렇기 때문에 변동성에 가격을 매기는 능력이 필요하다. 그러나 앞서 논한 것처럼, 미래의 변동성에 신뢰할 만하게 가격을 매기는 것은 미래의 현재를 현재의 미래 안으로 함몰시키는 일을 수반한다. 애당초 그 둘 간의 차이가 무엇보다 파생상품에 대한 필요를 야기했음에도, 바로 그 파생상품의 가격을 매기는 과정에서 극심한 함몰이 다시 일어나는 것이다.

짧게 말해, 미래의 가격 변동에 가격을 매기는 데 관심을 갖는 파생상품이 만들어지기 위해서는, 특정 범위 내에서 미래의 가격 변동 확률이 신뢰할 만하게 계산되어야 한다. 이러한 파생상품을 취급하는 시장이 존재하려면, 그러한 확률은 단순히 미지로 남아 있을 수 없다(금융 시장에서 그러한 변동이 얼마나 급격히 일어나는지가 그러한 확률이 존재한다고 생각할 만한 이유를 제공한다 해도 말이다). 하지만 그러한 미래의 변동성을 신뢰할 만하게 계산하는 것은 이미 살펴본 것처럼 오직 미래가 과거와 상당히 비슷할 경우에만, 즉 과거의 변동성이 미래의 변동성을 위한 확실한 증거로 사용될 수 있을 때만 가능하다. 이런 이유로, 미래의 예측이 빗나갈 수 있는 가능성은 다시 한번 시야에서 사라진다. 그러한 생각은 현재 파생상품의 가격을 산출해야 하는 필요에 떠밀려 고려 대상에서 제외된다.

정말로, 심지어 그 가격을 책정할 필요에 따라오는 결과 외에도, 파생상품은 미래가 우리가 원하는 모습과 전혀 다를 수 있는 가능성을 차단함으로써 우리를 놀라게 할 수 있는 미래의 능력을 길들이는 것과 아주 밀접한 연관이 있다. 예를 들어, 파생상품은 우리가 현재와 미래 간 차이를 통해 돈을 벌 수 있게 해 주는데, 그런 차이가 어떤 것이든, 차이의 정도가 크든 작든, 그 차이의 방향이 위를 향하든 아래를 향하든 상관없다. 따라서 미래의 모습이 어떤 것이든 우리는 다 좋다. 미래가 손실을 입힐 수 있는 잠재력은 돈을 받고 그것을 길들여 주겠다고 제안하는 금융 기관에 의해 처리될 수 있기 때문이다.

따라서 예컨대 구입한 자산의 가치가 미래에 올라가야만 그 투자가 수익을 낼 수 있다면, 가치가 하락할 경우 보상을 보장해 주는 파생 약정을 취득할 수 있다. 미래에 어떤 결과가 나오든 모든 경우에 우리는 이익을 보는 것이다. 이런 방식으로 파생상품은 어떤 방향으로 돈을 걸든 실패를 대비할 수 있게 해 준다. 금융 시장의 변동성 때문에 그러한 방향성을 띠는 투자는 실패 가능성이 높은 경우가 많다는 것이다.

다시 말해, 파생상품은 금융 시장 변동성의 하방 리스크에 대비한 일종의 보험에 해당한다(상대측이 사실상 보험료 형태를 띠는 현재의 수익을 대가로 그러한 하방 리스크를 떠맡는 것이다). 그러나 말하자면 화재나 홍수에 대비한 평범한 보험 약정이 우리가 일어나지 않기를 바라는 일이 일어날 경우 보험금을 받게 해 주는 것과 달리, 파생상품은 그 소유자가 그 파생상품이 보험 역할을 하는 그 자산에 반드시 관심을 갖지 않아도 된다. 이는 아주 작은 시장의 변동성에도 잠재적으로 큰 수익을 거둘 수 있게 해 준다. 자산 가치 하락에 대비한 보험 약정 자체의 비용만 지불하고 그 보험이 적용되는 기초 자산은 매입하지 않아도 되기 때문에, 그런 가치 하락이 일어날 경우 얻게 되는 잠재적 수익은 순수익이다. 다시 말해, 파생상품은 다른 사람들의 삶과 주택을 대상으로 하는 보험 약정과 마찬가지다(따라서 단순한 도박이 된다). 약정에 따른 보상금은, 우리가 집을 잃었을 때 보험이 그 손실을 상쇄해 줌으로써 보험을 들지 않았을 경우 입었을 손실보다 훨씬 적은 손실을 보게 해 주는 식으로 어떤 실제 손실도 상쇄해 줄 필요가 없다. 오히려 어디에도 매이지 않은 채 단지 배분금만(약정 자체 비용을 뺀 만큼) 즐긴다. 아무리 작은 금액이라도 거의 모든 보상금이 큰 이익으로 돌아오는 능력을 갖는다.

일반적으로, 파생상품은 선택을 제한하는 미래의 능력을 길들인다고 약속한다.[18] 일단 발생하면 그에 대해 우리가 할 수 있는 것은 아무것도 없다는 사실에도 불구하고, 파생상품은 미래를 제한이 아닌 열린 가능성의 원천으로 만든다고 주장한다. 미래에 어떤 자산이 어떤 가격으로 오를 텐데 지금 파생 약정을 취득하는 것은 미래에 그 가격을 내지 않아도 된다는 의미다. 선물 약정을 취득함으로써, 미래에 우리는 지금 우리가 그때 내고 싶은 가격이라고 자유롭게 결정해 놓은 대로 내면 된다. 혹은 옵션을 구입함으로써 선택권을 열어 놓을 수도 있다. 이런 방식으로 파생상품들은—적어도 겉보기에는—미래의 가능성의 범위를 확장하는 돈처럼 작동한다. 우리는 미래에 어떤 일이 있을지, 우리가 무엇을 필요로 하거나 원할지 알지 못한다. 그렇다면 우리의 장기적인 필요와 욕망이 무엇일지 안다고 가정하고 그렇게 함으로써 그 장기적인 필요와 욕망을 배제한 채 지금 무언가를 구매하는 데 자금을 소모해 버리기보다, 그러한 현금 자산을 유지하는 것이 최선이다.

파생상품은 미래가 결코 우리를 이기지 못하리라는 약속을 들이민다. 파생상품을 활용함으로써 우리는 미래에 어떤 일이 일어나든 대비할 수 있다는 것이다. 무슨 일이 일어나든, 우리는 수익을 낼 수 있는 가능성을 보유한다. 요약하면, 파생상품은 삶을 붕괴시키는 가능한 원천으로서의 미래, 우리의 삶이 균형을 잃게 만들 수 있는 능력을 가진 어떤 것으로서의 미래를 차단해 준다고 약속한다.

파생상품이 이 약속을 지키는 방법은, 무엇보다 미래를 이미 예상되었고 예기적으로 이미 처리된 무언가로 만드는 그 능력을 통해서다. 미래를 현재로 가져와 지금 처리함으로써 허를 찔리지 않게 하는 것이다. 우리는 미래를 현재 위에 겹치게 접어 버림으로써 그것이 가진 파괴적 잠재력을 상쇄시킬 수 있다. 평정을 연습하기 위해 일어날 수 있는 최악의 일을 현재 상상하는 강한 스토아주의 성향처럼, 우리는 현재 우리의 자산 배분에서 가능한 최악의 미래 시나리오를 상상하고 그 최악의 상황이 벌어질 경우 그 효과를 상쇄하기 위한 조치를 지금 취하기 위해 파생상품을 사용할 수 있다. 예를 들어, 미래에 그러한 재앙의 시나리오가 나타날 경우에 큰 보상을 받을 수 있는 파생상품을 지금 구매하라는 것이다. 죽음을 미리 준비하는 스토아주의 실천의 현재 지향적 핵심처럼—그 핵심은 예상치 못한 사건의 선수가, 닥칠 수 있는 모든 일에 통달한 자가 되도록 지금 우리를 훈련시키는 것이다—미래를 미리 준비하는 일의 핵심은 많은 부분, 그 결과로 현재 파생상품을 구입하는 올바른 습관, 즉 금융 설계를 통해 실행되는 일종의 신중함을 발전시키는 것이 된다.[19]

혹은 미래에 실제로 어떤 일이 일어나든, 특정 결과를 끝까지 책임지는 것에 대한 일종의 거부와 다름없는 파생상품—예컨대 옵션—을 활용함으로써 목표에 빙 둘러서 갈 수도 있다. 그런 경우, 우리는 예측하려고 시도조차 하지 않는 미래의 어떤 손실에도 대응할 수 있는 방법으로서, 그 자체로 자유롭고 열린 가능성을 예시하는 것처럼 보이는 파생상품을 산다. 파생상품은 유연성 있는 능력을 연마하는 사람들이 변동하는 직업 시장에서 훌륭하게 대처하기를 바라는 것과 비슷한 방식으로, 잠재해 있는 파괴적 미래를 제거해 준다고 약속할 것이다. 그들은 자신들의 선택 가능성을 계속 열어 놓고 한 바구니에 달걀을 모두 담지 않음으로써 어떤 것에든 준비 태세를 갖춘다. 다시, 스토아주의—이 경우에는, 실망을 피하기 위해 (덕을 제외한) 어떤 것도 유보적 태도 없이 선택하기를 거부하는 연습—처럼 파생상품, 특별히 옵션은 미래에 현실화가 어려워질 수 있는 일들에 대한 의구심 없는 어떤 선택도 거부할 수 있게 해 줄 것이다.[20] 내가 소유한 이 자산의 가치가 미래에 오르면 좋겠지만, 미래가 그러한 가능성을 배제하더라도 나는 괜찮다. 나는 손실액을 제한하는 나의 옵션을 사용할 것이다. 나는 나의 현재 투자 결정에 따라 내가 바라는 특정한 미래에 나 자신을 헌신하지만, 이 헌신에는 미래가 반대로 드러날 경우 나의 투자에 대한 손실을 대비하기 위해 지금 취득하는 파생상품으로 대표되는 유보 조건이 반드시 수반되어야 한다.[21]

불행히도, 적어도 금융 시장의 경우 그러한 이빨 빠진 미래에 대한 약속들은 내가 이미 제시한 이유로 허위임이 드러난다. 장차 올 미래는 미래에 대한 현재의 예상을 그대로 따르지 않을 가능성이 높으며, 이는 많은 부분 그 예상이 과거와 미래 사이에 보장된 연속성보다 더 큰 연속성을 가정하는 계산에 기초하기 때문이다. 다소 역설적인 것은, 미래를 길들이는 파생상품의 능력을 더욱 확신할수록 사람들은 더욱 경솔해져서 부담해야 할 정도보다 더 많은 위험 부담을 떠안고—정말로, 시장의 피드백 고리에 따라, 더 많은 위험을 감수할수록 다른 사람들도 더 많이 그 위험을 감수한다—그럼으로써 미래에 뜻밖의 파국적 상황들이 벌어질 가능성을 더욱 키운다. 열린 가능성의 미래를 약속한 바로 그 파생상품에 의해 조장된 예상치 못한 뜻밖의 재앙은 이제 모든 가능한 옵션을 차단한다. 예를 들어, 상황은 이제 너무 불안정해져서 그런 파생상품이 더 이상 어떤 가치가 있는지 아무도 모르거나—가격을 매길 수 없게 된다—너무 비싸지고, 이제는 전에 생각했던 것보다 훨씬 더 일어날 가능성이 커진 사건들에 의해 그러한 실패가 증명되며, 아무도 파생상품을 살 수 없게 된다. 게다가 그런 뜻밖의 파국이 오면, 열린 미래를 보장하도록 기획된 금융상품들은 쓸모없어진다. 예를 들어, 주요 시장의 붕괴가 일어나면, 그러한 하락세의 위험 부담을 떠맡은 상대측의 손실이 너무 광범위한 나머지 보상금을 지급할 수 없게 된다. 투자자들이 살아남을 수 있도록 그러한 금융상품들이 도와야 할 바로 그 상황에서, 그야말로 보상금을 지급할 충분한 돈이 없는 것이다.[22]

미래에 대한 기독교의 소망

스토아주의가 기독교에 미친 모든 영향 때문에, 일반적으로 그리스도인들은 오늘날 금융 시장의 행위자들처럼 파괴적인 미래를 상쇄하거나 지배하기 위한 조치를 취하지 않는다. 미래가 의미하는 것이 그리스도의 영이 주시는 선물―부활의 생명―을 통해 오는 궁극적 변화라면 말이다. 이는 단순히 그리스도인들이 그러한 미래의 유익한 성격을 확신하기 때문만은 아니다. 왜 절대적으로 기쁠 미래를 대비하기 위해 지금 조치를 취하겠는가? 그리스도인이 기대하는 미래에는 잠재적 와해의 강력하게 부정적인 풍미와, 그렇기에 앞을 내다보면서 그 결과를 무효로 만들기 위해 노력하는 일을 타당하게 만드는 무언가가 들어 있다. 이는 단지 그리스도인들이 때때로 미래가 누군가에 대한 저주를 포함하고 있다고 생각하기 때문은 아니다. 그 미래에는 그때에도 우리 안에 여전히 남아 있을 모습, 곧 죄인들인 우리 존재로부터 우리 자신을 떼어 내야 하고, 그렇게 해야 하는 정도에 비례하여 순전히 자비로운 종말―보편적 구원―조차 아주 부정적인 색조를 띠게 된다. 더 많은 죄가 우리의 정체성을 구성하고 우리를 식별하는 특징일수록, 은혜의 변혁적 효과는 마치 일종의 고문처럼, 즉 다른 식으로 존재하는 우리의 모든 것과 우리가 부적절하게 사랑하는 모든 것으로부터 우리를 억지로 찢어 놓는 일처럼 느껴진다.[23]

보다 덜 죄인이라면 장차 올 이러한 파열적 효과를 '다스릴' 수 있을 것이다. 예를 들어, 지금 도덕적 자기 개선의 형태를 띠는 준비를 함으로써 종말을 조금 덜 고통스럽게 만드는 것이다. 그러나 종말 이전의 그리스도인의 삶의 특징은 반드시 언제나 고백과 회개를 포함한다고 믿는(나도 그렇게 믿는다) 그리스도인은—또한 그러한 지속적인 참회의 실천에서 자라나는 정직한 자기 인식을 약간이라도 지닌 그리스도인은—일반적으로 이번 생애에서는 그러한 노력이 많은 것을 달성할 수 있으리라고 기대하지 않는다. 경험상 이 세상의 삶에서 의롭다고 주장하는 그리스도인의 때 이른 확신은 인정받지 못하는 경우가 너무 많다. 그리스도인들은 그리스도 안에서 성령의 열매가 그들의 철저한 변혁을 가능하게 하기에 충분하다고 확신하는 반면, 지금 용서받았더라도 여전히 죄는 어떤 이유에서든 대부분의 그리스도인의 삶에 놀라울 정도로 현저하게 남아 있다. 짧게 말해, 이번 생애에서는 목표 달성에 대한 기대를 뒷받침하기 위한 증거로 지금까지 일들이 얼마나 잘 이루어져 왔는지를 내세우기가 어렵다. 정말로, 적어도 겉으로 드러나는 많은 방식에서 세상은 그리스도의 성육신 이후가 그 이전보다 분명히 알아볼 정도로 더 나아진 것처럼 보이지 않는다. 그리스도인들이 신앙과 그리스도를 향한 사랑 안에서 그분과 연합했을지는 몰라도, 지금까지 그리스도 안에서 가능해진 새로운 존재 방식을 향해 특별히 대단한 도덕적 진보를 이루지는 못한 것이 틀림없다. 그들의 도덕적 성취에 대한 기록은 종교 규율을 성실히 지키는 유대인이나 의로운 비신자와 비교할 때 자랑할 만한 것이 거의 없다. 그 한 예로, 홀로코스트는 그러한 어떤 허세도 분명 겸손하게 만든다.

그러나 지금까지 그리스도인들의 삶에서 이루어진 상당한 정도의 도덕적·영적 진보를 생각할 때에도, 이 역시 여전히 은혜의 선물이다. 이 은혜에 대한 의존성은 그러한 진보를 단순히 자기 변혁 노력에 의한 자체 추동적 과정으로 여기는 것을 근본적으로 차단한다. 정말로, 성취된 어떠한 변혁의 토대도 새롭게 창조된 자기 지배 능력이라는 형태로 단순히 인간에게 귀속될 수 없다. 다른 삶을 살아 내는 그들이 보여 주는 어떤 능력에 대해서도, 인간은 그들 안에 계신 그리스도의 영께 늘 의존한다. 성령의 창조되지 않은 은혜가 하나님께 전념하고 이웃을 사랑하는 새로운 인간 기질의 형태를 띠는 모든 창조된 은혜 뒤에 언제나 자리 잡고 있다. 인간을 초월한 것에 대한 이 끊임없는 의존은 그러한 변혁 과정의 궁극적 결말에서 더욱 뚜렷하게 드러난다. 도덕적 의와 달리 영생은, 혹은 하나님 자신의 생명을 누리는 일은 원칙적으로 인간의 능력 자체를 통해 우리가 얻을 수 있거나 심지어 점증적으로 접근할 수 있는 어떤 것이 아니다. 언젠가 그 능력이 그 자체로 아무리 증진된다고 해도 말이다.

게다가, 미래의 어떤 불리한 영향도 유보 조건을 붙여서 기꺼이 수용하는 스토아주의와 금융의 전략과는 대조적으로, 그리스도인이 기대하는 궁극적 결말에는 빙 둘러서 가는 일이 있을 수 없다. 그때에는 다른 모든 가능성이 하나님에 의해 차단될 것이다. 죽음이 모든 가능성을 차단하는 것과 아주 비슷하게, 마지막 날에는 '우리의 옵션을 계속 열어 놓는' 것이 불가능하고 어떤 책략의 여지도 없을 것이며, 따라서 그런 것을 보장하는 조치를 지금 취하는 것은 아무 의미가 없다.

부분적으로는 그리스도인들은 금융 시장이 미래를 통제하기 위해 취하는 어떤 종류의 조치도 취하지 않기 때문에, 그들이 기대하는 미래는 인간에게 적합한 미래가 아닐 수 없다는 점 외에는 현재와 가능한 한 근원적으로 다른 채로 남아 있다. 일반적으로 그리스도인들은 현재와 미래 간의 그러한 근원적 차이에 대해 반응하면서, 금융 시장이 부추기는 반응들과는 달리 그러한 차이를 좁히기 위해 아무것도 하지 않는다.

그리스도인이 미래를 그 자체로 특별한 관심의 대상으로 만드는 것은 금융 시장이 그렇게 하는 일반적 이유와 같다. 그리스도인은 미래가 현재 삶을 살아가는 방식과 상당히 다르리라 예상한다. 또한 미래에 일어날 일이 그들의 운명에 엄청난 영향을 끼치리라 예상한다. 그렇기에 미래를 고려하는 것은 현재를 고려하는 것 안으로 함몰될 수 없다. 현재 세상의 방식에 대해 아는 것은 어느 날 오게 될 미래에 관해 그다지 많은 것을 말해 주지 않기 때문이다. 미래는 그 자체로 특별한 관심을 요한다.

오히려, 기독교에서는 금융 시장에서 미래를 고려하는 일반적인, 이미 강조된 이유가 더욱 강조된다. 영원한 생명이나 영원한 고통의 전망을 실어 오는 것보다 더 중대한 중요성을 갖는 미래는 상상하기 어렵다. 그리고 그리스도인들은 부활의 삶이 (적어도) 우리가 지금 살아가고 있는, 여전히 윤리적·육체적 부패를 특징으로 하는 삶과는 가능한 한 다르리라고 기대한다. 우리는 그것을 얻기 위해 정말로―비유적으로나 궁극적 의미에서 문자적으로나―죽음을 통과해야 한다.

마지막 때에 인간 존재 자체의 궁극적 변화가 아무리 근원적이라고 하더라도, 우리는 여전히 유한한 피조물로 남을 것이며, 단지 인간적 잠재력이 마침내 완성되는 것이다. 그러나 그럼에도 그리스도 안에서 이미 우리가 소유한 하나님의 생명을 언젠가 실제로 살아 내게 되는 한, 우리의 존재 방식 전체가 밑바닥에서부터 변화될 것이다. 우리는 지금도 그런 것처럼 단지 그리스도의 영을 우리의 것으로 소유할 뿐 아니라, 우리의 삶 전체가 전에는 예상할 수 없었던 방식으로 투명하게 그 사실을 드러낼 것이다.

이것이 인간 운명에 대해 지니는 엄청난 중요성 때문에 믿을 수 없을 만큼 관심의 대상이 되는 것이 명백함에도, 바로 이 이유로 인해 대부분의 기독교 신학자들은 종국에 올 것을 기술하는 자신의 능력에 대해 계속 신중한 자세를 견지한다. 미래에 대한 진술—우리의 육체는 무형일 것인가? 아마도 구형(spherical)일 것인가? 등—은 언제나 매혹적이지만, 가장 중요한 측면에서 순전히 사변적으로 남아 있다. 우리의 궁극적 미래의 상태가 지닌 특징은 종종 인정되듯 알 수 없으며 그야말로 상상 불가능하다. 미래는 단순히 현재를 대체하는 게 아니라 현재와 가능한 한 근원적으로 다를 것이기 때문이다. 미래가 유한한 피조물인 인간 자신의 잠재력의 단순한 연장이 아니라 말 그대로 하나님이 깃들어 계신 삶을 표상하는 것임을 고려할 때, 우리가 무엇을 근거로 그러한 미래를 상상할 수 있다는 말인가?

종말에 우리가 살게 될 삶의 특징이 미지로 남아 있다고 해도, 그리스도인들은 장차 부활의 삶이 오리라는 사실을 의심하지 않는다. 그리스도의 오심이 이를 보장한다. 부활의 삶이 어떨지 정확히 알 수는 없어도, 우리는 그리스도께서 성취하신 것을 근거로 언젠가 우리도 부활하리라고 확신할 수 있다. 그리스도 안에서의 확신에 근거를 두기 때문에, 이 미래의 확실성은 과거와 현재의 인간 삶의 특징을 일반화함으로써 얻는 데이터에 근거한 어떤 계산에도 의존하지 않는다. 금융 시장의 경우에서 보았던 것처럼, 그러한 계산은 현재와 미래의 인간 삶 사이의 중대한 연속성을 그림 안으로 다시 가지고 들어온다. 짧게 말해, 그리스도인들은 그 미래를 확실히 하기 위해 현재와 미래 사이의 간격을 좁힐 필요도, 그 연속성을 주장할 필요도 없다.

(이른바) 계산을 해 본다면, 그리스도인들이 기대하는 미래의 확률은 그런 데이터를 사용했을 때 정말 거의 무에 가깝다. 그리스도의 재림과 그에 따르는 죽은 자들의 보편적 부활은 그 당시 그리스도의 성육신에 비해 지

금이라고 해서 더 있을 법하지 않다. 즉, 그 두 사건 이전의 인간 삶의 성격을 고려할 때, 이런 일들은 어떤 것보다 일어날 가능성이 낮은, 아예 일어날 가능성이 없는 것처럼 보인다. 이런 식으로, 앞서 일어난 그리스도의 오심이라는 예측할 수 없는 놀라움을 마음에 늘 두는 그리스도인들은, 금융 시장에서의 위험 평가를 그토록 일반적으로 괴롭히는 사후 과잉 확신 편향(hindsight bias)에 대해 유난히 강한 면역성을 갖는다. 2장에서 주장했듯, 그리스도인들은 일반적으로 그들 자신과 구원 역사에 대해 말할 때 과거의 관점에서는 그 미래가 예측할 수 없을 만큼 얼마나 놀랍게 보이는지 강조한다. 그들은 일반적으로 과거를 회고하는 것을, 이전의 순차적 사건들에서의 불연속적 비약을 매끄럽게 연결하기 위해서가 아니라 그러한 비약을 강조하기 위해 사용한다. 그렇기에 과거로부터 교훈을 찾는 그들은 과거의 관점에서 현재가 그랬던 것처럼 미래가 현재의 관점에서 덜 놀랍게 보이리라고 생각할 이유가 전혀 없다.

더 나아가, 그리스도인들이 소망하는 것이 이루어질 가능성은 이제, 그리스도의 은혜가 인간 삶에서 드러나는 일에서의 진보가(일단 상당한 진보가 이루어졌다고 가정하면) 이루어진 정도에 따라 높아지지 않는다. 완벽하게 은혜를 드러내는 삶의 최종적 성취에 대한 소망을 주는 것은 지금까지 이룬 진보의 정도가 아니라 지금도 그리스도의 영을 통해 일하시는 그리스도 자신의 능력이다. 미래에 그러한 완벽하게 은혜로 충만한 삶이 성취될 가능성은 인간이 그 은혜를 드러내는 데 성공했음을 보여 주는 지금까지의―혹은 언제까지라도―증거에 의해 단순히 증가하거나 감소하지 않는다.

정말로, 기독교적 이해에 따르면 미래에 마침내 오게 될 일은 단순히 수단/목적 계산에 종속될 수 있는 종류의 것이 결코 아니다. 주식 시장에 투자를 하면 채권에 투자하는 것보다 연간 10퍼센트의 수익을 얻을 가능성이 더 높아지는 것과 비슷한 방식으로, 내가 이것을 하면(도덕적으로 행동하면) 그것(영생)을 얻을 가능성이 더 높아지리라고 생각하는 것은 말이 안 된다. 어떤 수단/목적 계산에서도 도덕적으로 되는 것이 하나님 안의 생명에 이르는 수단이 될 수는 없는데, 도덕적으로 되는 것 자체가 지금 하나님 안에 있는 생명의 선행적 효과이기 때문이다. 우리로 하여금 지금 도덕적일 수 있게 하는 것은 우리가 미래에 충만히 드러나기를 바라는 그 동일한 것—하나님 안에 있는 생명—이다. 하나님 안에 있는 생명은 우리가 지금 누리는 무언가—그리스도께서 이미 성취하신 것—이고, 그렇다면 그 생명을 얻기 위해 행한 행동의 결과일 수 없다. 하나님 안에 있는 생명이 우리의 행동이 가져오는 결과이기보다, 오히려 그러한 행동 자체가 그 생명의 결과다. 그리스도에 의해 보장되는 하나님 안에 있는 생명이 바로 지금 우리가 다르게 살아가기 위해 의존하는 힘이다.

이런 이유로, 그리스도인에게 미래는 여전히 엄청나게 중요한 반면, 그들은 그 자체를 미래 예상의 직접적 대상으로 삼지 못할 때가 많다. 미래 예상이 의미하는 바가, 세상의 현재 상태를 고려할 때 미래가 담고 있는 것이 무엇일지에 대한 불안한 관심이라면 말이다. 다시 말해, 그리스도인들은 쇠렌 키르케고르(Søren Kierkegaard)의 뱃사공처럼 그들이 움직이는 방향을 향해 등을 돌리고 앉은 채로 매 순간 삶을 다르게 살아가는 임무를 계속해 가는 사람들이다.[24] 우리의 진보나 결핍을 평가하기 위해 장차 올 미래 자체에 직접 관심을 돌리는 것은 그 미래를 어느 정도 계산에 종속된 대상으로 만드는 것이고, 따라서 거기에 이르는 방법을 근본적으로 오해하는 것이다. 우리가 이르려는 목적지를 직접 보기 위해 몸을 돌리는 것은 목적지에 조금도 더 빨리 도착하게 해 주지 않는다. 그렇게 하는 것은 단지 우리가 가야 할 방향으로 노 젓는 일을 방해할 뿐이다. (죄로 물든 것이든 아니든) 인간 능력의 범위를 초월한 인간 삶의 변혁을 이루는 동력은 우리 안에 계시는 그리스도의 영의 임재에 의해 공급되는 능력이기에, 목적지에 도착하는 것은 하나의 존재 방식 전체에서 다른 방식으로의 일종의 도약—우리가 지금 죄와 싸우면서 살아가는 삶으로부터 하나님 자신의 생명에 대해 완전히 투명한 삶으로의 도약—을 포함한다. 그러한 새로운 삶에 도달하는 것이 일차적으로 노 젓는 기능을 하는 우리 자신의 동력에 달려 있다고 믿을 때, 우리는 얼마나 더 멀리 가야 하는지 보기 위해 뒤를 돌아보고 그 과정에서 그 목표 지점을 인간의 성공으로 더 가까이 갈 수 있는 어떤 곳, 그러한 성공들이 근접해 있는 어떤 것, 순수하게 창조된 축을 따라 점증적으로 접근해야 하는 문제, 단순히 똑같은 것이 더 많아지는 것으로 오인하게 된다. 그렇게 함으로써—역설적으로—우리는 그 미래를 다른 종류의 미래와 대체하여 그 미래가 오는 것을 지연시킨다. 그 미래가 올지 불안해지고, 그러한 전환은 그 미래가 올 가능성을 낮춘다고 위협한다.

여기서 내가 주장한 것—기독교적 사고 안에서 현재와 미래의 차이가 지니는 완전한 근원적 성격—은 정말로 폭넓게 인식되며 (예컨대 마르크스주의자들에 의해) 자주 적대적으로 비판되는 주제가 되기도 했다. 그런 비판에 따르면, 지금과 그때 사이의 근원적 차이는 그리스도인들에게 순전히 보상적으로 드러나고, 이는 그러한 극명한 차이를 개탄하도록 돕는 바로 그 조건과 그리스도인들이 화해하게 만든다. 그러한 끔찍한 조건을 개선하기 위해 지금 할 수 있는 일이 아무것도 없다고 해도 걱정하지 마라. 종국에는 모든 것이 다 괜찮아질 것이고 그런 끔찍한 환경들은 우리 자신의 것이 아닌 수단에 의해 이제 역전될 것이다. 혹은, 더 나쁜 경우에는, 상황을 개선하기 위해 지금 할 수 있는 일이 있다고 해도 노력하지 말고 모든 것을 하나님께 맡겨라.

내가 발전시켜 온 신학적 입장에서 말하는 것처럼, 장차 올 미래를 가장 중요한 면에서 현재 안으로 끌어올 때 기독교적 소망은 이런 식으로 보상적으로 드러나지 않는다. 모든 것을 근원적으로 변화시키기 위해 필요한 은혜가 존재하며, 그 은혜는 지금 세상 안에서 역사하면서 인간이 다른 삶을 살기 위해 필요한 모든 것을 인간에게 공급하고 있다. 따라서 우리에게는 지금 여기에서 저기로 갈 수 있는 방법이 있다. 변화의 동력—그리스도 안에서 생명이 되는 동력—은 미래에 영원히 우리의 것이 될 텐데, 그와 마찬가지로 지금도 우리의 것이기 때문이다. 이런 식으로 장차 올 미래는 가장 가까이 있는 현실적 선물(先物, futures)을 위한 싸움에 자금을 공급한다. 우리는 하나님의 은혜에 기대어, 우리가 살아가는 삶의 성격 안에서 그러한 미래를 드러내기 위해 지금 우리가 할 수 있는 모든 것을 해야 한다. 현재의 세상에서 현실적으로 가능한 것처럼 보이는 데서 시작하지 말아야 할 이유는 없다. 비록 과거는 그러한 수고가 지금 조금이라도 더 성공적이리라 기대할 근거를 그다지 제공하지 못한다고 해도, 이러한 가장 가까이에 있는 노력을 재촉하고 그것이 성공하리라는 희망을 버리지 않게 하는 것은 우리의 궁극적 소망의 기초가 되는 동일한 하나님의 은혜다. 이런 식으로, 가까운 미래에 대한 현재의 소망은 오직 종말에 이르러서야 열매를 맺게 될 먼 미래에 대한 소망에 직접 영양을 공급받는다.

그러나 이런 방식으로 미래를 현재 안으로 끌어오는 것은, 금융 자산의 가격 정하기에서 구조적으로 유사하게 일어나는 움직임과 달리 현재와 미래 사이의 차이를 약화시키는 효과가 없다. 우리는 이제 현재가 된 미래는 단절적으로 현재로 남는다고 말할 수 있다. 하나님의 은혜로서 미래는, 그것을 둘러싸고 있는 죄로 물든 삶이 아닌 모든 것으로 남는다. 정말로, 하나님의 임재로서 미래는 그것을 둘러싼 모든 창조된 것과 절대적으로 다른 채로 남아 있다. 현실적이고 가장 근접한 변화에 대한 소망을 뒷받침하지만, 우리가 궁극적으로 소망하는 것―이 모든 근접한 소망을 이끄는 궁극적 소망―은 전혀 다른 또 하나의 세상이다.

하나님에 대한 투명성이 완벽하게 실현될 그 장차 올 세상의 미래적 상태는, 세상 자체의 경향과 궤적에 관한 무엇으로도 가능하게 할 수 없으며 오직 하나님만 가능하게 하실 수 있는 절대적으로 다른 세상으로 남는다. 이 세상에 잠재한 미래의 가능성이 실현되는 것과는 달리, 이 현재 세상을 장차 올 세상을 향해 끌어당기는 동력은 그 미래 세상에 충만히 드러나는 하나님의 능력이며, 따라서 그 방식은 이 세상 전체와 다음 세상 사이의 영원히 메꿔질 수 없는 간극을 확실하게 한다.[25] 죄와 끊임없이 싸우는 이 세상 전체와 그러한 싸움이 사라진 다음 세상 간의 이 영원히 메꿔지지 않는 간극에도, 이 다른 세상은 파열적 방식으로 모든 현재의 순간 안으로 들어오고 있다. 그렇게 함으로써 그렇지 않으면 불가능했을 역사의 명백한 실패자들이 이룬 역사적 궤적이 형성되어 왔으며, 그들 자신의 시대의 흐름을 거슬러 헤엄치던, 어디에도 도달하지 못한 것처럼 보이던 모든 이로 구성된 역사적 움직임이 형성되어 왔다. 마침내 올 것은 결코 예측할 수 없던 것을 단번에 확고하게 할 것이다. 그들의 노력이 부질없거나 헛된 것이 아니었음을, 또 다른 세상을 가져오기 위한 그들의 노력은 보이는 것처럼 아무것도 이루지 못했거나 아무 결과도 없이 사라져 버린 것이 아님을 분명히 보여 줄 것이다.[26]

이 모든 것에서 얻어야 할 교훈은 무엇인가? 나는 방금 개진한, 미래에 대한 기독교의 설명이 금융 시장에서 미래를 다루는 방식에 대한 대안 모델을 제공한다고 말하고 있는 게 아니다. 마치 금융 시장 내에서 미래에 대한 기독교적 접근을 모방하고자 노력하는 것이 타당한 것처럼, 예를 들어 마치 금융 시장에서 그리스도인들 스스로가 미래에 접근하는 그들만의 아주 다른 방식에 따라 다르게 행동한다면 그러한 금융 시장의 성격이 개선될 수 있기라도 한 것처럼 말이다. 그 대신, 나는 현재와 미래의 차이에 대한 기독교적 접근을 총체적 금융 시장에 적용하고 있다. 즉, 미래에 대한 금융의 접근 방식은 이 세상과 가능한 한 다를 장차 올 완전히 새로운 세상을 선택하기 위해 우리가 남기고 떠나야 할 현재 세상의 일부, 그것이 사람들에게 그들 자신 및 다른 사람들과 관계를 맺으라고 충고하는 모든 기본 방식에서 철저하게 거부되어야 할 세상이라고 제안하고 있다. 그러나 그 세상은 어떤 세상인가?

6장

어떤 세상?

그들은 서로 손발이 맞아서, 서로 힘을 내라고 격려한다. 대장장이는 도금장이를 격려하고, 마치로 고르게 하는 자는 모루를 치는 자를 격려하여 이르기를 '잘했다, 잘했다' 하며, 못을 박아서 우상이 기우뚱거리지 않게 한다. "그러나 나의 종 너 이스라엘아…내가 땅 끝에서부터 너를 데리고 왔으며, 세상의 가장 먼 곳으로부터 너를 불러냈다. 그리고 내가 너에게 말하였다. 너는 나의 종이니, 내가 너를 선택하였고, 버리지 않았다고 하였다. 내가 너와 함께 있으니, 두려워하지 말아라. 내가 너의 하나님이니, 떨지 말아라. 내가 너를 강하게 하겠다. 내가 너를 도와주고, 내 승리의 오른팔로 너를 붙들어 주겠다." (사 41:6-10)

두려워하지 말아라. 주님께서 말씀하시기를 "내가 너를 돕겠다.…내가 너를 날이 날카로운 새 타작기로 만들 터이니…." (사 41:14-15)

내가 이제 새 일을 하려고 한다. 이 일이 이미 드러나고 있는데, 너희가 그것을 알지 못하겠느냐? (사 43:19)

이제부터 더 명시적으로 논하겠지만, 지금까지 이 책에서는 금융 지배 자본주의의 새로운 노동 윤리를 살펴보았고 이 윤리를 기독교, 특히 개신교와 분리하고자 했다. 막스 베버가 기술한 자본주의 정신처럼, 금융 지배 자본주의의 새로운 정신도 여전히 노동 윤리다. 정말로, 금융 지배 자본주의는 (특별히 2장과 3장에서 살펴본 것처럼) 일의 종류에 상관없이 우리가 인간으로서 가진 모든 능력을 최대한 투철하게 발휘할 수밖에 없게 만드는 구조를 띤다. 이러한 노동 윤리는 시간 윤리—오래된 노동 윤리도 그랬지만, 지금은 훨씬 과장된 형태로—이기도 하다.[1] 우리가 어떤 금융 자산이라도 거기서 최대치를 이끌어 내고 가능한 한 가장 능률적이고 비용 효율이 높은 방식으로 수익성 있게 사용하기 위해 관리하는 것처럼, 시간 역시 똑같은 방식으로 1초도 잃지 않고 낭비하지 않기 위해, 말하자면 어떤 시간도 충분히 자본화되지 않은 채 남아 있지 않도록 관리해야 하는 것이다.

남아 있는 논의—이 마지막 장에서 다룰 특별 주제—는 금융 지배 노동 윤리가 매우 도덕주의적인 방식으로 개인화되고 있다는 것이다. 금융 지배 자본주의는 다양한 금융상품을 사용하여 개인을 지목하고, 그 각자가 자신의 운명에 대해 책임지도록, 즉 칭찬이든 비난이든 스스로 짊어지는 사람으로 만든다. 경제적 성공이나 실패는 우리의 개인적 책임이 되며, 우리가 한 인간으로서 어떤 사람인지를 알게 한다. 오래된 개신교 노동 윤리에서 두드러진 특징이었던 개인의 성공이나 실패에 대한 도덕주의적 평가가, 이제 금융 지배 노동 윤리 안에서 더욱 과장된 형태로 재출현하는 것이다.[2]

그 오래된 종교 윤리에서 경제적 성공이나 실패는 우리의 근본적인 개인 성품을 보여 주는 지표—즉, 하나님 앞에서 우리의 특정한 위치를 반영하는 것—처럼 보였다. 성공은 구원을 위해 선택받은 사람의 증표, 실패는 배제의 표시, 이런 식으로 우리를 종교적 방식으로 규정한 것이다. 하나님은 구원을 위해서든 저주를 위해서든 우리를 한 명씩 구별해 놓으셨고, 우리의 경제적 성공이나 실패 역시 그러한 각 개인으로서의 우리의 최종 운명을 드러냈다. 우리는 그것에 대해 개인적으로 책임지게 되었다. 우리의 경제 활동의 성격을 통해 우리의 구원을 확증하기를 바라면서, 우리는 자본주의가 요구하는 대로 열심히 일했다. 경제적 성공을 거두기 위해, 또한 그런 방식으로 경제적으로뿐만 아니라 종교적으로도 우리 자신을 다른 이들과 구별하기 위해서 말이다.

이제 이런 식으로 우리 자신 및 우리의 경제적 운명과 관계 맺는 일은, 자본주의 초기에 자본주의가 꼭 필요로 하던 종교적 뒷받침을 상실했다. 금융 지배 자본주의에서 더 가난한 대다수와 우리 자신을 경제적으로 구별하고자 노력하는 것은, 단순히 거기에 달린 경제적 이해관계만으로도 그 자체로 강력한 동기를 얻는다. 경제적 엘리트(elite)—경제적으로 선택받은(elect) 사람이라고 부를 수도 있다—는 매우 적고, 경제적으로 최상위층과 최하위층 간의 차이는 극심할 수 있기 때문이다. 한쪽의 경우는 일종의 경제적 천국(우주여행에 대한 관심은 차치하더라도 한 개인이 다 쓸 수 없을 만큼 많은 돈), 다른 한쪽은 지옥살이(기껏해야 낮은 임금을 받는 고된 일, 그와 함께 걱정이 끊이지 않는 인생)다.

게다가, 우리 자신과 관계 맺는 그러한 도덕주의적 방식은 이제 다른 사람과 관계 맺는 방식에도 깊이 관련된다. 이전의 개신교 노동 윤리에서도 도덕주의적 자기 이해를 다른 사람에 대한 이해로 연장하는 경향이 분명 있기는 했지만—다른 이들의 성공이나 실패 역시 그들 자신의 책임이었다—다른 사람의 경제생활은 다른 사람의 일이었다. 종교 생활이든 경제생활이든 모두 근본적으로는 하나님과 각 사람 간의 문제로 남아 있었다. 다른 누구도 근본적으로는 아무 상관이 없었다. 유사한 방식으로, 금융 자본주의 정신의 많은 측면도 단순히 우리 자신의 자기 이해를 형성하는 데에만 중요하고, 그것이 다른 이들과 관계 맺는 방식에 대한 함의는 발전되지 않은 채 남아 있을 수 있다고 상상할 수 있다. 정반대로, 이제 보겠지만 새로운 자본주의 정신이 갖는 측면은 우리가 다른 사람들과 관계 맺는 방식에 아주 크고 직접적인 중요성을 갖는다. 정말로 그것은 새로운 자본주의 정신이 갖는 다른 모든 측면의 사회적 차원들을 통합하고 압축해서 보여 준다.

금융 지배 자본주의에서, 우리 자신과 관련해 개인화하는 도덕주의는 다른 사람들과 관계 맺는 특정 방식들을 전제하고 함축한다. 예를 들어, 도덕주의적 방식으로 우리 자신과 관계 맺는 것은, 금융 지배 자본주의가 승자 독식의 경쟁적 시장에서 다른 사람들과의 관계를 조직하는 방식에 의해 부추겨진다. 그리고 그런 식으로 우리 자신과 관계 맺을 때 우리는 바로 그 똑같은 인간관계의 경쟁적 구조를 뒷받침하거나 강화한다.

새로운 자본주의 정신이 지닌 이 측면은 단지 개별 인간뿐만 아니라 그들의 관계도 형성하기 때문에 사회적 세계 전체를 설정하는 일을 한다. 내가 보여 줄 수 있기를 바라는 것은, 그리스도인들에게는 이러한 세계에 반대해야 할 합당한 이유가 있다는 것이다. 나는 우리 자신과 맺는 관계를 다른 이들과 맺는 관계와 통합하는 기독교의 방식이, 이 세계에 근본적으로 의문을 제기하는 완전히 이질적인 다른 세계를 확립한다고 말하고자 한다.

금융 지배 노동 윤리에서 개인의 책임과 경쟁 관계

금융 지배 자본주의가 지닌 몇 가지 특징들은 서로 결합하여, 사람들 각자가 행하는 것과 겪는 것에 대해 개인적으로 책임지라는 요구를 강화한다. 예를 들어, 금융 지배 노동자 관리 기법은 일반적으로 개인에게 책임을 귀속시키는 것을 강화한다. 모든 노동자로부터 최대치를 얻어 내기 위해, 보수는 개인의 노력에 따라 조정된다. 간단히 말해, 효율성 극대화 전략으로 성과급이 표준이 된다.

급여 수준은 공유되는 것을 기본으로 하여 전체적으로 정해지지 않는다. 예를 들어, 급여는 수행하는 업무의 일반적 종류에 따라, 연차 같은 아마도 넓은 범위의 기준에 의해 결정되는 단 하나의 급여 등급 내에서 차이를 두고 정해지지 않는다. 급여 수준은 그룹의 특정 업무 실적에 의해 사례별로 정해지지도 않는다. 말하자면 실적이 좋을 때 그룹 전체가 동일한 상여금을 받는 게 아니다. 업무에 팀워크가 꼭 필요하고 단선적 생산라인이 아닌 네트워크를 통해 업무가 구성될 때—이 모든 것은 개별 생산성 평가를 어렵게 한다—가 많음에도, 개별 실적을 평가하고 이를 개별 임금과 연결 짓기 위해 모든 노력을 기울인다.

팀으로 네트워크를 통해 이루어지는 업무에서 개별 책임을 배분하는 데 따르는 이 어려움은, 금융이 지배하는 일터에서 일반적인 경영 전략에 중요한 내부 갈등을 만들어 낸다. 전산화 기술을 이용하더라도 고용주들은 누가 어떤 일에 책임이 있는지 정확하게 판단하기 어려운 상황에 종종 놓인다. 그러한 계산이 성과급을 결정하는 데 필수적인데도 말이다. 팀워크와 네트워킹은 개인들이 다른 사람이 한 일에 대한 인정과 보상을 가로채는 것을 아주 쉽게 만든다. 따라서 단순히 그룹의 목표 설정만 담당하는 팀의 리더나 상위 관리자가 결과에 기여한 그들의 노력보다 더 많은 공을 그들 자신에게 돌리려는 유혹이 언제나 존재한다. 이른바 인정 가로채기의 불공정성에 대한 혐의는, 실적에 따른 공정한 보상이라는 자본주의 기준에 부응하는 것이 거의 구조적으로 실패하고 있음을 지적하는 금융 지배 자본주의 비판가들 사이에서 빈번하게 대두된다.[3]

복지 제공 비용을 삭감하는, 금융에 훈육된 국가 정책은 개인의 책임에 대한 요구를 강화하는 또 다른 주요 방식이다. 빚에 시달려 국가 부채를 갚는 것에 우선권을 두게 된 국가는 복지 공급에 대한 기대를 만족시킬 세입이 부족하다. 기껏해야 개인들이 복지에 대한 책임을 스스로 떠맡는 것을 쉽게 만들어 줌으로써 그러한 기대에 그럴싸한 말로 부응한다. 예를 들어, 국가는 보편적 교육을 제공하는 대신, 자녀를 사립 학교에 보내는 사람들에게 세금 혜택을 주는 방식으로 교육비를 좀 더 감당할 수 있을 만하게 만들어 준다. 혹은 공공 병원을 세우는 대신, 단순히 개인들이 민간 의료 사업자 가운데 분별 있게 선택하는 데 필요한 충분한 정보를 제공하기를 보장한다.

최악의 경우, 국가는 복지 공급의 책임을 아예 포기해 버린다. 비용을 줄이고 수입을 보다 효율적으로 사용하기 위해, 국가는 시장을 토대로 하는 민간 사업자들에게 복지 기능을 떠넘기고, 그러한 사업자들에게서 건강과 행복을 증진하는 무엇이든 개인들이 가진 자원으로 사게 만든다.

여기서의 메커니즘은 금융에 훈육된, 종종 부채에 시달리는 회사가 내부 경영 능률화와 비용 절감 목적을 위해 사용하는 방식과 아주 유사하다. 비용 삭감 방침에 의해 중간 관리자 계급이 대량으로 잘려 나가고, 직원들은 중간 관리자들이 이전에 하던 역할을 떠맡도록 강요받는다. 실적 목표를 세우는 것과는 별개로, 고위 경영진은 직원의 활동 외부에서 그러한 활동을 조정하지 않는다. 일종의 계획 경제 대신, 기업의 내부 운영은 이제 자유 시장의 특성을 띠게 되고 노동자들은 스스로를 가장 효율적으로 조직하겠다는 자진 서약에 따라 행동한다. 그렇게 할 때 그들은 스스로를 일종의 개인적 배상 책임에 노출시킨다. 일이 잘못되었을 때 부실 관리의 대가는 직접 관리의 책임을 포기한 회사가 아닌 노동자들 자신의 몫으로 돌아오는 것이다.⁴

유사하게, 금융에 훈육된 국가는 주민의 안녕을 위협하는 위험 요소(예컨대 질병, 실업, 사고)―이전에는 국가가 책임지던 위험―를 처리할 책임을 이제 그러한 위험에 노출된 개인 자신에게로 돌린다. 국가는 그러한 개인들에게 개인 보험 같은 사적 수단을 이용해 위협으로부터 그들 자신을 지키라고 요구한다. 그렇게 함으로써 사회 보험―사회가 위험 부담을 공유하는 것―은 개인의 신중함에 대한 요구로 대체된다. 최악의 경우에 대비하지 않았다면, 우리에게 어떤 패가 주어졌든 그것을 최대한 활용할 수 있는 자세를 취하지 않았다면, 비난할 사람은 오직 우리 자신밖에 없다.

개인의 의사 결정에 대한 사적 책임에는 사회적 차원이 있을 수 있다. 예를 들어, 신중하기 위해 개인 보험에 드는 일에도 사회적 차원이 있다. 개인 보험은 운이 나빴던 개인에게 지급되는 보상금이 유사한 일을 당하지 않은 다른 이들을 통해 축적된 보험료에서 지급되는 식으로 위험 부담을 공유한다. 또한 그러한 보험 적용은 통계적 평균치를 이용해 개인을 비슷한 상황에 있는 다른 사람들의 그룹 안에 배치시킨다. 그럼에도, 국가가 공급하는 제한 없는 복지를 결핍한 모든 형태의 보험은 언제나 상당히 비사회화된다. 손해 배상을 위한 공동 자금은 사회 전체에서 모이지 않고 제한된 변수를 갖는다. 우리는 보험의 목적에 따라, 총 인구의 작은 하위 집합, 말하자면 나와 같은 특정 연령대의 동성 흡연자 그룹과만 비교된다. 게다가 보상 역시 조건적이며, 확실히 보장되는 게 아니다. 보상 적용을 받으려면 공동 자금에 돈을 적립해야 한다. 그렇다면 가난한 사람은 불가능하고, 일반적으로 급여를 받는 취업을 통해 발생하는 개인 자금이 있는 사

람만이 가능하다.[5]

이와 같은 국가 정책들은 개인의 책임을 요구함으로써 가난한 사람들에게 직접적으로 불리하게 작용하고 그들을 무방비 상태로 버려둔다. 정의상 가난한 사람들이란 스스로를 보호할 개인적 수단을 결핍한 이들이기 때문이다. 그리고 그러한 가난이 그들을 더 위험한 상황에 놓이게 할수록, 일반적으로 보험료는 더 비싸진다. 정말로 이제 오직 국가만 실행할 수 있는 보편적 의무 보험이 부재한 가운데, 가장 큰 위험에 노출된 사람들의 보험료는 훨씬 더 비싸진다. 젊고 튼튼한 이들이 더 이상 힘없고 취약한 이들의 보험 비용을 보조하지 않는다. 개인의 비용은 단순히 개인의 위험 요소에 비례하고, 따라서 보호받을 필요가 가장 큰 사람들에게 가장 비싸다. 게다가, 개인 보험은 일반적으로 오직 자본 자산에 대한 손실만 보호해 준다. 예를 들어, 보험의 측면에서 우리의 생명은 돈을 버는 잠재력을 제외하고는 어떤 특별한 가치도 없다. 자본 자산이 없으면 우리는 보험을 아예 살 수 없거나 보상금이 아주 적은 보험만 살 수 있다.[6]

국가가 공급하는 충분한 사회적 보험은 오직 시장 조건에서 힘을 가진 사람들, 그들이 발생시킨 손실에 대한 책임을 국가가 떠맡도록 압력을 가할 수 있는 사람들을 위해서만 남겨진다. 도산하도록 내버려 두기엔 너무 큰 기업들이 이를 보여 주는 최근의 주요 사례다. 복지 프로그램보다 채권자에게 우선권을 두는 국가는 일반적으로 국가 정책이 촉진한다고 추정하는 경제적 번영에서 여전히 그 정당성을 찾으려 한다. 개인들이 도중에 실패하는 것은 국내 총생산에 그다지 큰 해를 입히지 않고, 거대 금융 기관들은 자신들이 넘어지면 모두가 함께 넘어진다고 위협한다.

금융 시장의 훈육에 의해 빈껍데기가 된 복지 국가는 수익을 개인화한다고 약속한다. 작은 정부일수록 우리가 버는 돈을 우리 각자가 더 많이 가질 수 있다는 것이다. 그러한 수입이 복지 지출을 통해 다른 사람들에게 재분배되기 위해 세금의 형태로 사회화되는 일은 점점 줄어들 것이다. 그러나 그 이면은 하방 리스크 역시 사회화되지 않으리라는 점이다. 일이 잘못되었을 때, 우리는 우리 자신밖에 기댈 사람이 없다.

그러한 정책을 지지하는 일반적인 사고방식에 따르면, 이는 추정컨대 우리에게 좋은―또한 더 넓은 사회에 좋은―일이다. 복지는 사람들에게서 주도권과 기꺼이 일하려는 의지를 빼앗는 의존성의 문화를 부추김으로써 도덕적 해이를 발생시킨다. 사회적 뒷받침이 클수록 자기 삶의 사업가가 되려는 사람이 줄어든다. 이런 식의 사고에 따르면, 우리가 스스로를 책임져야 하는 것은 우리 자신을 다른 이들의 부담으로 만들지 않기 위해서다. 개인들이 실패의 대가를 스스로 질 수밖에 없게 만들 때, 그들은 자신의 삶을 경영하는 데 훨씬 효율적인 사람이 되고 그들의 능력과 자원을, 또한 인적 자본을 보다 능숙하게 관리하는 사람이 된다. 그렇게 함으로써 어느 때든 그들이 국가의 도움을 필요로 할 가능성은 줄어든다.

여기서 개인이 자신의 이해관계에 따라 합리적으로 행동한다는 생각―즉, 자신의 필요와 원함을 어떻게 가장 잘 추구할 수 있는지에 대한 수단/목적 계산에 따라 행동한다는 생각―은, 개인을 자신의 인격 자본을 개발하는 사업가로 보는 생각과 조합된다.[7] 그러한 설명에 따르면, 국가뿐만 아니라 그 인구를 이루는 개인들 역시 자신의 건강과 경제적 안녕을 증진하는 데 관심을 갖는다. 그들 자신이 필요로 하고 원하는 것이 무엇이며 그것을 어떻게 얻을 수 있을지 누가 더 잘 알겠는가? 최선은 그들 자신에게 맡겨 놓는 것이다. 이제 국가가 요구하는 것처럼 목표 달성 실패에 대한 책임을 개인적으로 져야 할 때, 개인들은 자신의 자원을 보다 효율적이고 수익성 있게 사용할 것이다.

실패가 개인의 책임이 되게 하는 것은 사람들이 개인 자본을 생산적으로 사용하도록 장려하기 때문에, 국가는 이전의 복지 국가와 달리 더 이상 위험 부담에서 자유로운 사회, 말하자면 누구도 실업을 두려워하지 않아도 되는 사회를 만드는 것을 목표로 삼지 않는다. 복지 공급 축소를 목표로 하는 국가 정책은 개인들이 감수하는 위험 요소가 언제나 나쁘지만은 않다는 전제하에 정말로 그러한 위험 요소를 증가시킨다. 위험 요소는 정신을 집중시키고 보다 계획적으로 행동하게 만든다는 점에서 긍정적이다. 창조적 사업가 정신을 배양할 기회를 제공한다. 건강과 안녕을 위협하는 위험 요소로부터 국민을 보호하는 대신, 국가는 위험 부담으로 가득 찬 세상, 위태로운 개인의 운명을 조장하는 국가 정책을 통해 조직된 세상에서 개인 스스로가 자발적으로 어떤 위험을 감수할 것인지 결정하게 한다.[8]

국가의 복지 공급이 이루어지는 경우에도 사람들을 개인화하는 경향은 있다. 예를 들어, 우리는 더 이상 시민으로서 복지에 대한 권리를 갖지 않는다. 그 대신 시민은 오직 국가와 맺은 일종의 개별적 계약에 따라 혜택을 주장할 수 있다. 혜택은 오직 그 대가를―(복지가 필요한 사람들에게는 없는) 돈이 아닌 이른바 그들의 미래 행동이라는 통화의 형태로―반환하기로 동의한 개인들에게만 주어진다. 예를 들어, 복지 혜택의 대가로 수혜자들은 일을 찾아야 하고, 아무리 형편없는 임금을 받더라도 주어지는 어떤 일자리든 받아들여야 한다.[9] 이런 식으로 복지 혜택은 일종의 대출이 되고, 수혜자들은 미래에 사회가 대출금 상환으로 간주하는 종류의 행동을 수행하여 빚을 청산하기를 받아들임으로써 사회에 빚진 상태가 된다.[10]

계약적 교환에서 개인을 목표로 삼는 동일한 현상이 소비재나 주택 구입을 위한 실제 대출에서조차도 갈수록 훨씬 많이 증가하고 있다. 우리의 신용 기록 전체를 단 하나의 숫자로 요약하는 개인 신용 등급은 대출 기관이 우리에게 정확하게 얼마를 어떤 이율로 빌려줄 것인지 결정한다. 그럴 때 그러한 결정은 일반 인구학에 따른 문제가 아니라 개인의 특정 문제가 된다. 얼마를 대출받을 것이며 얼마를 상환해야 하는지는 단순히 뉴욕 시에서 아파트를 구입하려 하는 백인 전문직 여성의 역할이 아닌, 나의 특정한 경제 이력에 의해 수립된 나라는 특정 개인의 고유한 문제다. 비슷한 방식으로, 금융 지배 자본주의에서 고용 계약은 아주 개인화되어 있다. 고용주는 그 개인의 특정한 소질과 업적을 반영하는 급여 수준으로 고용하기로 합의한다. 그렇게 함으로써 급여는 그 직원이 다른 직원들의 서열에서 정확하게 어디에 속하는지 그 위치를 정해 줌으로써 그를 한 명의 개인으로 부각한다. 그 특정 개인은 그 사람보다 급여를 약간 덜 받는 직원보다 미세하게나마 더 많은 자격과 이전 근무 경력을 지닌 것이다.

이 모든 방식으로, 시민의 경제적 안녕 증진에 관심을 갖는 국가는 시민들이 그들 자신의 자본을 극대화하고 위험 요소는 최소화하는 데 관심을 갖게 함으로써 그러한 노력에 동참하게 만들고자 적극적으로 노력한다. 그러면 개인들은 그러한 국가를 위해 일하게 된다. 이전에 시민들은 그들 개인의 특정성에 따라서가 아니라, 보험 통계 기법에 의해 설정된 통계적 평균의 미명 아래 국가의 관심 대상이 되었다. 국가 정책의 틀을 짜는 사람들은 국가 정책이 개인들에게 평균적으로 미치는 영향에 관심을 가졌다. 흡연 광고가 금지되고 담배에 붙이는 세금이 두 배로 오르면 평균적으로 몇 명의 사람이 흡연을 그만둘 가능성이 있는가? 정부는 통계적으로 중요한 결과를 가져오리라 예상되는 금전적 보상과 처벌을 통해, 개인의 자유로운 결정을 방해할지도 모르는 방식의 직접적 조치는 취하지 않으면서 개인의 행동을 형성하고자 했다.[11] 이제 복지 의무를 포기한 금융에 훈육된 국가는, 사실상 개인들 스스로가 이전에 국가가 개인을 감독하기 위해 사용하던 바로 그 보험 통계 기법으로 그들 자신의 삶을 감독하도록 강요한다. 사람들이 자발적으로 국가의 이해관계에 부합하는 행동을 하게 만든다.[12] 국가가 우리 자신의 재량에 맡겨 놓았기 때문에 스스로의 안녕에 대한 책임을 떠맡게 된 우리는, (예를 들어) 단순히 암을 유발할 확률이 통계적으로 높다는 이유로 정부의 어떤 특별한 유인책과 상관없이 금연하기 위해 노력하는 경향을 보인다.

금융에 훈육된 국가에서 일반적인 위험 부담의 이동을 고려해 보면, 우리는 실패했을 때 다른 사람들의 도움에 의지할 수 없다. 그런데 금융 지배 자본주의에서는 앞으로 나아가기 위해 다른 사람들을 의지할 수도 없다. 이는 일차적으로, 금융에 훈육되어 사회적 보험을 포기한 국가가, 사람들을 보조하기 위해 고안된 긍정적이고 힘을 실어 주는 복지 공급—보육, 교육 혜택, 교통비 보조 등—까지 포기하는 경향이 있기 때문이 아니다. 그것은 금융 지배 자본주의의 시장 구조가 사람들이 더불어 수익을 보는 것을 막기 때문이다. 금융 지배 시장에서는 누군가의 이익이 다른 사람의 손실을 의미한다.

노동자 업무 수행을 절대 척도가 아닌 상대 척도로 평가하는 것이 그러한 제도적 수단 중 하나다. 예를 들어, 고용주는 해당 업무를 잘 수행하기 위해 필요한 최소 시간(실적 평가의 절대 기준)을 3시간으로 정하고 모든 사람에게 그 기준을 적용하여 그보다 더 적은 시간이 걸린 사람에게 보너스를 주는 식으로 운영하지 않는다. 그 대신, 보너스를 받을 자격을 얻으려면 동료들의 업무 수행을 능가해야 한다(상대적 기준으로, 여기서 탁월함은 다른 사람들이 하는 것과 비교해 설정된다). 탁월함의 기준이 상대적이기 때문에, 만약 다른 모든 사람은 3시간이 걸리는데 어떤 사람이 초인적 노력으로 두 시간 만에 그 일을 마친다면, 그 단 한 명의 직원만 탁월한 업무 수행에 대한 보너스를 받을 수 있을 것이다.

직원 급여와 유지에 대한 경영진의 결정에서 종형 곡선을 사용하는 것은 이러한 동일한 효과를 강화한다. 다시 한번 그 목표는 효율성 극대화다. 안전하려면 직원들은 곡선 위쪽—즉, 노동자 업무 수행 평균 수준 위쪽—에 위치해야 한다. 평균 수준 아래로 내려가는 것은 임금 삭감과 해고 위험에 놓임을 의미한다. 그런데 모든 노동자가 현재 평균보다 올라가기 위해 더 열심히 노력하는 가운데 평균 아래로 떨어지는 노동자들이 점차 해고되고 가장 뛰어난 노동자들만 남으면 곡선은 다시 이동—업무 수행의 평균 수준이 상승—한다. 업무 수행 평균치가 계속 올라가기 때문에, 거기에 계속 보조를 맞추지 못한다면 누구든 어느 지점에서는 결국 평균 아래로 내려가 해고된다. 그런 식의 직원 급여 및 유지 체계에서는 모든 사람이 잠재적으로 다른 모든 사람의 위협이 된다. 동료가 얻는 이익은 나 자신의 몰락의 전조가 될 뿐이다.[13]

전반적으로, 금융에 훈육된 기업이 수익성을 극대화하기 위해 취하는 정책들은 노동자와 고용주가 함께 이익을 얻지 못하게 한다. 따라서 막대한 수익을 거둘 때조차 기업들은 임금을 인상하여 수익을 직원들과 나누는 위험을 무릅쓰지 않는다. 그러는 것은 오직 기업 수익을 깎아 먹는 일이며 그리하여 기업의 주식 가격을 위협할 것이다. 일반적으로 주식 시장의 훈육은 기업들이 다른 이들이 치르는 대가로 기업 수익을 극대화하는 경향을 띠게 만들며, (앞서 살펴본 것처럼) 사업 실행 비용을 다른 이들에게 떠넘기는 방식이 종종 사용된다. 따라서, 예컨대 회사 수익은 노동자들이 새로운 기술을 계속 습득하는 데 달려 있는 반면, 거기에 드는 훈련 비용과 시간은 모두 직원의 몫이 된다.

파생상품과 그것을 위한 2차 시장—정말로 모든 종류의 금융 자산이 거래되는 2차 시장—에는 사람들이 함께 이익을 보는 것을 가로막는 동일한 구조적 특징이 있다. 특별히 실제 보유한 자산에 대한 위험 요소에 대비하는 것이 아닐 때, 파생상품은 단순히 상대측의 반대쪽에 돈을 거는 것과 같다. 카지노에서는 베팅에서 맞춘 쪽이 틀린 쪽의 돈을 가져가는 것처럼, 여기서 양쪽이 모두 이기는 것은 불가능하다.

소유자가 위험에 대비해서 드는 보통 보험의 경우에는, 만약 내 짐작이 틀려서 보험이 필요하지 않은 것으로 드러나는 경우에도 나는 승자다. 예를 들어, 집에 불이 나는 것이 불안해서 화재 보험을 들었는데 집에 불이 나지 않았다고 하자. 보험료로 낸 돈은 잃었지만, 아직 집이 있다는 사실 외에도 손실 대비책이 있다는 것 때문에 마음의 평화도 얻었다. 이런 이유로 소유자가 손실에 대비해 드는 보험에서 얻는 이익은 언제나 어느 정도 상호적이다.

파생상품이 소유자 이해관계를 전제하지 않는 경우에는, 단순히 누군가의 손실이 다른 누군가의 이득이 된다. 기초 자산을 소유한 경우에는 직면한 위험 요소에 대한 대비책을 얻는 대신, 파생상품을 사는 것은 내가 감수할 모든 위험을 만들어 낸다. 예를 들어, 내가 소유하지도 않은 자산의 가격 하락으로 돈을 잃을 수 있는 위험이 발생하는 것이다. 그렇게 함으로써 나는 스스로 상대측이 완전히 잃을 수도 있게 만든다.

금융 자산을 위한 2차 시장의 내부 역학은 이와 반대로 시장 참여자들이 동시에 이익을 보거나 손해를 볼 수 있음을 암시할 것이다. 예를 들어, 더 많은 사람이 주식을 매입할수록 가격이 더 올라가고, 모든 구매자는 이득을 보는 것이다. 그리고 예를 들어 주식을 발행한 회사가 해당 분기의 수익 목표를 달성하지 못해서 많은 사람이 주식을 매도할수록 가격은 더 내려가고, 그 주식을 소유한 모든 사람이 그러한 하락으로 인해 손해를 입는 것처럼 보인다.

그러나 시장 참여자들이 수익을 얻거나 잃는 정도는 다양하고, 이는 이득과 손실이 공유된다는 인상을 몰아낸다. 만약 내가 다른 모든 사람보다 먼저 매입하면, 시장의 고점에서 군중을 따라 나중에 뛰어든 사람보다 훨씬 더 많은 수익을 얻는다. 먼저 매입한 사람만이 떼돈을 벌고, 나중에 뛰어든 사람은 버는 것이 거의 없다. 먼저 매도한 사람은 나중에 매도하는 사람이 입는 손실을 입지 않으며, 사실은 가격 하락을 부추김으로써 그 손실에 기여한다.

이런 식으로 가격의 급등과 급락은 긴밀하게 연결되어 있다. 가격 급등은 이후의 급락을 유발한다. 피드백 고리가 지속 가능한 수준 위로 가격을 몰아간다. 그러면 하락세가 시작되고, 유사한 피드백 역학에 의해 바로 그러한 과장된 방식으로 이번에는 가격을 아래쪽으로 몰아간다. 호황과 불황의 그네 타기에서 시기를 맞추는 것이야말로 바로 이같이 변덕스러운 시장에서 떼돈을 벌 수 있는 기회가 약속되는 지점이다.

이상적으로 보면, 다른 모든 사람이 팔기 전 주식 가격이 가장 높을 때 팔고 주식 가격이 폭락한다. 만약 어찌어찌 그 운 좋은 소수의 사람 가운데 들었다면 모든 것을 독식한다. 시장이 곤두박질치기 전에 가격을 그렇게 올려놓은 나머지 사람들에게서 돈을 가져오는 것이다. 이런 식으로 시장의 기복을 만들어 내는 시장 역학은 극소수의 엄청난 승자로 이어진다. 모두가 자산 가격 상승으로 이익을 보는 것은 소수의 사람이 모두의 투자에 의해 형성된 가치를 가로챈 뒤 사람들이 우르르 몰려들기 전에 시장을 빠져나갈 때까지만이다. 함께 이기는 것은 소수의 선수에게 돌아갈 최후의 엄청난 승리를 준비하는 일일 뿐이다. 다른 시장 참여자들이 잡아먹을 닭을 그 전에 살찌워 주는 셈이다.[14]

소수의 승자만을 만들어 내는 승자 독식 시장은 정말로 경제 전반에 걸쳐 점점 일반적인 것이 되고 있으며, 컴퓨터 기반 상품 공급은 종종 이를 돕는다.[15] 제품과 서비스가 인터넷을 통해 공급될 때 단일 공급자가 시장을 지배하게 되는 경우가 많다. 비용을 최소화하려는 모든 구매자는 결국 다른 모든 판매자보다 상대적으로 미미하나마 가격은 낮고 품질은 좋은 상품을 공급하는 판매자를 선택하는 것이다. 기업들이 기업의 여러 기능을 내부에서 조직하고 비용을 쓰기보다 하청이나 외주를 줄 때, 동일한 공급자가 여러 다른 기업의 고객들을 서비스할 수 있게 된다. 다른 이들보다 아주 약간 가격을 낮추고 질을 높임으로써, 이 공급자는 다른 이들을 시장에서 한꺼번에 몰아낼 수 있다. 유사한 승자 독식 효과가 기업의 이동성, 즉 기업이 생산 비용이 적게 드는 곳으로 사업지를 옮길 수 있는 능력과 그렇게 하려는 의지에서 나온다. 모든 기업이 인건비 최소화를 위해 노력할 때, 세계의 어느 지역이 다음 지역과 평균 임금에서 고작 몇십 원 차이만 나도 기업 사업지의 단체 이주가 발생할 수 있다. 해당 지역 사람들은 그러한 일자리를 얻으려는 노동 시장에서 유일한 '승자'가 된다. (최저 수준의 임금을 받게 될) 그들을 승자로 부를 수 있는 한에서 말이다.

일반적으로, 금융 지배 기업에서 상대적 위치에 의해 가치가 결정될 때는 소수의 사람만 승자가 될 수 있다. 모든 사람이 꼭대기에 있는 몇 안 되는 똑같은 자리를 향해 기어오르고, 오르는 데 성공한 운 좋은 소수가 모든 상금을 차지한다. 앞서 살펴본 보너스와 직원 유지의 경영 전술은 이런 특징을 갖는다. 마지막에는 가장 뛰어나고 똑똑한 이들만 남고, 이제 그들이 받는 유별나게 높은 상대적 보수는 다른 모든 이를 해고하여 절약한 돈으로 지급된다. 이런 식으로 관리되는 노동 시장에서는 모든 사람이 승자가 될 수 없는데, 모든 노동자가 좇는 위치적 장점은 오직 다른 이들을 능가하는 데서 그 가치가 수립되기 때문이다. 꽉 찬 극장에서 다른 사람들의 머리 위로 볼 수 있는 능력은 그러한 효과를 갖는 위치적 장점의 단순한 예다. 다른 모든 이는 계속 앉아 있고 나만 일어섬으로써 나는 그런 장점을 혼자 즐길 수 있다. 그들도 일어서는 것은 내가 그렇게 하는 것을 무가치하게 만들 수 있는 위협이 된다. 조금이라도 유리하려면 나는 발끝으로 서야 할 것이고, 그러면 다른 모든 사람도 그렇게 할 것이다. 자리를 차지하기 위한 이 다툼의 마지막 결과는 단 한 명의 승자—방에서 가장 키가 큰 사람—다.[16]

금융 지배 자본주의는 전반적으로, 사람들이 함께 수익을 얻는다는 생각을 장려하기 위한 일은 아무것도 하지 않는다. 차익 따먹기는 대개 다른 사람들도 돈을 버는 데 달려 있지 않기 때문이다. 앞서 대출의 경우에서 이를 다루었다. 대출은 2차 시장에서 즉시 팔리기 때문에, 그들은 대출금 사용이 채무자에게 이익이 되는지에 그다지 관심을 갖지 않는다. 채권자에게 상환될 자금은 채무자가 거둔 이익이 아니라, 2차 시장에서 그 대출을 산 사람들에 의해 공급되기 때문이다. 빌린 돈이 현명하지 못하게 사용될 때 그 책임을 모두 덮어쓰는 것은 최초 대출 기관이 아니라 나중에 그 채권을 산 사람들이다. 유사하게, 금융에 훈육된 기업들은, 기업만 수익을 낸다면 노동자들이 수익이 없어서 결과적으로 그들의 노동 생산물을 구매할 돈이 없는 것을 걱정할 필요가 없다. 인건비를 줄여서 수익률을 증가시키고 따라서 기업의 주가만 올릴 수 있다면 걱정할 게 없다. 누군가는 기업이 판매하는 것을 구매할 충분한 돈이 있으리라고 추정할 수 있다. 아마도 기업 주식을 매입함으로써 수익을 거둔 사람들에게 기대하는 게 가장 좋을 것이다.

파생상품을 통한 차익 따먹기도 유사하게, 다른 사람들이 돈을 벌고 있는지에 무관심하다. 바로 그것이 많은 부분 차익 따먹기의 핵심이다.[17] 정말로, 다른 사람들이 더 궁핍해질수록 수익은 더 증가한다. 예를 들어, 어려운 시기에는 대출에 더 높은 이율을 매길 수 있다. 2차 시장에서 그러한 대출을 모아서 재포장한 뒤 판매되는 이자 채권은 투자자들에게 더 매력적이게 된다. 혹은 경기가 하락할 때 그로부터 수익을 거두기 위해 공매도를 한다. 주식을 빌려서 다른 사람에게 팔고 이를 나중에 싼 값에 다시 사들여 최초 매입자에게 돌려주는 것이다. 이런 방식으로 주가 하락을 통해 시세 차익을 거두는데, 가격이 더 많이 떨어질수록 차익은 더 커진다.

금융 지배 자본주의에서 사람들이 함께 수익을 얻지 못하는 이러한 명백한 상황의 근원에는 강화된 경쟁이 있다. 금융 지배 자본주의에서 제공되는 수익을 달성하기 위한 모든 길에서는 다른 모든 사람과의 경쟁이 강요되기 때문에, 우리는 수익을 내기 위해 다른 사람의 도움에 의존할 수 없다.

개인들을 개별로 떼어 놓는 국가와 기업의 전술은 모든 사람을 다른 모든 사람과 경쟁 관계로 놓는 것을 의도하는 것처럼 보인다. 그러한 경쟁을 보장하기 위해 우리는 국가나 기업 본사의 눈으로 보기에 개인으로 전환되고, 한 명의 개인으로서 스스로의 운명을 책임지라고 요청받는다. 예를 들어, 기업이 노동자의 업무 수행 평가에 절대 척도보다 상대 척도를 사용하는 것은 단지 우리가 그룹의 일원으로서가 아닌 개별적으로 평가되는 것뿐만 아니라(이는 절대 척도를 사용할 때에도 발생할 수 있다), 일종의 강요된 경쟁 안에서 그룹의 다른 일원들과 비교되어 평가됨을 의미한다. 고용주의 평가 양식에 의해 개개인이 더욱 분명하게 부각될수록 동료 간 경쟁은 더욱 심해진다. 따라서 만약 우리가 회사에 거대 고객을 끌어온 어떤 팀의 한 명으로 훌륭하게 일을 해냈을 때, 팀 전체의 성과를 축하하는 파티에서 고위 경영진이 우리 등을 두드려 준다거나 우리의 특별히 훌륭한 실적을 말없이 드러내는 정기 월급 인상이 이루어지는 일은 없다. 그 대신, 우리는 모든 사람의 상여금이 정산되는 연말에 경영진 사무실에 개별적으로 불려가, 즉시 고급차를 구입함으로써 자랑하고 싶은 생각이 들 정도의 횡재같이 큰돈을 한 번에 받는다. 이런 식으로 매우 명백하게 직원 실적을 극적으로 개인화하는 것은 전 직원 간 경쟁을 부추기는 효과가 있다. 모든 사람이 특별히 자신에게 돌아올 몫을 극대화하기 위해 다투게 하여, 특히 연말에 다른 사람들과 비교해 자신이 차지하게 될 위치에 훨씬 더 열중하게 만든다.[18]

국가 역시 유사하게도 자본주의가 요구하는 경쟁적 사회 환경을 보장하는 것처럼 보인다. 자유주의 국가의 자유방임주의 정책과 반대로, 금융의 지배를 받는 국가 정책은 더 이상 경제적 경쟁이 자연적으로 전개된다거나, 정치적 동기를 띤 개입은 역효과를 낼 뿐이며 특정 경제 원칙에 따라 자율적으로 조절되면서 스스로 흘러가도록 내버려 둘 때 가장 잘 관리된다는 생각을 당연시하지 않는 것 같다. 경쟁은 더 이상 단순히 그 자체로 존재하게 된다고 여겨지지 않으며, 경쟁이 제대로 작동하기 위해서는 외부의 방해물을 제거해야 한다는 사실에 따라 정부가 그림 안으로 들어온다. 오히려 이제 신자유주의 관점에 따라 본다면, 경쟁이 수립되고 계속 유지되려면 정부 정책이 이를 적극 권장해야 한다. 사회 서비스를 축소하고 사람들이 스스로를 책임지게 만드는 국가 정책이 이를 권장하는 하나의 주요 형식이다. 그러한 수단을 통해, 정부 정책 자체는 개별 사업가인 각 사람이 수없이 많은 다른 개별 사업가 사이에 존재하면서 최소 비용으로 최대 수익을 내기 위해 자신의 자본을 극대화하고자 경쟁하고 있다는 생각을 부추긴다. 금융 지배 자본주의에 기름칠을 해 주는 고도로 경쟁적

인 사회 환경은 국가의 사업이 되었다.[19]

그렇다면 개인화 정책은 경쟁을 권장하는데, 그 경쟁은 다시 개인의 책임에 대한 필요를 강화할 뿐이다. 이는 많은 부분 우리가 다른 모든 사람과 경쟁하고 있기에, 앞서기 위해서는 우리 자신의 자원에 기댈 수밖에 없기 때문이다. 당신도 그들도 마찬가지다.[20]

자본주의는 언제나 경쟁에 근거하지만, 금융의 지배를 받는 형태의 자본주의에는 생소한 효과를 갖는 고유한 특징이 있다. 금융 지배 자본주의에서 경쟁적 시장은 무엇보다도 이전의 시장보다 훨씬 더 광범위하며, 정말로 가능한 모든 참여자를 포함시킬 만큼 최대한으로 광범위하다. 따라서, 예컨대 노동 시장에서 우리는 일자리를 놓고 지역 사람들과 경쟁할 뿐만 아니라 잠재적으로 지구상의 모든 노동자와 경쟁한다. 또한 취업을 위한 요구 조건이 특정 기술보다는 융통성 있는 능력에 맞춰짐에 따라, 모든 사람이 다른 모든 사람을 대체할 수 있게 되고 대체 불가능한 사람은 없어진다. 교환 시장 역시 많은 부분에서 똑같다. 회사들은 같은 업종의 어디 있는 어떤 회사에게서도 시장 점유율을 빼앗길 수 있다. 정말로, 재설정하여 사용할 수 있는 유연한 설비를 고려할 때, 심지어 현재는 같은 업종이 아닌 어느 회사라도 지역에 상관없이 시장에 뛰어들어 시장 점유율을 빼앗아 갈 수 있다.

또한 금융 지배 자본주의 내의 경쟁은 개인 대 개인의 직접 경쟁을 강화함으로써 이전 자본주의 시장의 경쟁과 질적으로도 다른 경향이 있다. 노동 시장을 예로 들어 보자. 노동자는 다른 노동자와 언제나 경쟁 관계에 있지만 직접 경쟁하는 관계가 아니다. 다양한 지원자들의 상대적 자격 요건에 대한 판단은 지원자들의 등 뒤에서 이루어지고 결정은 제3자, 그들을 채용하는 회사의 몫이다. 다시 말해, 다른 지원자들과의 경쟁은 그들 개인이 회사와 맺는 관계에 의해 매개되었다. 게다가, 이제 채용될 당시 지니고 있던 기술은 채용의 영구적 근거가 되지 않는다. 오히려 우리는 고용주에게 끊임없이 우리의 가치를 증명해야 한다. 회사는 지속적으로 우리를 다른 직원과 비교하여 평가하거나 심지어 외부 사람들과 비교하여 평가해 우리 대신 그들을 고용하거나 그들에게 일을 위탁할 수 있다고 위협할 수 있다. 우리는 해고되거나 재취업해야 할 위험에 영구적으로 놓이는 것이다. 더 나아가, 더 이상 평가의 기준은 일자리를 놓고 벌이는 이러한 치열한 다툼 외부에 어떤 고정된 방식으로—말하자면 직무 설명서의 형태로—존재하지 않는다. 기준은 그저 내가 경쟁하는 다른 사람들이 일을 얼마나 잘하는가다. 이 모든 이유로, 우리가 고용주에게 인정받기 원하는 노동의 가치는 단순히 우리 스스로 성취할 수 있는 어떤 것이 되지 않는다. 다른 사람들과 무관하게 우리가 단독으로 해낸 성과는 우리를 그들과 구별해 주지 못한다. 일종의 의도하지 않은 부산물로서 다른 이들과 구별해 주는 선행적 근거를 제공하지 않는다. 그 대신, 우리는 상당히 직접적인 방식으로 경쟁하면서 우리 자신을 다른 이들과 적극적으로 차별화하고자 노력하는 바로 그 과정에서 우리를 독특하게 만들어 주는 무언가를 이루게 된다.[21]

   재화와 서비스의 거래가 이루어지는 상업 시장에서도 유사한 변화가 일어난다. 상업 시장은 보통 서로 사고파는 생산자들 사이에 경쟁심을 강화하는 결과를 가져올 수 있는 주체와 주체 간의 어떤 직접적 경쟁도 가로막는 방식으로 조직되었다. 정말로 가능성 있는 적대감을 피하는 것이 자본주의의 초기 판매의 핵심 중 하나였다. 이러한 교환 시장의 참여자는 다른 사람들이 사고 싶어 하는 것을 가능한 한 싸게 가능한 한 많이 팔려 한다. 여기에는 구매자와 판매자 사이에서 나타나는 의도의 경쟁적 대립이 존재한다. 그러나 그 대립은 비인격인 가격을 통해 매개되고 결국 합의를 가져온다. 나는 만 원을 제안하고 상대방은 만 2천 원으로 대응하면 중간인 만 천 원에 합의를 보게 되는데, 이는 철저히 우호적인 방식으로 이루어진다. 고도로 발달한 분업 체계 안에서 서로 다른 생산 전문 기술을 실현하는 것 역시 대립을 발생시키는 경쟁심보다는, 거래를 위해 생산자들 사이에서 나타나는 상보적 의존성을 보장한다. 우리 모두가 똑같은 것을 팔거나 사려는 것은 아니다. 나는 상대방이 이미 가지고 있으며 나에게 팔려는 물품을 팔려 하지 않고, 그에게 부족하고 필요한 물품을 팔려 한다. 또한 나는 상대방도 필요를 느끼고 사려는 물품을 사려 하지 않고, 그에게는 있지만 나에게는 없는 물품을 사려 한다.

물론 내가 사고 싶어 하는 것을 상대방 역시 사고 싶어 할 수도 있고, 상대방이 그곳에 먼저 도착해서 내가 사는 것을 더 어렵게 만들 수도 있다. 마찬가지로, 내가 팔고 싶어 하는 것을 상대방도 팔고 싶어 할 수 있고, 나보다 그가 먼저 판매에 성공하면 나의 판매는 아주 어려워질 것이다. 그러나 상업 시장에서 자신이 사거나 팔려는 것 자체에 목을 매는 사람은 없다. 돈을 벌기 위해 그 일을 하고 있는 것이다. 자본주의 상업 시장에서 궁극적인 관심사는 (사고파는 물건을 즐기는 것이 아니라) 돈을 버는 것임을 감안할 때, 만약 내가 사고 싶은 것이 이미 팔렸다면 나는 그저 유사한 수익 창출 가능성이 있는 다른 것을 사는 선택을 할 수 있다. 만약 누군가 이미 시장을 장악해 버려서 내가 팔고 싶은 것을 팔 수 없다면 나는 그저 생산 라인을 전환할 수 있다(이는 포스트포드주의 기술에 의해 용이해졌다).

게다가 이런 종류의 경쟁―한쪽에서는 구매자 집단 안에서, 다른 한쪽에서는 판매자 집단 안에서 일어나는 경쟁―역시 시장과 그 가격 설정 메커니즘에 의해 개인과 관계없이 매개된다. 나는 그러한 경쟁을 알고 거기에 반응한다. 이는 나 자신을 동료 판매자들 혹은 구매자들과 개인적으로 관련짓기 때문이 아니라 수요와 공급, 그리고 그에 따라 제품 가격이 변동하는 방식 때문이다. 만약 다른 사람들 모두가 내가 사고 싶어 하는 것을 사고 싶어 한다면, 나는 이 사실을 가격 인상과 제한된 재고 보유량을 통해 인지할 수 있을 것이다. 만약 시장 점유를 위해 나와 경쟁하는 회사들이 나의 판매 가격보다 가격을 낮춘다면, 나는 그 사실을 내 제품의 수요 하락을 통해 인지하게 될 것이다. 제대로 기능하는 경쟁적 시장에서는 참여자들이 이런 것들을 개별적으로 좌지우지할 힘을 갖지 못한다. 이런 것들은 수요와 공급과 가격 설정에 끼치는 종합적 효과다. 따라서 모든 사람은 다른 시장 참여자들과의 관계를 중재하는 일종의 외부 매개자인 시장에 계속 종속된다. 우리가 어떤 행동을 취할 때, 그것은 어떤 특정 경쟁자가 아닌 시장에 대한 반응인 것이다.

그러나 금융상품을 거래하는 2차 시장은 이렇게 작동하지 않는다. 예를 들어, 레버리지의 도움을 받는 개인이 건 막대한 돈이 시장을 움직이는 힘을 갖는다. 그렇게 되면 잘못된 방향으로 건 개미 투자자들은 개개인의 큰손들이 하는 일에 직접 영향을 받는다. 예를 들어, 단 한 명의 큰손이 시장에 엄청난 양의 매도 주문을 넣으면 개미 투자자들의 투자는 무가치해질 수도 있는 것이다. 유사한 방식으로, 금융상품으로 규모를 부풀린 대기업들이 교환 시장에서 엄청난 영향력을 가질 수 있다. 이미 거대한 그들의 시장 점유율을 고려할 때, 그들의 가격 인하는 그것 하나만으로도 특별히 더 작은 경쟁자들을 파산시킬 수 있다. 이런 이유로 대부분의 대기업 사이에는 적어도 가격 인하를 통해 서로 경쟁하지 않는다는 암묵적 합의가 존재한다. 가격은 안정된 상태로 유지하는 반면, 기업들은 비용을 절감하는 방식으로—예를 들면, 각각의 인건비 지출을 앞다투어 바닥까지 내

리는 방식으로—서로 경쟁한다.[22]

그러나 2차 금융 시장이 직접적으로 경쟁적인 시장이 되는 주된 이유는 외부 매개자의 결핍이다.[23] 예를 들어, 증권 거래소에서의 거래는 단순히 주가의 토대가 되는 것(말하자면 주식을 발행하는 회사의 수익성), 곧 그 거래소 자체에서 이루어지는 주식의 매도, 매입과 상관없이도 수립될 수 있는, 시장 외부에 존재하는 기저 가치를 거래자들이 독립적으로 개별 평가하는 문제가 아니다. 오히려 주식 가격은 (회사가 아닌) 주식 자체의 가치에 대한 의견—즉, 거래소에서 (어떤 이유에서든) 높은 수요 때문에 주식 자체의 가격이 오를 가능성이 얼마나 큰지에 대한 고려—을 직접 반영한다. 주식 가격 시세는 사람들이 개별적으로 평가한 그 주식 가격을 합산한 것일 필요도 없다. 가격은 그 가치에 대한 의견의 전반적 상태, 그리고 시장 참여자들이 그 합의된 여론을 수렴하여 기꺼이 지불하려는 가격 수준을 반영한다. 합의된 여론이 주식 가격 상승(혹은 하락)을 가져오기 때문에, 시장 참여자의 행동은 모든 사람이 다른 모든 사람의 생각을 가늠하고자 노력하는 숙고 과정에 의해 결정된다. 따라서 다른 사람들의 의견이 모든 사람에게는 직접적 관심사가 된다.

게다가, (누군가가 다른 사람이 사고 싶어 하는 것을 파는) 보통의 교환 시장과는 달리, 금융 시장에서는 모든 사람이 다른 모든 사람이 원하는 것을 원한다. 같은 욕망의 대상을 공유하며, 따라서 서로를 밀어내기 위해 분투한다. 이러한 2차 금융 시장에서 판매자와 구매자는 단 하나의 목적을 향해 가면서 지속적으로 서로 자리를 바꾼다. 모두가 자신이 산 것의 가격이 오르기를, 시장의 정점에서 그것을 팔아 빠져 나오기를 원한다. 똑같은 투자에 대한 이해관계를 공유하는 것이 아니라, 그 투자의 유동성(2차 시장이 제공하도록 의도된 것)에서 이해관계를 공유하는 것이다.

그러한 이해관계 공유가 잠재적 경쟁심을 약화시키리라고 생각할 수도 있다. 결국 우리는 잠재적으로 희소한 같은 물질적 대상을 놓고 다른 사람과 싸우는 것이 아니기 때문이다. 그러나 과장된 형태의 직접 경쟁은 여전히 남아 있다. 모든 시장 참여자가 똑같이 완벽한 시점에 파는 것은 불가능하다. 살 사람이 없기 때문이다. 따라서 경쟁은 그러한 유동성 발휘 시점을 놓고 일어나며, 그 시점은 매입자나 매도자를 성공시킬 수도, 파산시킬 수도 있다. 모든 것이 다른 사람들보다 앞서 행동하기 위해 무엇을 할 것인지 정확하게 판단하는 데 달려 있다.[24]

이러한 시장들은 너무 비상식적으로 경쟁적이기 때문에, 우리는 다른 사람들이 자발적으로, 더군다나 자신을 희생하여 우리를 도와주리라 기대할 수 없다. 예를 들어, 금융에 훈육된 기업에서 상대방이 보너스를 받도록 도와주는 것—말하자면, 상대방이 아이가 아파서 집에 있느라 긴급한 업무를 처리할 수 없을 때 대신 그 업무를 처리해 줌으로써—은 내가 보너스를 받지 못하게 될 가능성만 한층 높여 주는 일이 된다. 그러나 이러한 시장 조직 안에서는 사람들이 의도치 않게라도, 즉 개인과 관계없는 어떤 비의도적 시장 메커니즘에 의해서라도 다른 사람을 돕게 만드는 일이 없다.

이른바 보이지 않는 손에 의해, 상업 시장에서는 상호 이익을 가져오는 교환이 일어나도록 상품 생산자들의 독립적 활동을 조정할 수 있으며, 이는 생산자들이 다른 사람들에게 유익을 끼치려는 의도가 있든 없든 일어나는 일이다. 나는 돈을 벌기 위해 당신에게 이 빵을 파는 것이며, 당신의 배고픔을 달래 주는 것이 그러한 판매로 수익을 얻으려는 나의 노력이 가져오는 의도하지 않은 효과일 수도 있겠지만 내가 계획적으로 그리하는 것은 아니다. 일반적으로 시장에서 팔리는 상품을 생산하는 사람들은 그저 자신의 이익을 고려하며, 다른 사람들을 도우려는 의도를 갖지는 않는다. 우리는 자선을 베풀려는 마음 없이 타인과 거래한다. 정말로 시장 행위자들은 일반적으로 그들이 거래하는 상대에 대한 관심을 모두 잃는다. 거래를 통해 성립되는 사회적 관계는 보통 거래 시점에 시작되고 끝난다. 내가 사람들에게 판 빵을 가지고 무엇을 하는지는 그들의 일이다. 그 빵을 먹지 않고 계속 굶주린다 해도 나와는 상관없는 일이다.

유사하게, 시장 거래에 선행하는 그들의 생산 활동 단계에서도, 시장에서 팔리는 상품을 생산하는 사람들은 (적어도 소비자가 생산을 직접 요청하는 것이 가능해진 포스트포드주의 기법 이전에는) 교환 시장의 다른 참여자들에게 직접 관심을 갖지 않을 때가 많았다. 분명 생산 활동은, 어느 날 그 상품을 시장에 내놓았을 때 사람들이 그것을 사고 싶어 하리라는 기대와 아마도 이를 뒷받침하는 시장 조사에 영향을 받았을 것이다. 그러나 원칙적으로 기업들은 그러한 미래의 상거래에 참여할 사람들과 맺는 직접적 관계가 없어도 생산 활동을 진행할 수 있었다. 예를 들어, 계획 경제와 대조적으로 기업들은 사람들이 필요에 의해 그들에게 생산해 달라고 요청하는 것을 생산하도록 결정하지 않는다. 다른 사람들과 실제로 관계하는 일은 시장 거래 자체를 기대한다. 간단히 말해, 생산자의 활동은 오직 교환 시장에서만, 그리고 교환 시장을 통해서만 사회적 활동이 된다.[25]

우리가 살펴본 것처럼, 금융 지배 시장의 손은 그다지 보이지 않는 손이 아니다. 시장 조정의 메커니즘이 너무 자주 의도적 형태의 개인 대 개인 경쟁심을 포함하기 때문이다. 그렇기에 우리 자신에게 이익이 되는 것은 대개 다른 사람에게 이익이 되지 않는다. 교환이 이루어지는 [애덤 스미스(Adam Smith)가 말했던 것과 같은] 단순 상업 시장과 달리, 여기서는 단지 다른 사람의 유익을 의도하지 않는 것만이 아니다. 시장이 직접적인 개인의 경쟁심에 의해 조직될 때, 자신의 이익을 위해 하는 일은 사실 다른 사람의 이익에 반대된다.

게다가, 여전히 시장 참여자의 등 위에 남아 있는 조정은, 보통의 상업 시장에서 말하는 보이지 않는 손과 대조적으로 결국 모든 사람에게 이익이 되지 않을 때가 많다. 예를 들어, 다른 사람들을 앞지르려는 노력으로 조직되는 일자리 시장에서는 의도하지 않은 많은 결과가 나타난다. 나는 다른 모든 사람보다 뛰어남으로써 나의 개인적 가치를 수립하려 하고 다른 모든 사람 역시 그렇게 한다. 그러나 결국 일어나는 것은 아무도 원치 않는 일이다. 그러한 노력 속에서 거의 모두가 패배한다.

이러한 시장에서 각 참여자의 행동은 상호 이익을 가져오는 것이 아니라 자기 파괴의 형태가 된다. 예를 들어, 원칙적으로 누구든 남보다 뛰어나려 하는 노력을 통해 고용주에게 자신의 개인적 가치를 영구적으로 확보하는 것은 불가능하다. 그러한 노력의 효과는 최종적이지도, 완전하지도 않다. 온전히 신뢰할 수 있는 일종의 완성된 상태의 개인 가치를 확보하는 일은 영원히 일어나지 않는다. 추구하는 가치가 갖는 순수한 위치적 성격 때문에 경주는 결코 끝나지 않는다. 그리고 언제나 또 다른 경주―다른 기술을 요구하는 새로운 일에 대해 고용주가 정한 새로운 마감 기한―가 기다리고 있다.[26] 여기서의 자멸적 역학은 위상 지향적(status-oriented) 소비자 시장에서 발견되는 것과 유사하다. 우리는 다른 사람들이 구매하지 못한 것을 구매함으로써 자신을 차별화하고 그것을 통해 나라는 사람의 가치를 수립하지만, 우리의 성공은 기껏해야 순간에 불과하고 다른 사람들이 따라 하자마자 곧바로 사라진다. 그러면 모든 과정이 다시 시작된다. 투자된 에너지는 낭비되고, 승자는 어디에도 없다.[27]

금융 지배 자본주의에서는 개인이 스스로의 운명을 책임져야 한다는 모든 주장에도 불구하고, 우리가 이익을 얻는 것은 다른 이들의 협조에 달려 있다. 다른 사람들이 우리 자신의 이해관계에 도움이 되는 일을 해주는 것이 필요하다. 그리고 이는 아주 특이한 역학을 설정한다. 수익이 발생하기 위해서는 다른 사람들이 내가 그들이 하기를 바라는 것을 해야 하는데, 동시에 나는 그들이 그로 인한 수익을 얻지 못하게 함으로써 내 몫을 가능한 한 많이 챙겨야 한다. 이는 그들로부터 일종의 독립성을 수립하는 것을 의미한다.

상업 시장과 일자리 시장은 언제나 참여자들이 경제적으로 자족적이지 않음을 전제한다. 사람들이 이미 소유한 것을 토대로 자립이 가능하다면, 그들은 다른 사람들을 위해 일할 필요가 없을 것이다. 생산자들이, 투자한 설비로 수익을 내기에 충분한 양의 생산물을 그들 스스로 생산할 수 있다면 그들을 위해 일할 다른 사람을 고용할 필요가 없을 것이다. 사람들이 필요하고 원하는 모든 것을 그들 스스로 공급할 수 있다면 교환 시장에 참여할 이유가 딱히 없는 것이다. 사람들은 자신이 스스로 생산하지 않는 것을 다른 사람에게 얻기 위해 시장에 자신이 생산한 것을 가져오고, 돈은 그러한 교환을 상당히 확장시킨다. 무엇을 생산하든 그것으로 돈을 획득하면, 우리는 우리에게 필요하다고 생각하는 무엇이든 살 수 있다. 교환에서 내가 제공하는 것—돈—은 언제나 받아들여질 것이다.

금융 지배 자본주의에서는 수익을 위해 다른 사람의 협조가 필요한 이런 종류의 의존도가 크게 강화된다. 우리가 살펴본 것처럼 금융 지배 기업에서 충분한 수익률을 내려면, 단지 사람들이 회사를 위해 일하도록 만드는 것뿐만 아니라 고용주가 바라는 것을 그들 역시 바라도록 만드는 것이 필요하다. 직원들이 그들 자신의 목표 대신 회사의 목표를 추구하는 데 협조하는 것만으로는 충분하지 않다. 고용주가 직원으로부터 최대치를 얻어 내기 위해서는 직원의 이해관계와 고용주의 이해관계가 수렴되어야 한다.

특별히 금융상품이 거래되는 시장에서는 분명 나의 수익이 다른 이들의 행동에 유별나게 강력한 방식으로 달려 있다. 내가 이미 산 것을 그들도 투자를 위해 산다면 나는 이익을 본다. 만약 그들이 사지 않는다면 나의 이익에 차질이 생긴다. 내가 좋은 기업의 주식을 사는 것으로는 충분하지 않다. 다른 사람들도 내가 하고 있는 것을 해야 한다. 단, 이상적으로 보면 나보다 앞서 하지는 않아야 한다.

따라서 합당한 이유로, 독립적 사고는 금융 시장 내에서 일반적으로 공유되는 의견에 종종 제압된다. 시장 여론과 나란히 움직이는 시장에서는 군중을 따라가는 것이 수익을 내는 길이기 때문에, 어떤 주식의 가치에 대한 나 자신의 시각은 다른 사람들이 그 시각을 공유하지 않는 한 (적어도 단기적으로는) 중요하지 않다. 그렇게 되면 시장 참여자들은 그들 자신의 더 나은 판단과 기꺼이 반대로 행동할 때가 많아지고, 그들 개인의 의견이 다수의 다른 시장 참여자들의 의견과 다를 때에는 그들 개인의 의견을 무시하는 경향이 생긴다. 그리고 모두가 다른 모두의 구매 행동에 대해 똑같은 것을 생각하고 있기 때문에, 경로 의존적인 인포메이션 캐스케이드(information cascades, 지나치게 많은 정보 때문에 오히려 원하는 정보를 얻기 어려워 개인들이 다른 사람의 의견을 참고해 의사를 결정하는 현상—옮긴이)가 쉽게 일어난다. 아무도 제대로 이해하지 못하는 이유로 임계치의 사람들이 주식 매입의 공을 굴리기 시작하면, 그 추세는 조금도 수그러지지 않고 계속되는 경향이 있다. 시장에 대해 합의된 여론은 이런 식으로, 시장 참여자 대다수가 거기에 아무런 근거가 없다고 생각할 때조차, 즉 그들 각자는 주가에 대한 일반적 의견이 잘못되었다고 믿을지라도 확고해질 수 있다.[28]

그러한 사들이기에 가세한 어떤 시장 참여자도, 현재 주가가 제반 지표에 의해 타당하게 뒷받침되는지 아니면 터무니없이 부풀려진 것인지 강한 의구심을 표현함으로써 잔치를 일찍 끝내고 싶어 할 리가 만무하다. 경고의 목소리는, 반등이 너무 이르게 마감되는 것 외에도 내가 미처 팔고 빠져나오기 전에 다른 사람들이 팔고 빠지도록 부추김으로써 막상 내가 팔 때는 수익이 하락하게 만들 수도 있다. 따라서 피할 수 없는 거품 붕괴로 시장이 무너지기 전에는, 시장의 정점에서 행동을 취할 최상의 시점까지 그저 조용히 있는 것이 좋다. 아니면, 팔고 난─혹은 공매도로 차익을 취할 수 있는 조치를 취하고 난─뒤에 목소리를 내라.

금융 지배 자본주의에서 수익을 내기 위해 필요한, 다른 사람들에 대한 이 과장된 의존성은, 가장 유리한 방법으로 나의 수익을 보장해야 하는 과장된 필요와 짝을 이룬다. 앞서 살펴본 것처럼, 금융 지배 자본주의는 전체 경제 스펙트럼에서 수익률의 기준을 아주 높게 세운다. 노동자들에게 그들이 생산품에 기여한 가치보다 약간 낮은 임금을 주는 것으로는 충분하지 않다. 훨씬 덜 주도록 노력해야 한다.

그럼에도 금융 지배 자본주의에서 다른 사람들에 대한 의존성은 그들로부터의 어떤 독립성이 유지될 수 있을 때라야 우리에게 유리하게 작용한다. 예를 들어, 고용주들은 특정 노동자들에게 의존하지 않는 만큼 그들에 대해 우위를 선점한다. 만약 현재 직원들이 회사 수익의 더 많은 지분을 요구하거나 그저 회사의 목표에 충분히 헌신되지 않은 것처럼 보인다면, 그들을 해고하고서 더 고분고분하고 헌신된 이들로 교체하면 그만이다.

노동자와 고용주의 의존성은 어느 정도 상호적이다. 최대한 생산적으로 조직된 다양한 활동을 하는 아주 협조적인 노동자들이 없으면, 고용주는 금융 자본주의가 요구하는 높은 수준의 수익을 내지 못한다. 그리고 노동자들은 그들의 임금이 (아무리 부당하게 낮을지라도) 회사 수익으로부터 나오기 때문에, 회사가 잘되지 않는다면 수익을 얻지 못한다. 그러나 노동자들이 고용주로부터 독립적일 수 있는 정도에 비해, 고용주들이 그들의 노동자로부터 여전히 훨씬 더 독립적이다. 금융에 훈육된 기업에서, 노동자들은 그들의 욕망을 기업의 욕망에 완벽하게 순응시켜야 하는 반면, 고용주는 회사의 목표에서 벗어난 어떤 노동자 불만 사항에 대해서도 관심을 기울이지 않아도 된다. 주식의 가치가 모든 것을 좌우하기 때문에, 기업들이 마음대로 고용하고 해고할 수 있는 노동 시장에서 고용주들은 노동자 의견을 간단히 무시할 수 있다.[29]

또한 금융 시장에서 우리는 가격이 오른 뒤 다른 사람들이 팔기 전 결국 우리 자신의 생각대로 매도를 함으로써 다른 사람들로부터 매우 수익성 있는 독립성을 확립할 수도 있다. 고용주가 우위를 선점하게 해 주는 노동자 유동성—노동자를 고용주 마음대로 교체할 수 있는 능력—처럼, 2차 시장의 유동성은 여기서 필수적인 독립성, 즉 (시장이 벌써 겁을 먹지 않았음을 전제로) 언제든 투자한 것을 매도할 수 있는 능력을 제공한다.

게다가, 우리는 다른 사람들로부터의 실제 독립성을 확립하는 조치는 취하지 않은 채, 그저 다른 이들에 대한 의존성을 인정하기를 거부하고 수익을 취할 수도 있다. 우리가 살펴본 것처럼, 금융 지배 자본주의는 자본주의의 패자들에게 개인의 책임을 슬그머니 강요하지만, 이는 도덕주의자들이 승자들 사이에서 자축할 수 있게 해 준다. 사실은 다른 사람들에게 의존하고 있으면서도, 그러한 의존성을 인정하기보다는 모든 공을 자신에게 돌리는 것이다. 그렇게 하면서 우리는 그러한 다른 사람들을 상대로 우리의 수익을 극대화한다. 말하자면, 나는 팀의 성공을 이끌어 낸 정말 중요한 모든 기여가 나의 것이라고 상사에게 확신시킨다. 그것 때문에 나의 보수는 올라가지만 다른 팀원들의 보수는 타격을 입는다. 노동 환경 전체가 우리는 우리에게 합당한 보수를 받는다고 생각하도록 부추기기 때문에, 아마도 나는 그러한 임금 인상 역시 합당하다고 생각할 것이다.

여기서 실패에 대한 책임을 돌리는 것—개인들이 비난받게 하는 것—은 이와 유사하게 개인에게 맞춰진 칭찬과 짝을 이룬다. 그리고 칭찬과 비난 둘 모두의 뿌리에는 우리의 개인 노동 윤리가 있으며, 이것이 우리가 성공에 합당한지 실패에 합당한지를 결정한다.

명백하게 다른 사람들로부터 받는 모든 혜택이 이제는 일의 한 기능이 된다. 심지어 복지 혜택조차 책임감 있는 일자리 찾기를 통해 받게 된다. 유사하게, 나의 자산을 신중하게 보호하는 능력도 일의 산물이 된다. 예를 들어, 개인 보험 구매는 일반적으로 보수를 받는 취업을 요구한다.

성공은 나 자신에게 모든 공이 있는 나의 성취다. 나의 가치는 내가 열심히 일함으로써 만들어진다. 성공을 거둔 나는 나에게 주어진 것을 최대한 활용했고 나 자신이라는 자산의 가치를 높이기 위해 필요한 모든 것을 했다. 따라서 아주 문자적인 의미에서 나는 내가 만들었다. 외면적 재화를 축적하거나 나를 성공의 외면적 장식품으로 두름으로써 그리하지 않고, 스스로를 수익을 내는 자산으로 탈바꿈시킴으로써 그리한다.

근면이 성공의 이유라는 주장은 오래된 개신교 노동 윤리에서 보던 것만큼 강력하지만, 금융 지배 자본주의의 수익 창출 메커니즘은 그러한 근면의 가치를 안정적으로 만들어 줄 이유를 거의 제공하지 않는다. 예를 들어, 금융 지배 자본주의에서 가장 많은 보수를 받는 형태의 직업은 벌어들이는 돈을 쉽게 늘릴 수 있지만, 그 돈은 일한 시간이나 쏟은 에너지에 따라 증가하지 않는다.[30] 그런 직업에서 받는 보수는 시간이나 노력과 어떤 직접적 인과 관계도 없으며, 시간이나 노력에 비례하지 않는다.

금융 지배 자본주의에서 가장 많이 돈을 버는 그런 사람들이 늘 엄청난 강도로 일할 수도 있지만, 일반적으로 그러한 노력과 수익 간에는 오직 우발적 관련성만 존재한다. 예를 들어, 금융 거래인은 완벽한 거래 기회를 찾으며 단 한순간도 컴퓨터 화면에서 떨어지지 않을 수 있지만, 그 거래인의 이해력을 넘어서는 컴퓨터 프로그램의 신호에 따라 단 한 번의 클릭으로 10억 분의 1초 만에 1조 원을 벌 수도 있다. 이보다 더 쉬운-혹은 수익성 있는-일은 없다.

금융 시장에서 금융 수익을 내는 것은 노력을 통해서가 아니라 우리의 재량에 맡겨진 엄청난 돈의 기능일 때가 많다. 막대한 돈을 거는 사람이 시장을 마음대로 움직이는 것이다. 자산의 가격이 오르는 것은 바로 내가 그것을 아주 많이 사들였기 때문이다.

금전적 보상이 늘어날 수 없는 직업을 가진 사람들-예를 들어 환경미화원, 치과 의사, 외식업 종사자처럼 일한 시간과 노력의 정도에 따라 소득이 결정되는 사람들-은 일반적으로 최상위 소득자에 비해 돈을 많이 벌지 못한다. 금융 지배 자본주의에서 소득 격차-최상위 소득자와 다른 모든 사람 간 격차-는 악명 높게 크다. 보상이 열심히 일한 것과 비례하는 경우는 보상이 늘어날 수 없는 직업을 가진 사람들이 경험하는 게 아니다. 오직 수익을 시간이나 노력과 직접적으로 연관 지을 수 없는, 보상이 늘어날 수 있는 직업을 가진 사람들만 엄청난 돈을 가져간다.

금융 지배 자본주의의 몇 가지 다른 특징 역시 공로에 따른 보상이라는 가정과 충돌한다. 따라서 성공이 시장 타이밍의 운에 달린 곳에서는 공로를 찾기가 어렵다. 퇴직 연금 계좌에 있는 돈의 액수는 얼마나 열심히 일했는지에 따라 달라질 수도 있지만, 우연히도 시장이 정점일 때 은퇴한 사람은 부유하게 은퇴하고, 저점일 때 은퇴한 사람은 가난하게 은퇴한다. 성공이 그저 운의 문제라면, 성공적인 투자 펀드 매니저의 수는 우리가 그

저 예측하는 숫자일 것이다.[31]

운을 인정한다고 해서 사람들이 그에 대한 자신의 공로를 주장하는 것을 막지는 못한다. 행동경제학자들이 사용한 독재자 게임에서 발견한 한 가지는 사람들이 보통 운을 개인 공로의 문제로 바꾼다는 것이다. 우리는 완전히 우연으로—말하자면 동전 던지기를 해서—얻은 것을 열심히 일해서 얻은 것과 똑같이 자신의 것으로 여긴다. 따라서 유사하게도 그중 약간이라도 나누는 것을 망설인다.[32] 행동경제학에서의 이러한 일반적 발견과 일치하는 것처럼, 시장 거래자들은 제 시간에 제 장소에 있었다는 데 대해, 주식을 너무 늦게 판 모든 낙오자보다 더 똑똑하고 빠르고 영리하다는 데 대해 그들 자신을 추켜세운다.[33]

승자 독식 시장은 이런 요점을 보여 주는 또 다른 경우인데, 작은 차이의 중요성을 과장하는 것이 그러한 시장의 본성이기 때문이다. 예를 들어, 성과급이 상대 척도를 사용해 책정될 때, 살아남는 소수의 노동자들은 해고되는 이들보다 겨우 아주 조금 더 생산적일 수 있다. 유사하게, 한 공급자의 제품과 이 회사의 시장 매점에 밀려 파산한 다른 공급자들의 제품은 가격과 질에서 차이가 거의 없을 수도 있다. 그러한 작은 차이는 그것이 가져오는 보상과 전혀 비례하지 않는 것처럼 보인다.

기독교에서 말하는 새로운 세계

이 여섯 장에 걸쳐 내가 말한 모든 것은 금융 지배 자본주의의 노동 윤리가 근본적인 기독교적 헌신과 양립할 수 없음을 보여 준다. 이 마지막 부분에서는 그러한 충돌을 자세히 설명하고자 한다.

첫째, 놀랍게도 기독교에서는 어떤 형태든 노동 윤리 자체를 발전시키는 데 직접적 흥미를 갖는다고 생각할 이유가 거의 없다. 분명히 종교개혁 이전의 기독교에서는 경제적 목적을 위한 일보다 관상기도같이 특별히 종교적인 추구를 가치 있게 여겼고, 경제적 목적을 위한 일은 미심쩍은 눈으로 바라봤다. 여기에 노동 윤리가 있었다면, 이는 아주 최소한이었고 극도로 부정적이었다. 경제적 노동은 그 자체로 어떤 특별한 관심도 받지 못했고, 진짜 관심사였던 것, 바로 하나님께 헌신된 삶에 대한 위협을 드러낼 때마다 회피되어야 했다. 힘들게 일하는 것은 종교적 문제를 추구할 에너지를 빼앗고 그러한 목적에 집중하지 못하게 만든다는 점에서 좋은 것이 아니었다. 이는 정말로 그 뿌리부터 비인간화하는 특징이 있었다. 물론 누군가는 물질적 안녕을 보장하기 위해 열심히 일해야 했지만, 그 일은 목적론적 의미를 가지고 더 높은 종교적 목적을 위해 행해졌다. 어떤 사람들이 밭과 시장에서 일함으로써 다른 누군가는 지식과 하나님의 사랑을 온종일 추구하는 자유로운 시간을 가질 수 있었던 것이다.[34]

경제를 포함하여 인간 삶의 전 영역에 영향을 준 종교개혁도 이 서열에는 그다지 이의를 제기하지 않았다. 하나님을 섬기고 예배하는 일이 여전히 그 무엇보다 중요했지만, 다만 이제 누구든 그들의 일상적 활동 안에서, 또한 그러한 활동을 통해 그것을 추구할 수 있었다. 영적 추구를 위해 경제적 노동을 경시하던 수도원 윤리가 모든 것을 관장하도록 확장되는 것이 그다지 거부되지 않았다. 수도원 생활 자체는 단지 하나님께 헌신될 수 있는 삶의 종류에 대한 제한적 독점권을 표상한다는 점에서만 비판을 받았다.

하나님에 대한 헌신이 본성상 특별히 종교적이지 않은 활동에서도 똑같이 추구될 수 있다는 것은 그러한 활동의 가치를 높여 주기는 했지만, 직접적이지 않은 경우가 많았다. 예를 들어, 경제 활동의 성격—예컨대 힘든 일을 포함하는 것과 같은—자체가 그것을 종교적 관심의 대상으로 만드는 것은 아니었다. 그 종교적 가치는 그러한 일 안에서, 그러한 일을 통해 하나님에 대한 헌신을 표현하는 우리의 능력에서 나왔다. 따라서 일에 대한 동일하고 오래된 종교적 우려, 즉 우리의 에너지를 소모하고 잘못된 곳에 이용할 수 있는 그 능력에 대한 우려는 여전히 표면 위로 다시 올라올 수 있었다. 금융 지배 자본주의에서 노동자들에게 주어지는 이례적 요구를 고려할 때, 우리는 그러한 우려가 지금도 더할 나위 없이 타당하다고 생각할 수 있을 것이다. 하루 24시간을 일하는 데 씀으로써 찾아오는 완전한 탈진이 어떻게 우리의 종교 생활에 긍정적으로 기여할 수 있는지는 알기 어렵다.

정말로, 경제 활동을 그 자체로 가치 있게 여기지 않는다는 바로 그 사실이 막스 베버가 생각한 개신교의 특정 형태를 그토록 경세적으로 중요하게 만든 점의 핵심이다. 자본주의가 만들어지고 작동하기 위해서는, 사람들이 자신의 노동에 따른 열매를 누리는 데 특별히 관심 갖지 않은 채 열심히 일하는 것 자체를 위해 열심히 일하는 것이 필요했다. 예를 들어, 자본주의에서는 사람들이 자신을 위해 돈 쓰는 것을 계속해서 미루고 모으기만 함으로써—다시 말해, 어떤 금욕주의를 드러냄으로써—투자 목적을 위한 자본을 축적하는 것이 필요했다. 그러나 이런 의미에서 일이 그 자체로 목표가 되려면, 즉 즐길 만한 결과와 상관없이 추구하는 무언가가 되려면, 사람들이 자신의 물질적 향유와는 아무 상관없는 이유로—예를 들어 자신이 구원받았는지 알려는 종교적 이해관계를 만족시키기 위해—일을 해야 했다. 그렇게 함으로써, 자본주의는 종교적 관심을 위해 물질적 안녕에 대한 경제적 관심을 기꺼이 희생하는 사람들에 의해 증진되었다.

물론 그 자체로의 경제 활동에 대한 이러한 평가 절하는, 그 활동 자체가 하나님을 섬기는 길이 될 때 완화된다. 특별히 일부 루터교에서는 경제적 추구를 통해서도 직접 하나님을 섬길 수 있는데, 이는 그러한 활동 자체를 하나님이 주신 소명이자 우리의 삶을 위한 하나님의 특별한 계획의 일부라고 생각하기 때문이다. 그런 관점에서는 아주 열심히 일하는 것이 적절하게 고조된 형태로 하나님을 섬기는 일이며, 사람들에게 그러한 임무를 맡기신 하나님께 헌신하는 방식이 될 것이다.

경제 활동에 그렇게 직접적으로 종교적 가치를 부여하는 것은 종교적 목표와 세상적 목표 간의 어떠한 명확한 분리도 중요한 의미에서 복잡하게 만든다. 구원을 누리는 것을 죽음 이후로 미루기보다 그리스도 안에서 우리의 구원을 이루어 나간다는 것은 바로 지금 우리 자신과 세상의 물질적 안녕을 위해 일하는 것을 의미하기도 한다. 구원은 단순히 장차 올 육체의 부활을 기다리는 것이 아니라, 물질적 삶이 더 나아지도록 변화시키기 위해 바로 지금 작동하는 것이다. 개인적 변혁을 가능하게 하시는 그리스도의 선물은 삶 전체를 통하여 펼쳐질 수 있으며, 따라서 경제 활동 역시 더 나아지도록 변화시킬 수 있다.

경제적 추구에 종교적 가치를 직접적으로 부여했을 때 문제는, 아무리 제한적이고 굴욕적이더라도 사회가 우리에게 지우는 어떤 형태의 일자리든 다 종교적 승인을 받게 한다는 점이다. 이미 확립된 것은 적절하다고 여겨지는데, 부분적으로 이는 세상을 조직하시는 하나님의 섭리 때문이다. 그러나 내가 믿기로, 만약 구원이 육체의 물질적 안녕을 포함하고 그러한 구원을 가져오시는 그리스도께서 삶을 변화시키기 위해 지금도 일하고 계신다면, 이미 확립된 형태의 경제적 불의에 대한 이런 종류의 승인은 이치에 맞지 않는다. 우리를 탈진시키고 굴욕감을 주는 현재 주어진 일에서 하나님을 섬기는 것이 가능하다면, 모든 것에 안녕을 주시려는 하나님 자신의 노력과 보다 일치하는 형태의 일자리에서는 얼마나 더 훌륭하게 하나님을 섬길 수 있겠는가? 보편적 자비를 베푸시는 하나님의 의도를 확장하고자 한다면, 현재 세상의 경제 구조는 변화되어야 할 것이다. 우리의 근원적 자기 변혁을 가능하게 하시는 그리스도는 우리에게 경제적 삶에서도 변화를 이룰 수 있는 힘을 주고 계신다고 추정할 수 있다.

여기서 종교적 목적은 여전히 단순히 경제적 목적보다 우위에 있다. 3장에서 살펴본 것처럼, 그러한 이유에서 종교의 우선권은 항상 경제적 헌신과 다소 느슨하게 함께하며, 경제적 헌신을 상대화하고 그 안으로 흡수되지 않는다. 그러나 이 효과는 삶을 총체적으로 변화시키는 기획 안에서 종교적 헌신이 경제적 헌신을 포함하는 방식의 한 기능이다. 경제적 안녕을 추구하는 변화된 방식이 그러한 종교적 기획의 긍정적인 부분이 된다.

내가 기술한 방식이 이 시대 자본주의의 사업적 자아를 떠올리게 하기는 하지만, 이 개신교적 기획은 자본주의에서 의미하는 사업뿐만 아니라 자본주의의 노동 윤리에도 따르지 않는다. 정말로, 이 종교적 기획이 하나의 사업이 되는 특유의 방식은 이 시대의 사업적 자아 기획과 근본적으로 상충하는 기획을 형성할 정도로 독특하며, 여기서 재생산된다. 이 종교적 기획의 윤리는 일종의 반노동 윤리와 다름없을 만큼 특이해도 정말 특이하다.

근본적으로 그러한 종교적 기획의 성공은 우리 자신이 이루는 것이 아니며, 따라서 보통의 사업이 될 수 없다. 우리는 그리스도의 영향력이 가져오는 결과로서의 성공에 대한 어떤 현실적 소망을 가지고 그러한 기획에 참여한다. 우리는 그리스도의 영향력과 별개로 그러한 기획에 참여하도록 우리 자신을 설득하거나 스스로 의지를 발휘할 수 없다. 그러한 기획을 규정하는 전적 헌신은 단순히 우리의 더 많은 노력으로 보장될 수 없다. 그리스도가 그러한 기획에 시동을 걸고 앞으로 나아가게 하는 엔진이다. 따라서 그 성공에 대한 공로 역시 우리에게 돌릴 수 없다.

우리는 다른 종류의 삶을 살아가는 데서 우리의 구원을 이루어 나가도록 부름받았지만, 그러한 삶을 사는 것은 여전히 그리스도의 선물이다. 자기 개혁은 오직 그리스도 자신이 우리의 활동 안에서, 또한 우리의 활동을 통해서 일하심을 통해 이루어진다. 그리스도와 상관없이 그저 우리 스스로 행한 어떤 기여도 그러한 진보를 가로막을 뿐이다. 그리스도와 독립적으로 일함으로써 성공에 대한 책임이 우리에게 있다고 주장할 때 우리에게 남는 것은 우리의 죄뿐이다.

그리스도께서 이루시는 일이기에, 하나님의 뜻에 순응하는 것, 곧 우리의 부르심에서 성공하는 것은 그저 우리 자신의 개인적 책임이 될 수 없다. 그러한 순응은 우리 자신의 노력을 필요로 하지만, 그 성공이 우리의 노력 여하에 달린 것은 아니다. 종교적 기획에서 수익성 있는 활용은 가장 기초적인 수준에서 우리 자신의 손에 달려 있지 않다. 성공은 하나님의 능력이 하는 기능이다. 따라서 우리는 우리 자신의 죄로 물든 무능력과 실패로 인한 가장 암울한 순간조차 전혀 두려할 것이 없다.

이런 이유로, 종교적 기획에서의 성공은 다른 사람들과 비교하는 개인적 가치를 세워 주지 않는다. 정말로, 그에 대해 순전히 개인적 책임을 주장할 수 있는 정도에 한해서 그러한 성공은 별다를 게 없어진다. 그리스도의 삶이 세운 전혀 죄 없는 기준과 비교한다면, 은혜 받은 죄인들의 성취 간 차이는 전혀 중요하지 않다. 여전히 죄인인 모두는 근원적으로 부족하다. 정말로 그리스도의 삶처럼 하나님께 온전히 헌신된 삶은 양단간의 문제다. 그리스도와의 관계에 의한 그러한 삶의 방식에 의해 규정되느냐 아니냐 둘 중 하나인 것이다. 우리 안에 있는 그리스도의 생명에 의해 가능해지는 질적으로 구별되는 형태의 삶으로서, 그러한 삶은 근본적으로 점차 근접해 가거나 점증적으로 접근할 수 있는 종류의 것이 아니다. 우리 자신의 성취를 표시하는 성공의 정도는, 오직 우리의 삶이 우리 자신의 것이 아니며 그리스도의 행하심이라는, 그러한 상태의 질적 변화를 드러내는 정도에 관한 것이다. 그리고 삶 전체의 모든 면에서 그리스도 안에 있는 새로운 생명의 형태를 성공적으로 드러낸다 해도, 여전히 어떤 근본적 방식으로도 다른 사람들과 우리 자신을 구별하는 것은 허락되지 않는다. 우리가 그들과 공유하는 것 덕분에, 우리가 할 수 있는 동일한 것을 그들도 할 수 있으며, 그리스도의 도움으로 그들도 언젠가 성취할 것이다.

그렇기 때문에 종교적 목표를 추구하는 데 다른 사람들보다 뛰어남으로써 그들보다 경쟁적 우위를 차지하려는 것은 아무런 의미가 없다. 그리스도께 은혜를 받은 사람으로서 우리의 개인적 가치는 근본적으로 다른 사람과 비교해 우리의 위치가 어디인지에 달려 있지 않다. 더 넓은 세상에서의 경쟁적 시합에서 차별점을 찾는 것은 철저하게 거부된다. 새로운, 특별히 종교적인 형태의 그러한 시합은 존재하지 않는다. 여기서 우리가 나라는 사람을 평가하는 기준―그리스도의 존재 방식―은 상대적이지 않고 절대적이다. 그 기준을 만족시키는 수단은 개인적 노력에 따르는 조건적인 것이 아니라, 그리스도 자신의 형태로 모든 사람에게 주어진다. 그리고 그러한 성공을 표시하는 상태는 어떤 구별도 없이 모두가 공유할 수 있다. 내가 구원을 얻는 것은 다른 사람을 배제하지 않는다. 구원은 갖기 위해 다투어야 하는 희소한 선(good)이 아니다. 혹은 다른 사람이 그것을 누리면 나는 누릴 수 없음을 암시하는 방식으로 분할을 통해 접근할 수 있는 것도 아니다. 그리스도인들은 언젠가 모두 함께 동일한 선인 하나님의 영광을 충만하게 누리게 되리라 소망한다. 정말로, 구원을 다른 사람들을 배제함으로써 확보하는 나의 사적 소유물이라고 생각할수록 내가 언제든 그것을 획득할 수 있을지에 대해 걱정할 이유는 더 많아진다. 하나님이, 말하자면 자격 규정 조건을 세움으로써 구원을 일부만의 일종의 배타적 소유로 바꾸실수록 나 역시 걱정할 이유가 더 많아지는 것이다.[35]

결국 중요한 것은 하나님과의 관계, 하나님이 보실 때 나의 가치이지 다른 사람과 비교하여 평가된 나의 상대적 가치가 아니다. 금융에 훈육된 자본주의에서 수익으로 이어지는 모든 입지 다툼을 초월해 계신 하나님은 그 가치가 오르내리지 않으시며, 그렇기에 우리에게 안정된 가치의 원천을 제공하실 수 있다. 다른 사람들과의 관계에서 나의 위치가 어디인지와 상관없이 하나님은 여전히 나의 창조자이시며, 내가 그분의 의도로부터 얼마나 멀어져 있든 여전히 나를 좋게 보시고 고려할 가치가 있다고 여기신다. 금융 시장과 달리 여기서는 상대적 위치에 기초한 평가가 외부 기초 자산—하나님—과 결코 분리될 수 없음이 분명하다. 사람들이 서로와의 관계에서 죄악된 본성으로 인해 얼마나 멀리 탈선해 있든지, 그들은 결코 궁극적으로 그들의 가치를 찾을 수 있는 지점이자 통로이신 유일하신 하나님과 동떨어진 채 순전히 자족적이고 순전히 자기 지시적인 방식으로 자유롭게 표류하지 않는다.

여기서, 금융 지배 자본주의에서 다른 사람들의 수익에 뒤지지 않으려고 모든 사람이 경쟁적으로 노력하는 대장 따라 하기 효과는 다른 사람들과의 관계에서 내가 차지하는 위치와 상관없는 가치 기준의 반전 가능성에 의해 좌절된다. 어디에 돈을 걸어야 좋을지에 대한 다른 사람들의 의견을 따름으로써 단순히 그들의 행동에 맞추는 것으로는 어떤 수익도 얻지 못한다. 고용주에게 다른 이들과 비교해 나의 상대적 가치를 증명함으로써 다른 사람들의 시각에서 나의 가치를 확보하기 위해 노력해야 한다는 부담 역시 받지 않아도 된다. 동료들에 의해 세워지는, 계속 변하는 근면의 기준을 만족시키지 못했기 때문에 고용주의 시각에서 나의 좋은 평판을 잃고 심지어 일자리까지 잃는다고 해서 내가 나쁜 사람이 되는 것은 아니다. 나를 남들과 구별 짓기 위해 더 열심히 일하는 것이 나를 더 나은 사람으로 만들지는 않는다. 정말로 그러한 종류의 경쟁적 시합은 새 하늘과 새 땅 모두에서 배제된다.

이 종교적 기획은 우리를 고립된 개인이 아닌 어떤 집단의 일원으로 선별한다는 점에서, 성공이나 실패의 책임을 개인이 떠맡는 것 역시 의미가 성립하지 않는다. 그러한 부르심을 추구하는 각자의 고유한 방식에서 분명하게 드러나는 다른 사람들과의 모든 차이에도 우리는 여전히 그들과 똑같은 피조물, 그들과 똑같은 죄인, 그들과 똑같은 하나님의 구속 사역의 대상이다. 다른 사람과의 차이가 그 공유하는 조건을 떠나 멋대로 우리를 덮어 버리거나 잡아당길 수 없다. 따라서 혼자서 행동을 취함으로써(말하자면, 다른 모든 사람보다 먼저 팔고 빠져 나와 나의 수익을 최대화함으로써) 공동의 조건이나 운명에서(말하자면, 금융 거품의 붕괴로부터) 벗어나려는 노력은 권장되지 않는다.

요약하면, 공동의 기원과 운명에 대한 기독교의 믿음은 금융 지배 자본주의의 심장에 있는 위험 부담과 보상의 사유화를 거부한다. 도덕적으로, 또한 다른 식으로 실패한다는 점에서 우리는 다른 사람들과 한 배를 탔다. 그리고 우리는 오직 하나님의 은혜로 구원을 얻는다.

기독교가 우리 자신을 집단의 일부로 보도록 장려한다고 해도, 이는 우리의 개별성을 희생시키지 않는다. 그리스도 안에서 우리를 창조하고 구속하시는 하나님은 우리를 그저 모든 것을 포괄하는 일반적 시각에서 보시지 않고 특정한 한 개인으로 보신다. 우리가 다른 사람과 구별되는 개인으로서 갖는 특정 성격은, 하나님이 우리를 창조하시고 인도하시며 죄에서 구속하시는 것만큼이나 분명히 하나님의 관심의 대상이다.

그러나 노동 윤리와 직접적으로 상반되게, 하나님이 보실 때의 우리의 가치는 우리를 다른 사람들과 구별해 주는 특정한 성취에 따라 **조건적**이지 않다. (어떤 근본적 의미에서는 모든 사람이 그런 것처럼) 하나님이 요청하신 것을 하는 데서 완전히 실패한다고 해도 우리는 하나님의 눈에 여전히 가치 있다. 하나님은 심지어 내가 죄인이어도, 그리고 특별히 죄인이기에 여전히 나의 구원자이시다. 개인은 자신의 고유한 개별성을 수립하는 것을 돕는 특정한 성취를 통해 다른 사람보다 자신을 돋보이게 한다. 하나님은 그들을 특정한 개인들로 사랑하시기 때문에, (적어도 그들의 개별성이 단순히 다른 사람들보다 자신을 돋보이게 하는 것을 죄악되게 움켜쥐는 것이 아닐 때) 그들의 고유한 개별성과 성취 역시 사랑하실 것이다. 그러나 그러한 성취가 그들이 하나님께 소중한 존재로서 관심을 받는 근본 이유는 아니다. 하나님의 관심은 그러한 성취에 선행하며 그것으로 인해 달라지지 않는다. 하나님은 우리가 실패할 때보다 성공할 때 우리를 더 많이 사랑하시는 분이 아니다. 더 많이 사랑한다는 것이 우리의 안녕에 더 많은 관심을 기울이시는 것을 의미한다면 말이다.

그저 하나님의 사랑이 무조건적 방식으로 그 대상에 선행하는 게 아니다. 또한 하나님은 사람들에게 추구하도록 부여된 어떤 목적을 위해 그들을 창조하시고 구원하시지 않는다. 하나님이 그들을 창조하시고 구원하시는 목적은 그들로 하여금 어떤 생산적 활동에 참여시키는 것이 아니다. 따라서 노동 윤리는 하나님의 창조와 구원의 목적에서 어떤 부분도 차지하지 못한다.

하나님은 사람들에게서 무언가가 필요해서, 그들이 힘들게 일해야만 얻을 수 있는 무언가가 필요해서 그들을 창조하시고 구원하시지 않는다. 우리의 노력 없이는 하나님이 결핍하게 되는 무언가를 얻기 위하여, 필요에 의해 행동하시지 않는다. 하나님은 사람들이 하나님의 뜻에 완전히 헌신된 삶을 살기를 원하시지만, 그것이 처음부터 하나님이 그들을 창조하거나 구원하신 이유는 아니다. 하나님은 단순히 하나님의 생명을 나누기를 원하시고, 그렇게 함으로써 그 생명의 충만함이 하나님이 아닌 어떤 것 안에 반영되기를 원하신다. 정말로, 하나님이 우리를 창조하고 구원하실 때, 그분은 우리의 죄악이 가져온 방해, 궁극적으로 하나님이 그리스도 안에서 세상에 오실 수밖에 없게 한 그 방해를 넘어, 또한 방해에 맞서 충만한 하나님의 생명을 우리에게 전달하기 위해 필요한 모든 것을 하고 계신다. 우리가 아는 존재이자 의지를 발휘하는 존재로 창조되었음을 고려할 때, 하나님은 우리가 그분께 우리의 삶을 바치는 적극적이고 의도적인 노력을 통해 그분의 생명을 반영하기를 의도하신다.[36]

    이런 식으로 우리는 우리의 삶에 대하여 생산적이도록—하나님의 도움을 받아 우리를 하나님의 형상으로 고쳐 가도록—하나님에 의해 창조된 반면, 반드시 다른 어떤 측면에서 생산적이도록, 즉 그 밖의 다른 것을 생산하도록 부름받지는 않았다. 자본주의에서 (또한 그에 대한 마르크스주의의 비판에서) 일반적인 생산의 인류학과는 달리, 우리는 오직 다른 것들을 생산함으로써만 우리 자신을 생산할 수 있다고 생각할 이유가 없다. 사물에 행하는 어떤 종류의 일은 물질적 안녕을 창출하기 위해 필요하며, 이는 궁극의 안녕인 하나님의 생명을 비추어 내는 일의 일부다. 그러나 그리스도인들은 힘들게 일하는 것, 특별히 힘들게 노동하는 것을 타락과 연관 짓는다. 하나님이 의도하신 세상이 무질서하게 되기 이전의 에덴에서는 극도의 노력이 필요하지 않았다.

자본주의는 (적어도 원칙적으로는) 물질적 안녕을 생산하는 인간의 능력을 증진시킬 수 있다. (일부의) 사람들이 현재 누리는 많은 것이, 기계로 가능해진 생산 활동의 조직 없이는 상상조차 할 수 없다. 그러나 인간이 하나님의 안녕을 비추어 내는 일에 물질적 안녕이 포함된다고 해서, 삶의 증진을 위한 이 특정 메커니즘과 노력으로 채워진 강도 높은 일에 대한 요구가 필수는 아니다.

게다가, 하나님이 세상과 맺으시는 관계에 대한 이러한 이해에 따르면, 가치는 우리를 통해, 우리의 노동을 가치와 혼합함으로써 세상에 들어오는 것이 아니다. 우리가 하는 일의 대상인 물질은, 하나님이 하시는 창조적 활동의 비목적적 '생산물'을 형성한다는 점에서 우리의 활동에 선행하는 가치를 갖는다. 하나님은 하나님의 영광을 반영하는 것 외에 다른 목적이나 목표를 위해 그것들을 창조하시지 않았다. 우리도 유사하게 우리 존재의 가치를 창조하거나 우리 자신에 대한 것이든 다른 물건에 대한 것이든 우리의 생산적 활동을 통해 어떤 가치를 창조할 책임이 없다. 근본적으로 비목적적이며 그런 의미에서 비생산적인 하나님의 활동이, 우리의 특정 능력과 그것이 이루어 내는 성공의 정도와 상관없이 우리가 행하는 모든 생산 활동의 근본 가치를 보장하는 토대가 되어야 한다.

인간의 일에 부여되는 가치의 원천이 근본적으로 약화된 생산의 인류학과 더불어, 금융 지배 자본주의의 고양된 노동 윤리는 붕괴된다. 우리는 더 이상 어떤 보통의 의미에서도 일을 통한 개인적 성취를 기대해서는 안 된다.

이 시대 자본주의의 노동 윤리가 전복될 수밖에 없다면, 단순히 이 시대의 자본주의가 약속하는 대로—사실은 요구하는 대로—일을 즐길 수 있게 만듦으로써 소외를 가져오는 일의 성질을 제거하는 것으로는 더 이상 충분하지 않다. 이 시대의 자본주의는 이렇게 주장한다. (기업이 갖게 되는) 생산물과 상관없이 일 자체를 즐겨라. 일을 자기표현의 소중한 형태이자 자기실현의 수단으로 여겨라. 하지만 일에 더 많은 것을 기대하고 일이 추정상 발생시키는 가치가 더욱 종합적이고 완전할수록, 그러한 기대가 충족될 가능성은 더 낮아진다.[37]

보수를 받는 일자리 너머로 생산적 활동을 확장하여 내가 정말로 하고 싶은 일을 위해 시간과 에너지를 확보하는 것으로도 충분하지 않다.[38] 공예와 빵 굽기같은 보다 소박하고 덜 자본 집약적인 종류의 생산 활동을 위해 일을 줄일 수도—굶지 않을 만큼은 돈을 벌고 있다는 가정하에—있다.[39] 혹은 보수를 받는 일자리가 점령한 시간과 공간 외부에서 자신을 위한 시간과 공간을 찾아내—아마도 새벽 서너 시 침대 위에서?—온전히 내가 설정한 목표를 위해 내가 자유롭게 선택한 동반자들과 함께 자기에게 공들이는 실험을 할 수도 있다.[40] 그럴듯하게 보이기는 하지만, 그러한 모든 전략은 일에서의 자유를 추구함으로써 일의 가치, 즉 가치를 생산하는 일의 능력을 전제한다.

혹은 저항하기 위해 우리는 자본주의와 그것이 주장하는 생산성이 몰아내는 삶의 영역에 머무를 수도 있다. 강요된 실업을 반항적 방식으로 최대한 활용할 수도 있다. 비생산적이기를 추구하면서 느긋함을 즐기고 생계 해결이 필요할 때는 영원히 갚을 생각 없이 대출을 받음으로써, 자신의 생산성 부족을 명예의 표창처럼 달고 다니는 것이다.[41] 더 반항적인 경우, 총파업을 실행함으로써 일하기를 거부하고 어쩔 수 없이 받아야 했던 대출 서류를 불태울 수도 있다.[42] 이보다 더 반항적으로 되려면, 자산을 낭비하는 파괴적 행동에 의도적으로 가담함으로써 분명히 비생산적인 데에 열중할 수도 있다.[43]

불행히도 이런 종류의 전략에도 불구하고, 돈을 받는 일자리에서의 배제는 금융 지배 자본주의에서 돈벌이가 이루어지는 주요 방식이 되어 왔다. 정말로 바로 그러한 이유로 사람들은 빚을 질 수 밖에 없고, 그 지점에서 누군가는 떼돈을 번다. 그리고 실패야말로 금융 지배 자본주의에서 돈벌이 수단들이 우리로 하여금 기대하게 만드는 것이다. 예를 들어, 바로 그러한 기대 때문에, 불량 채권이 무가치해지기 전까지 다른 누군가에게 그토록 흔히 떠넘겨질 수 있었다. 예상된 실패가 수익의 원천이 된다. 이것이 대출을 묶어서 만드는 채권이 그토록 고이율일 수 있는 이유다. 일반적으로, 현상이 그대로 유지되게 하는 것을 우리가 판을 떠남으로써 전복할 수는 없다. 아니면, 모두가 빚이 있는데 파업을 하는 경우, 우리는 그저 적자 상태가 될 뿐이다. 직장도 없고 빚도 없으면, 그다음엔 어쩌라는 말인가?

여기서 발전시킨 기독교적 입장 가운데 그러한 저항 행위를 대체할 수 있는 것은, 나 자신과 맺는 관계가 다른 사람들과 맺는 관계와 어떻게 관련되는지에 관한 아주 다른 가정에 의해 구축된 공동체다. 이 반노동 윤리 안에는 온전한 대안적 세상을 형성하는 능력과 함께 반노동 윤리 자체의 사회적 전제와 함의가 들어 있다.

힘들게 일하는 것에 대한 필요에서 이탈한 이 푸코 스타일의 윤리는, 하나님께 의존하고 있다는 인식을 통해 분별력을 얻는다. 하나님께 의존하고 있다는 인식이 우리가 행동의 도덕적 주체로서의 자신과 관계 맺는 방식을 형성한다.⁴⁴ 우리는 우리 자신과의 이 가장 근본적인 관계에서 자신보다 하나님을 더 의존하기 때문에, 다른 사람들에 대한 의존성을 기꺼이 인정할 수 있어야 한다. 따라서 그러한 의존성을 인정하지 않는 금융 지배 자본주의의 수익 창출 메커니즘은 반박된다.

종교적 기획은 협동 기획이다. 다른 사람들이 그 기획 안에 함께 있고,

따라서 당신을 도울 수 있다. 예를 들어, 그 기획에 참여하는 것이 어떤 식으로 드러날 수 있는지 (좋은 방향으로든 나쁜 방향으로든) 표본을 제공해 줄 수 있다. 종교적 기획이 협동 기획이라는 것은 세상을 향한 하나님 자신의 목적과도 일치한다. 그리스도 안에 계시는 하나님은 하나님 나라, 곧 하나님이 토대가 되시고 이끄시는 공동체를 이루어 가신다.

그러나 이보다 더 나아가, 우리가 하나님께 의존하기 위해서는 어느 정도 다른 사람에게 의존하는 게 필요하다. 하나님 의존성이 하나의 삶의 기획으로서 우리에게 전달되기 위해서다. 우리가 그러한 기획을 떠받치고 계시는 하나님을 의존하고 있다는 인식은 언제나, 하나님이 그리스도 안에서 그들을 위해 행하신 것에 부합하는 삶에 이미 헌신되어 있던 다른 사람들에게서 시작된다. 하나님은 그 사실을 아는 사람이 있든 없든 정말로 인간 삶의 성격을 변혁시키기 위해 일하고 계시며, 그런 의미에서 독립적으로 다른 인간의 의도적 삶의 기획과 독립적으로 일하고 계신다. 아무도 그 사실을 인식하지 못하며 그에 따라 살고자 시도하지 않을지라도, 세상은 그리스도로 인하여 다르다. 그러나 그리스도께서 홀로 성취하신 것을 우리가 앎으로, 또한 기꺼이 지금 우리 삶의 기획을 위한 토대가 되게 하는 것은, 그리스도의 성취가 자신의 삶에 갖는 의미에 대해 다른 사람들이 증언하는 것에 의존할 때만 가능하다.

그리스도께서 사셨던 인간의 삶은 하나님이 인간과 함께하신다는 것이 인간의 삶에 무엇을 의미하는지에 대한 가장 중요한 증언이다. 그의 죽으심을 기해, 그리스도 자신에 대한 다른 사람들의 증언―그분과 동일한 종류의 삶을 살아가려는 그들의 노력―은 비록 불완전하지만, 이 증언의 노력을 오랜 시간에 걸쳐 이어 간다. 정말로, 오직 하나님만이 구원받은 존재의 특징인 인간의 변혁을 가능하게 하는 힘을 공급하실 수 있지만, 그 힘이 누군가의 삶 안으로 들어와 그것을 변화시키기 위해서는 그리스도의 인성과 함께 시작되어 그의 몸을 이루는 지체인 다른 인간들의 협력을 통해 그 영향력이 이어지는 중개 없이는 불가능하다. 그리스도의 영향력은 여전히 대체 불가능하지만, 그분의 죽으심을 기해 그 영향력은 아주 문자적인 의미에서 그분과 더불어 생명의 공동체를 형성한 다른 인간들을 통해, 즉 그들 자신에 대하여 죽음으로써 이제 그리스도의 생명으로 살아가며 그들 자신의 삶이 근본적으로 개조되어 그리스도의 삶의 연장이 된 인간들을 통해 전달된다. 그리스도 안에서 이미 개조되는 과정 안에 있으면서 그분을 증언하고 자신들의 삶의 방향을 그분께 맞춘 인간들은, 그리스도께서 물리적으로 부재한 상황에서 그분과 함께하는 삶의 이 동일한 공동체를 다른 사람들에게 전달한다.[45]

그러나 하나님에 대한 의존성은 다른 사람들에 대한 의존성 안으로 함몰되지 않는다. 따라서 우리는 금융 지배 자본주의가 다른 사람들에 대한 아주 강력한 의존성을 부추기는 것과 같은 방식으로 이익을 얻기 위해 우리 자신을 다른 사람들의 공동체 안으로 함몰시키도록 부추겨지지 않는다. 그리스도를 제외한 다른 모든 사람은 그리스도께서 수행할 힘을 주시는 종교적 기획에서 근본적으로 실패한다. 정도는 다르지만, 그들 모두 여전히 죄와 싸우는 중이다. 그들 안에 있는 그리스도의 영향력이 아닌 그들 자신의 인격을 통해 다른 사람들에게 영향을 끼치는 정도에 비례하여, 사람들은―그들이 그리스도의 영향력을 드러내는 방식 안에 여전히 남아 있는 죄로 인해―다른 이들의 종교적 기획을 방해하기 쉽다. 정말로, 사람들이 설령 죄를 완전히 정복하고 그리스도를 가장 투명하게 드러낸다 할지라도, 그들 자신의 인간적 영향력에 초점이 맞춰져 그것이 그리스도의 영향력을 대체한다면 다른 사람들의 종교적 기획을 망칠 수 있다. 그들은 스스로 그리스도를 대신하는 일종의 죄악된 대체물로서 다른 사람들의 변화를 위한 추동력이 될 것이다. 역설적이게도, 우리는 다른 경우에는 성인(saints)처럼 보이는 사람들에 의해 행해지는 그러한 자기 지시적 형태의 신앙적 소통보다 더 심각하게 타락한 영향력을 상상할 수 없다. 동일한 이유로, 그리스도의 영향력을 전달하는 인간 전달자의 성스러움에 초점을 맞추는 것-말하자면, (도나투스파 논쟁에서처럼) 다른 사람보다 더 죄악된 것처럼 보이는 종교 지도자들과 성체에 함께 참여하기를 거부하는 방식으로-은 공동체적으로 발전하는 종교적 기획에 똑같이 타락한 영향력을 끼친다.

우리는 결코 하나님을 의지하는 방식으로 다른 사람을 의지해서는 안 된다. 그렇게 하는 것은 그 사람들을 우리의 종교적 기획에 자기 패배적이고 파괴적인 결과를 가져오는 우상으로 만들 수 있다. 그들은 우리가 성공하는 데 도움을 줄 수 있지만, 하나님처럼 우리의 이익을 보장하지는 못한다. 그들은 우리와 똑같이 죄에 취약하기 때문에, 그들이 오직 하나님만 하실 수 있는 일을 수행하는 척하려 한다면 우리는 끊임없이 그들을 떠받치는 일을 해야 한다. 그렇게 함으로써 우리는 그러한 우상의 노예가 되어 우리가 이익 보장을 위해 의존하는 이른바 그 성인 같은 사람들이 끼치는 유익을 좇는 궁극적으로 무익한 노력을 계속해서 끝없이 할 수밖에 없게 된다.[46]

다른 사람들의 도움으로 그리스도와 의식적으로 더불어 살아가는 삶의 공동체에 일단 들어가면, 우리는 필요하다면 혼자서, 즉 더 이상의 의도적 도움 없이 헤쳐 나갈 수도 있다. 다시 말해, 우리에게 아주 왜곡된 방식으로-예를 들어, 자축하는 방식으로 그들 자신의 성스러움에 관심을 돌림으로써-영향을 끼치는 죄인들에 둘러싸여 있다고 해도, 우리는 우리의 종교적 기획을 진전시킬 수 있다. 그 진전은 본질적으로 그들이 아닌 그리스도에 의해 힘을 공급받기 때문이다.

따라서 기독교의 종교적 기획은 단지 각자가 고유하게 기여하는 협동 기획이라는 점에서 이 시대 자본주의의 사업적 자아 기획과 구별되는 것이 아니다. 모든 형태의 자본주의와 마찬가지로 금융 자본주의에서도 가치는 한 사람이 창출할 수 없으며 (기계를 사용하는) 조직화된 활동을 통해 만들어진다. 이러한 금융 자본주의에서의 공동 사업에서는 사람들이 서로를 도우려는 의도가 없을 수도 있다. 그러나 만약 내가 기독교 공동체에 대해 말하는 것이 옳다면, 그리스도인들도 다른 사람들을 도우려는 강한 의도를 가지고 행동하지 않을 수 있다. 그 대신, 그들이 다른 사람들에게 끼치는 선한 영향력—예를 들어, 그리스도의 생명을 다른 사람들에게 전하는 것—은 그리스도인으로서의 삶을 살아가려는 너무나도 흠 많은 그들의 노력이 가져오는 의도하지 않은 결과인 경우가 많다. 혼자서도 계속 앞으로 나아갈 수 있는 능력—다른 사람들이 아니라 근본적으로 하나님을 의지함으로써 부여받은 능력—이야말로 기독교의 종교적 기획이 현재의 자본주의 기획과 가장 근본적으로 다른 지점일 것이다.

이 시대의 자본주의가 사람들이 다른 사람들과 싸워서 수익을 얻도록 부추기는 것에 대항하고자 할 때, 모든 사람은 그들이 협동 기획에 기여하는 정도에 따라 가치를 부여받아야 한다고 조언하는 것으로는 충분하지 않다. 마치 바로 그것이 바르게 조직된 사회성 이해에 기독교가 고유하게 기여하는 바인 것처럼 말이다.[47] 팀의 결과물에 대한 개인의 기여도에 비례하여 급여를 주는 것이야말로 이 시대 자본주의의 이데올로기다. 기독교에 관해 색다른 점은—그리고 이 시대의 자본주의로서는 가늠하기가 더욱 어려울 색다른 점은—바로 노력이 가치를 보유한다는 생각이다. 심지어 업무들이 협동적으로 조직되는 것이 꼭 필요한 기획에서 그것이 명백하게, 또한 의도적으로 긍정적 기여를 한 바가 있는지 따지지 않고도 말이다.

그리스도의 몸은 그러한 협동체이지만, 그 머리가 아주 특별한 역할을 한다. 몸이 하는 모든 일은 머리에 귀속된다. 그리고 머리를 통해 하나의 전체로서의 몸이 일단 살아나면, 일부가 실패해도 그로 인해 머리가 몸의 나머지 부분에 동일한 생기를 공급하는 영향력을 끼치지 못하는 일은 발생하지 않는다.

금융 지배 자본주의의 사회 형태와 비교할 때, 이 공동체적 몸은 비경쟁적 형태의 사회 조직이라는 점에서도 색다르다. 금융 지배 시장에서 발견되는 개인적 경쟁과 대조적으로, 이 공동체적 몸에서는 이전 형태의 자본주의에서 존재하던 경쟁과 구조적으로 유사한 메커니즘을 사용하여 경쟁이 저지된다. 다른 사람과의 사회적 관계는 언제나 외부적 제3자—하나님—를 통해 매개되기 때문에, 몸 안에서 상대적 공헌이나 성취를 놓고 개인적 경쟁심을 갖는 일은 발생하지 못한다.

따라서 공동체의 구성원들은 삶의 공동체를 형성하고자, 그러한 종교적 기획에서 누가 어떤 면에서 어느 정도로 성공하고 있는지 혹은 실패하고 있는지에 대한 그들 자신의 평가에 기초하여 그들의 행동을 직접적으로 서로 조정하는 일은 하지 않는다. 그 대신 각 구성원은 특수한 역사 안에 있는 한 명의 특정한 개인으로서 자신의 삶을 하나님의 뜻에 순응시키고자 노력하며, 그 과정에서 우리 각각의 행동은 부차적 효과로서 서로를 뒷받침하는 방식으로 조정될 수 있다. 즉, 우리 각자가 그러한 추구에서 더 많이 성공할수록, 다른 사람들 역시 우리의 영향력을 통해 성공할 가능성이 더 커진다. 그들의 노력을 보완하거나 보충하는 등의 우리의 노력을 통해서 말이다. 그러한 인간관계 외부에 계시는 하나님은 이런 의미에서, 그들의 등 뒤에서 그들 자신의 의도와는 무관하게 그 관계들을 조정하시기 위해 관계 안으로 들어오고 계신다. 하나님과의 관계라는 의식적 기획은 다른 사람들을 매개로 우리에게 전달되지만, 우리는 다른 어떤 측면에서도 그리스도 자신의 영향력을 전달해 주는 매개자 이상으로 그들과 적극적이고 직접적으로 관계를 맺을 필요가 없다. 정말로, 다른 사람들이 그리스도와 관계 맺는 것에 관한 기획을 제대로 전달하는 만큼 우리가 그들 자신과는 멀어지고 그리스도 안에 있는 하나님을 향해 돌아서게 할 것이다. 이런 의미에서, 우리는 다른 사람들과 상관없이 오직 하나님과 맺는 관계를 통해서만 그들과 활발한 사회적 관계를 맺게 된다.

게다가 여기서는 모든 사람이 다른 모두가 원하는 것—우리 안에 계시는 그리스도의 생명에 대해 투명한 삶을 사는 것—을 원함에도, 제3자인 하나님과의 관계가 그러한 선한 것들에 초연하기를 가능하게 하기 때문에 지체들은 그 동일한 선한 것들을 놓고 서로 경쟁하지 않는다. 여기서 하나님은 돈이 기능하는 방식과 비슷하게 기능한다. 우리로 하여금 다른 사람들도 얻고 싶어 하는 것을 성취하는 것에 대한 애착을 포기할 수 있게 해 준다. 대체될 수 없는 성취란 없다. 우리는 하나님에 대한 전심어린 헌신을 드러내기 위해 언제든지 다른 어떤 것, 더 많은 어떤 것을 할 수 있다. 하나님이 가능하게 하시는 인간적 선—말하자면 성인다움—이 아닌 하나님 자신에게 진정으로 헌신되어 있다면, 인간적 선에 대한 애착이 하나님에 대한 헌신을 드러내는 데 위협이 될 때면 언제든 기꺼이 그 인간적 선을 포기할 수 있어야 한다. 다른 누군가가 그러한 성인다움을 드러내는 일에서 두각을 나타내도록 내버려 두고 말이다.

마지막으로, 그러한 메커니즘의 기독교적 변이는 이전의 시장 사회에서 그러한 메커니즘이 취하는 형식에 대해 종종 이루어지던 비판을 차단한다. 바로 사회관계는 그 외부에 있는 어떤 것에 의해 성립되기 때문에 공동체는 강력한 수평적 연대를 드러낼 수 없다는 비판이다. 여기서 비판은, 복지 국가에서 제공하는 것이든 사유 재산으로 산 것이든 보험에 대한 비판과 유사할 것이다. 다른 사람과 수립되는 관계가, 특히 상조 사회를 구성하는 관계들과 비교할 때 거의 비사회화된다는 것이다. 예를 들어, 사회 복지 프로그램에서 국가는 재분배의 목적으로 사람들의 돈을 공동 기금으로 모으고 필요한 사람에게 그것이 사용되게 할 책임을 지고, 사람들은 정말로 국가와 유일하게 관계를 맺고 있다. 그렇기 때문에 사람들은 그들을 돕는 다른 사람들과 직접적이고 개인적인 관계를 상실한다.[48]

그러나 관계 외부에 있는 어떤 것에 의해 사회관계가 매개되는 기독교의 경우, 우리는 그저 기껏해야 다른 모든 사람도 제각각 누리고 있음을 아는 것에 우리 나름대로 참여하고 있는 것이 아니다. 다른 사람들과의 관계 외부에 있는 무언가에 방향이 맞추어져 있음에도, 우리가 그것을 누리는 것은 다른 사람들이 그것을 누리는 것에 의해 직접 영양분을 얻고 증대된다. 그 경험은 다른 누군가와 함께 석양을 보는 것과 비슷하다. 우리는 그 경험을 공유하는 것을 아주 기뻐한다. 다른 사람들의 존재가 우리 자신의 경험을 증진하는 것이다. 여기서 제3의 대상-태양-에 의해 다른 사람들과의 관계가 외부적으로 매개되는 것은, 결코 우리가 다른 사람들에게 무관심하며 우리 자신의 개인적 경험 안에 고립되어 있음을 의미하지 않는다. 그와 반대로, 우리는 그들과 그들이 하는 경험의 성격에 관심을 갖는다. 예를 들어, 만약 무엇인가가 그들이 그것을 누리는 것을 가로막고 있다면-예를 들어, 그들이 고통당하고 있다면-그것을 해결하기 위해 모든 사람이 관심을 기울이는 것이 나을 것이다. 여기서 진정한 향유의 공동체는 외부에서 그것을 매개하는 것의 특유한 성격에 의해 수립되고 있다. 그것은 다른 사람과 함께할 때 가장 잘 누릴 수 있으며, 그런 사람이 많을수록 더 좋다.

이러한 종류의 확장성은 상호 후원의 공동체가 갖는, 대개 긴밀하고 개인적으로 매개된다는 결점을 개선한다. 그러한 공동체는 상당히 작고 그 일원이 되기 위한 조건이 아주 엄격한 경향이 있다. 예를 들어, 상조회에서는 일반적으로 신체가 건강하고 임금을 받는 취업 상태인 근면한 노동자로 가입 조건을 제한한다. 몸이 아픈 게으름뱅이로 그러한 단체의 구성원이 채워지는 것은 역효과를 내는데, 그렇게 되면 그 단체는 보험금을 지급하느라 자금을 다 소진하고 완전히 망할 것이 분명하기 때문이다.[49]

정말로 만일 우리가 언제나 그것을 혼자서만 누린다면, 경쟁심을 저하하는 종류의 선(good)을 목표로 삼는 것은 아무 의미가 없다. 선을 혼자서 누리는 것은 그 특징을 가린다. 혼자서 누리겠다고 고집하는 것은 그 선의 특징을 왜곡한다. 우리가 근본적으로 선을 잘못 이해하고 있음을 보여 준다.

아우구스티누스가 잘 알았던 것처럼, 하나님과 관계 맺는 올바른 태도를 규명하는 하나님의 특징이 여기서 모든 차이를 만들어 낸다. 따라서 만약 마니교에서처럼 신성이 그 자체로 우주의 연장—분할될 수 있으며, 환경이 적대적인지 아닌지에 따라 양적으로 더 많이 혹은 더 적게 발견될 수 있는—이고 따라서 우리가 전체의 한 일부인 하나님과 관계 맺는 것이라면, 소유는 언제나 누가 가장 많이 모을 수 있는지에 대한, 잠재적으로 갈등에 시달리는 문제가 되는 것이 맞다. 우리는 문자 그대로 하나님을 더 많이 가짐으로써 하나님을 더 많이 소유하게 될 것이다. 공간적으로 연장된 신성의 성격 때문에, 어둠의 악한 세력은 신성과 섞이고 일종의 이질적 부가물로 그것을 둘러싸는 방식으로 그것을 약화시킴으로써 다양한 정도로 그것을 분열시킬 수 있다. 누구라도 구원을 성취하기 위해서는 그러한 신성의 조각난 파편 혹은 불꽃을 하나로 모아야 한다. 다시 말해, 누구든지 구원은 다른 사람들과 공동체를 이루는 것에 의해 발생한다. 그리고 그 공동체의 협동적 과정은 그 안의 신성의 정도의 차이에 의해 진행된다. 따라서 더 많은 양의 신성을 쌓은, 이미 빛으로 채워진 선택된 자들이, 더 적은 신성을 지닌 자들, 말 그대로 그들을 섬기는 구경꾼들을 수단으로 삼아 신성을 다시 하나로 모을 직접적 책임을 진다. 후자는 전자를 위해 일하고 전자를 먹이고 입힐 책임이 있다. 마침내 신성이 모일 때, 공동체 구성원 간의 상대적 차이는 극복된다. 각자가 극도로 강렬한 형태의 친교 안에서 모두가 하는 것을 향유한다. 그러나 이러한 친교는 순전한 균일성을 대가로 한다. 제이슨 데이비드 베둔(Jason David BeDuhn)이 쓴 것처럼, "완성은 개인들의 자아의 균일성, 치이 소멸, 경험의 직접 해석의 개시를 수반한다. '얻어진 모든 생각과 고찰, 마음 속 모든 의도는 / 서로에게 보이고 목격되며, 어떤 의심이나 오해도 존재하지 않는다.' 구원받은 사람들은 '마음의 조화를 이루고' '그들 모두는 누구도 빼어난 외모를 갖지 않은 채 다 똑같이 보인다.' '모든 본성과…형태는 동일하며, 모든 장소는 어떠한 차이도 갖지 않는다.'"[50]

(신플라톤주의에서 영향을 받은) 기독교적 이해에 따르면, 하나님은 그들 중 누구와도 전혀 같지 않으시고 그런 의미에서 그들 모두의 외부에 존재하시기에, 우리 모두는 각각 모든 경우마다 일종의 직접적 연결 고리를 통해 하나님을 온전히 누릴 수 있다. 사랑과 지식의 동일한 대상이 공동의 비전과 욕망의 토대가 된다. 여기서 공동체는 강렬하다. 사람들은 모든 분열을 극복하는 방식으로 연합되지만, 그러한 공동체는 결코 하나님을 향한 욕망과 비전이 시작되는 개별적 위치를 지워 버리는 데 기초하지 않는

다. 그들을 연합하도록 하나로 모으는 것은 단순히 그들 모두가 의지하는 대상이다. 아우구스티누스가 모았던(그리고 이후에 그가 히포의 주교가 되었을 때 그와 함께했던) 친구들처럼, 그리스도인들은

> 순전히 멀리 떨어져 있으며…그러나 주변에 늘 임재해 계시는…단 한 분의 사랑받는 자, 지고의 아름다움에 대한 비전으로 연합된다. 그들은 마니교인들과 [같기를] 멈추고…유사한 정신들의 혼합으로 생각할 수 있는 강렬한 수평적 결속을…[버린다.]…그들 각자로 하여금 자신을 잊게 [만드는] 순전한 즐거움을 주는 아름다움에 닿기 위해 그들 각자가 [분투한다]. 모두는 공통의…즐거움과…공유된 열정을 나누도록 함께 모이며, 이는 일반적 의미의 '내 것'과 '네 것'을 [지운다].[51]

지금도 어떤 순간에는, 아우구스티누스가 오스티아에서 어머니와 공유했던 것처럼 총체적으로 하나님을 경험하는 것을 공유할 수 있다. 이상적으로는, 언젠가(영원히 지속될 그날) 모든 사람이 하나님을 그렇게 함께 경험하는 것을 누릴 수 있을 것이다. 그때에는 누구도 빠짐없이 하나님을 사랑과 지식의 공통 대상으로서 소유하게 될 것이다.

요약하자면, 이 책 전체를 통해 나는 무엇을 보여 주고자 했는가? 나는 어떤 한계도 없이 모든 것을 포괄하는 것처럼 꾸며 내는 현재 존재하는 전 세계의 자본주의에 대한 상상력 넘치는 반박으로서, 우리가 품어야 할 완전히 새로운 세상의 일관성을 보여 주었기를 바란다. 나는 독자들에게 새로운 세상은 금융 지배 자본주의 세상과 전혀 같지 않음을 확신시켜 주었기를 바라지만, 이 새로운 세상은 금융 지배 자본주의에서 한 발짝 뒤로 떨어져서 작동하는 것이 아니라, 그것을 가로지르고 그 내부를 관통하

며 일한다. 자기 변혁의 윤리라는 금융 지배 자본주의의 다양한 차원들이 교대로 이어지는 지점, 모든 것이 돌아가는 중심점 혹은 축, 이 옛 세상 전체가 그 자체를 고정시켜 놓은 바로 그 측면을 따라 금융 지배 자본주의를 파열시키는 효과를 내는 것이다. 내가 옳다면, 내가 말하는 그러한 대안적 세상은 현재 존재하는 저항의 가능성과 공명하기 위해, 현재 시스템의 이 취약한 마디에서 싸움을 벌이기 위해-푸코의 고대 스토아주의나 견유주의 소환이 시체 소생술이 필요함을 암시할 수도 있는 것처럼-소생할 필요가 없다. 이 다른 세상 뒤에 있는 힘은 과거에 감지되었을 뿐 아니라 여기서도 여전히 존재한다. 뒤로 미뤄진(지금은 단지 승화된 표현으로만 존재하는) 유토피아가 아니라 바로 지금, 여전히 소멸되지 않은 힘 있는 목소리를 내며 이미 일하고 있다.[52]

주

1장. 새로운 자본주의 정신과 기독교의 반응

1. Max Weber, *The Protestant Ethic and the Spirit of Capitalism*, trans. Talcott Parsons (New York: Scribner, 1958). 『프로테스탄티즘의 윤리와 자본주의 정신』(길).
2. R. H. Tawney, foreword, 같은 책, p. 1(e); Weber, *Protestant Ethic*, p. 64.
3. Weber, *Protestant Ethic*, p. 53.
4. 같은 책, pp. 153-154.
5. 같은 책, p. 70.
6. 같은 책, p. 71.
7. Max Weber, "The Social Psychology of the World Religions", in *From Max Weber: Essays in Sociology*, ed. and trans. H. H. Gerth and C. Wright Mills (New York: Oxford University Press, 1958), p. 267.
8. 같은 책, p. 280.
9. Weber, *Protestant Ethic*, pp. 97-98.
10. 종교적 믿음과 행동 사이의 관계에 대한 이러한 이해를 더 보려면 Kathryn Tanner, *Politics of God: Christian Theologies and Social Justice* (Minneapolis: Fortress Press, 1992), chapter 1을 보라.
11. Weber, *Protestant Ethic*, p. 232n66.
12. Michel Foucault, *The Hermeneutics of the Subject*, trans. Graham Burchell (New York: Picador, 2005), pp. 10-19, 그리고 Arnold I. Davidson의 서론, pp.

xxiii-xxvii를 보라. 『주체의 해석학』(동문선).

13 이는 (4장에서 보듯) 인간 행동에 끼치는 자본주의의 영향력에는 기계적인 면도 있어서 의식적인 생각이나 표상을 우회하기도 한다는 점을 부정하는 게 아니다. 단지 일단 문화적(혹은 표상적) 형태에 반영되고 나면, 그러한 효과들이 개인들의 의도적 행동을 — 들뢰즈의 용어를 쓰자면 몰의(molar) 수준에서 — 형성한다고 주장하는 것이다. Maurizio Lazzarato, *Signs and Machines: Capitalism and the Production of Subjectivity*, trans. Joshua David Jordan (Los Angeles: Semiotext[e], 2014)을 보라. 『기호와 기계』(갈무리).

14 Pierre Dardot and Christian Laval, *The New Way of the World: On Neoliberal Society*, trans. Gregory Elliott (London, Verso, 2013), pp. 1-18를 보라.

15 Weber, *Protestant Ethic*, pp. 47-48.

16 Luc Boltanski and Eve Chiapello, *The New Spirit of Capitalism*, trans. Gregory Elliott (London: Verso, 2007), pp. 16-19를 보라.

17 이상형에 대한 이러한 이해는 Max Weber, "Objectivity' in Social Science and Social Policy", in *The Methodology of the Social Sciences*, trans. Edward A. Shils and Henry A. Finch (New York: Free Press, 1949), pp. 49-112를 보라. 『막스 베버 사회과학방법론 선집』(나남출판). 나는 이 시대 경제 이론에 관한 광범위한 독서에 기초하여 금융 지배 자본주의와 그 정신의 이상형을 구성하고 있으며, 주에 등장하는 내용은 내가 읽은 것 중 극히 일부에 불과하다.

18 Greta R. Krippner, *Capitalizing on Crisis: The Political Origins of the Rise of Finance* (Cambridge: Harvard University Press, 2011), p. 29.

19 같은 책, chapter 1에서는 이러한 다른 설명들에 대한 비판적 개관을 제공한다. 크리프너가 불충분하다고 간주하는 이론들처럼, 정치적으로 이루어진 결정에 대한 그녀 자신의 강조는 비주기적 경기 침체나 영구적 저성장을 기저에 있는 문제로 상정한다.

20 John Bellamy Foster and Robert W. McChesney, *The Endless Crisis: How Monopoly-Finance Capitalism Produces Stagnation and Upheaval from the USA to China* (New York: Monthly Review, 2012), p. 60, Jan Toporowski, "The Wisdom of Property and the Politics of the Middle-Classes", *Monthly Review*, 62, no. 4 (September 2010): p. 12에서 재인용.

21 John Maynard Keynes, *The General Theory of Employment, Interest and*

Money (San Diego: Harvest/Harcourt, 1964), p. 156. 『고용, 이자 및 화폐의 일반 이론』(비봉출판사).

22 Edward LiPuma and Benjamin Lee, *Financial Derivatives and the Globalization of Risk* (Durham, NC: Duke University Press, 2004)를 보라.

23 Karen Ho, *Liquidated: An Ethnography of Wall Street* (Durham, NC: Duke University Press, 2009), chapters 3-4를 보라. 『호모 인베스투스』(이매진).

24 Eileen Appelbaum and Rosemary Blatt, *Private Equity at Work: When Wall Street Manages Main Street* (New York: Russell Sage, 2014)를 보라.

25 경제 성장을 장려하는 정부 정책과 금융의 이해관계를 회유하는 정부 정책 간의 트레이드오프에 대한 더 광범위한 논의는 Wolfgang Streeck, *Buying Time: The Delayed Crisis of Democratic Capitalism*, trans. Patrick Camiller (London: Verso, 2014)를 보라. 『시간 벌기』(돌베개).

26 이는 Michel Foucault, *The Birth of Biopolitics*, trans. Graham Burchell (New York: Picador, 2008)에 나오는 논지를, 푸코의 이 책에 대한 2차 문헌에서 점점 흔히 이루어지고 있는 것처럼 금융 지배 자본주의로 확장한 것이다. 『생명관리정치의 탄생』(난장). 예를 들어 Dardot and Laval, *New Way of the World*를 보라.

27 Weber, *Protestant Ethic*, p. 72.

28 같은 책, pp. 60-61.

29 David Harvey, *Spaces of Hope* (Berkeley: University of California Press, 2000), p. 237. 『희망의 공간』(한울).

30 Frederic Jameson, *Archaeologies of the Future: The Desire Called Utopia and Other Science Fictions* (London: Verso, 2007), p. 15를 보라.

31 같은 책, p. 232.

32 예를 들어 Foucault, *The Hermeneutics of the Subject*, pp. 181, 211를 보라.

33 같은 책, p. 182.

2장. 과거의 사슬에 묶여

1 Maurizio Lazzarato, *The Making of Indebted Man: An Essay on the Neoliberal Condition*, trans. Joshua David Jordan (Los Angeles: Semiotext[e], 2012), p. 112. 『부채인간』(메디치).

2 같은 책, p. 45, 프리드리히 니체에 대한 논의. 나는 금융 지배 자본주의 아래에서

변화된 일터 환경을 다루기 위해 부채의 시간적 특징에 대한 그의 분석을 확장하고 있다.

3 예를 들어 Ofer Sharone, "Engineering Overwork: Bell-Curve Management at a High-Tech Firm", *Fighting for Time: Shifting Boundaries of Work and Social Life*, ed. Cynthia Fuchs Epstein and Arne L. Kalleberg (New York: Russell Sage, 2004), pp. 193-201에 나오는 소프트웨어 엔지니어들의 과로에 대한 설명, 그리고 Paul de Gay, *Consumption and Identity at Work* (London: Sage, 1996), pp. 129-137, 162-165에서 소매업 종사자들 사이에서 강화된 실적 요구가 자기 관리와 조합되는 방식에 대해 기술한 것을 보라.

4 예를 들어 Jill Andresky Fraser, *White-Collar Sweatshop: The Deterioration of Work and Its Rewards in Corporate America* (New York: Norton, 2001), pp. 24, 30, 32, 42-43, 175를 보라. 『화이트칼라의 위기』(한스미디어).

5 Paul Langley, *The Everyday Life of Global Finance: Saving and Borrowing in Anglo-America* (Oxford: Oxford University Press, 2008), pp. 203-204를 보라.

6 예를 들어 André Orléan, *The Empire of Value: A New Foundation for Economics*, trans. M. B. DeBevoise (Cambridge: MIT Press, 2014), pp. 208-211를 보라.

7 Jean-Pierre Durand, *The Invisible Chain: Constraints and opportunities in the New World of Employment* (New York: Palgrave Macmillan, 2007), pp. 32-34, 46-47, 75-77. 또한 Francis Green, *Demanding Work: The Paradox of Job Quality in the Affluent Economy* (Princeton, NJ: Princeton University Press, 2006), pp. 48-49, 69-72에서 생산 흐름의 효율성을 증진하기 위한 조치들의 '노력 편향적' 성격을 기술한 것을 보라.

8 David Weil, *The Fissured Workplace: Why Work Became So Bad for So Many and What Can Be Done to Improve it* (Cambridge: Harvard University Press, 2014)를 보라. 『균열일터』(황소자리).

9 예를 들어, 소수자 공동체들을 대상으로 하는 서브프라임 대출 뒤에 숨어 있는 금융의 동기에 대한 분석은 Dan Immergluck, *Foreclosed: High-Risk Lending, Deregulation, and the Undermining of America's Mortgage Market* (Ithaca, NY: Cornell University Press, 2009)를 보라.

10 Jessica Silver-Greenberg and Michael Corkery, Driven into Debt, *New York*

Times, 2014-2015로 실린 연재 기사를 보라. http://dealbook.nytimes.com/category/series/driven-into-debt/에서 이용할 수 있다.

11   Susanne Soederberg, *Debtfare States and the Poverty Industry: Money, Discipline and the Surplus Population* (New York: Routledge, 2014), p. 163.

12   같은 책, p. 63.

13   Wolfgang Streeck, *Buying Time: The Delayed Crisis of Democratic Capitalism*, trans. Patrick Camiller (London: Verso, 2014), chapter 2를 보라.

14   Eileen Appelbaum and Rosemary Blatt, *Private Equity at Work: When Wall Street Manages Main Street* (New York: Russell Sage, 2014), chapters 2-3를 보라.

15   Lazzarato, *Making of Indebted Man*, pp. 47, 57-60를 보라.

16   예를 들어 Fraser, *White-Collar Sweatshop*, pp. 24-28에 나오는 "쏟아지는 일" 묘사를 보라.

17   푸코 자신은, 자본주의의 인간 주체성 구축에 대한 그의 특유의 이해를 고려할 때 (다음 장에서 논할 것이다), 고대 스토아주의와 견유주의가 열어 놓는 현재의 방탕한 삶을 위한 가능성에 관심을 가졌다.

18   Nathan Eubank, *Wages of Cross-Bearing and Debt of Sin: The Economy of Heaven in Matthew's Gospel* (Berlin: De Gruyter, 2013), pp. 163, 166를 보라. 또한 Gary A. Anderson, *Sin: A History* (New Haven: Yale University Press, 2009)를 보라.『죄의 역사』(비아토르).

19   Jason David BeDuhn, *Augustine's Manichaean Dilemma*, vol. 1, *Conversion and Apostasy, 373-388 C.E.* (Philadelphia: University of Pennsylvania Press, 2010), p. 239와 Augustine's Manichaean Dilemma, vol. 2, *Making a "Catholic Self", 388-401 C.E.* (Philadelphia: University of Pennsylvania Press, 2013), pp. 15-16를 보라.

20   Richard B. Hays, *Reading Backwards: Figural Christology and the Fourfold Gospel Witness* (Waco, TX: Baylor University Press, 2014)를 보라.

21   같은 책, p. 41.

22   같은 책, p. 109.

23   성품을 제거하는 성품 개념에 대해 더 보려면 Roberto Unger, *The Religion of the Future* (Cambridge: Harvard University Press, 2014), pp. 366-368를 보라.

24　Jean-Paul Sartre, *Being and Nothingness*, trans. Hazel E. Barnes (New York: Washington Square Press, 1977), p. 247를 보라.『존재와 무』(동서문화사).
25　Michel Foucault, *On the Government of the Living*, trans. Graham Burchell (New York: Palgrave Macmillan, 2014), p. 177를 보라.
26　Thomas F. Torrance, *The Doctrine of Grace in the Apostolic Fathers* (Eugene, OR: Wipf and Stock, 1996), pp. 94, 129, 131.
27　같은 책, pp. 123, 124. 또한 p. 119를 보라.
28　G. W. H. Lampe, *Reconciliation in Christ* (London: Longman, Green, 1956), p. 100.
29　Anderson, *Sin*을 보라. 앤더슨은 그렇게 하지 않았지만, 나는 여기서의 부채 상환이 갖는 색다른 특징들을 더욱 부각하고 있다.

3장. 전적 헌신

1　Francis Green, *Demanding Work: The Paradox of Job Quality in the Affluent Economy* (Princeton, NJ: Princeton University Press, 2006), p. 69를 보라.
2　같은 책, p. 83를 보라. 이번 장에서 내가 이러한 요점을 다루는 방식에 영향을 준, 이 요점을 이론적으로 보다 정교하게 발전시킨 내용은 다음의 책에서 볼 수 있다. Pierre Dardot and Christian Laval, *The New Way of the World: On Neoliberal Society*, trans. Gregory Elliott (London: Verso, 2013), chapter 9; Jean-Pierre Durand, *The Invisible Chain: Constraints and Opportunities in the New World of Employment* (New York: Palgrave Macmillan, 2007); Nikolas Rose, *Governing the Soul: The Shaping of the Private Self*, 2nd ed. (London: Free Association Books, 1999), chapter 10; Frédéric Lordon, *Willing Slaves of Capital: Spinoza and Marx on Desire*, trans. Gabriel Ash (London: Verso, 2014).
3　Daniel Bell, *The Cultural Contradictions of Capitalism* (New York: Basic Books, 1976).『자본주의의 문화적 모순』(문학세계사).
4　Durand, *Invisible Chain*, p. 33를 보라.
5　이 기계적인 반응에 대한 설명은 Maurizio Lazzarato, *Signs and Machines: Capitalism and the Production of Subjectivity*, trans. Joshua David Jordan (Los Angeles: Semiotext[e], 2014)를 보라.

6   예를 들어 Stephen Greenhouse, *The Big Squeeze: Tough Times for the American Worker* (New York: Anchor, 2008), pp. 107-116를 보라.
7   Caitlin Zaloom, "The Discipline of Speculators", *Global Assemblages: Technology, Politics, and Ethics as Anthropological Problems*, ed. Aihwa Ong and Stepehn J. Collier (Oxford: Blackwell, 2005), pp. 253-269를 보라.
8   Lordon, *Willing Slaves*, pp. 32-39를 보라.
9   Paul de Gay, *Consumption and Identity at Work* (London: Sage, 1996), p. 65를 보라.
10 같은 책, p. 192.
11 Luc Boltanski and Eve Chiapello, *The New Spirit of Capitalism*, trans. Gregory Elliott (London: Verso, 2007), pp. 486-487를 보라.
12 Michel Foucault, *The Birth of Biopolitics*, trans. Graham Burchell (New York: Picador, 2008), pp. 225-226를 보라.
13 Karen Ho, *Liquidated: An Ethnography of Wall Street* (Durham, NC: Duke University Press, 2009), pp. 172-173를 보라.
14 Dardot and Laval, *New Way of the World*, chapter 8을 보라. 또한 du Gay, *Consumption and Identity*, pp. 186-190를 보라.
15 예를 들어 Marilyn Strathern, ed., *Audit Cultures: Anthropological Studies in Accountability, Ethics and the Academy* (London: Routledge, 2000)를 보라.
16 Lordon, *Willing Slaves*, p. 38.
17 Durand, *Invisible Chain*, p. 63.
18 이런 종류의 인상 관리에 대해 더 보려면 David L. Collinson and Margaret Collinson, "The Power of Time: Leadership, Management and Gender", in *Fighting for Time: Shifting Boundaries of Work and Social Life*, ed. Cynthia Fuchs Epstein and Arne L. Kalleberg (New York: Russell Sage, 2004), p. 231를 보라.
19 Lordon, *Willing Slaves*, p. 83.
20 같은 책, p. 82.
21 같은 곳.
22 같은 책, pp. 145-146.
23 같은 책, p. 99.

24 Ho, *Liquidated*, pp. 242, 292와 Zaloom, "Discipline of Speculators", p. 254를 보라.
25 Durand, *Invisible Chain*, pp. 43-44.
26 Lordon, *Willing Slaves*, p. 101.
27 여기서 나는 Noreen Khawaja, *The Religion of Existence: Asceticism in Philosophy from Kierkegaard to Sartre* (Chicago: University of Chicago Press, 2016)에 나오는 종교적 헌신에 대한 유사한 표현에서 영향을 받았다.
28 바로 이것이 프리드리히 슐라이어마허(Friedrich Schleiermacher)에게 종교로서 기독교가 갖는 구별되는 표지다. 그의 *On Religion: Speeches to Its Cultured Despisers*, trans. Richard Crouter (Cambridge: Cambridge University Press, 1988), pp. 117-118 (speech 5)를 보라. 『종교론』(대한기독교서회).
29 Pierre Hadot, *Exercices spirituels et philosophie antique* (Paris: Albin Michel, 2002), pp. 77, 224, 226를 보라.
30 Éric Rebillard, *Christians and Their Many Identities in Late Antiquity, North Africa, 200-450 CE* (Ithaca, NY: Cornell University Press, 2012), p. 4를 보라.
31 여기서 나는 아도와 푸코 둘 모두 순종을 특별한 기독교적 삶의 방식의 구별되는 특징으로 만드는 것에 반대한다. Hadot, *Exercices spirituels*, p. 97를 보라. 다른 많은 예 가운데서도 Michel Foucault, *Wrong-Doing, Truth-Telling: The Function of Avowal in Justice*, trans. Stephen W. Sawyer (Chicago: University of Chicago Press, 2014), pp. 138-139, 165를 보라.
32 Kathryn Tanner, *Christ the Key* (Cambridge: Cambridge University Press, 2010), chapter 1을 보라.
33 Elena Esposito, *The Future of Futures: The Time of Money in Financing and Society* (Cheltenham, UK: Edward Elgar, 2011), pp. 52, 54를 보라.
34 Pierre Hadot, *Philosophy as a Way of Life*, trans. Michael Chase (Oxford: Blackwell, 1995), chapters 3, 7을 보라.
35 Dardot and Laval, *New Way of the World*, p. 273를 보라.
36 Hadot, *Philosophy as a Way of Life*, p. 208.
37 Michel Foucault, *Security, Territory, Population*, trans. Graham Burchell (New York: Palgrave Macmillan, 2007), pp. 194-202를 보라. 『안전, 영토, 인구』(난장).
38 같은 책, p. 231(최초 원고에서 누락된 구절).

39 Michel Foucault, *On the Government of the Living*, trans. Graham Burchell (New York: Palgrave Macmillan, 2014), pp. 177-178와 Foucault, *Security, Territory, Population*, pp. 191-216를 보라.

4장. 오직 현재만

1 이번 장에서 내가 결핍을 다루는 방식은 Sendhil Mullainathan and Eldar Shafir, *Scarcity: Why Having Too Little Means So Much* (New York: Henry Holt, 2013)를 밀접하게 따른다. 행동경제학자로서 저자들은 주로 가난에 관심을 기울인다. 그들이 시간과 자원 결핍을 광범위하게 다루며 일터에서의 압박에 주의를 기울이고 있기는 하지만, 그들의 분석을 금융에 훈육된 기업의 경영 관습으로 확장한 것은 나의 작업이다.
2 같은 책, pp. 69-70.
3 같은 책, 특히 chapter 2.
4 같은 책, p. 157.
5 같은 책, chapter 5.
6 같은 책, chapter 6.
7 같은 책, chapter 4.
8 같은 책, chapter 6.
9 Fredric Jameson, *Postmodernism or the Cultural Logic of Late Capitalism* (Durham, NC: Duke University Press, 1984), pp. 26-28와 David Harvey, *The Condition of Postmodernity* (Oxford: Blackwell, 1989, 『포스트 모더니티의 조건』, 한울), pp. 53-54에 나오는 제임슨에 대한 논의를 보라.
10 Caitlin Zaloom, "The Discipline of Speculators", in *Global Assemblages: Technology, Politics, and Ethics as Anthropological Problems*, ed. Aihwa Ong and Stephen J. Collier (Oxford: Blackwell, 2005), pp. 258-259, 262, 264를 보라.
11 같은 책, p. 260.
12 같은 책, p. 259.
13 Jameson, *Postmodernism*, p. 28; Harvey, *Condition of Postmodernity*, p. 54.
14 Jameson, *Postmodernism*, p. 27.
15 Harvey, *Condition of Postmodernity*, p. 53.

16 이 시간의 심도 개념은 Allen C. Bluedorn and Stephen P. Harris, "Temporal Depth, Age, and Organizational Performance", in *Fighting for Time: Shifting Boundaries of Work and Social Life*, ed. Cynthia Fuchs Epstein and Arne L. Kalleberg (New York: Russell Sage, 2004), pp. 115-116를 보라.
17 같은 책, pp. 121-122.
18 Zaloom, "Discipline of Speculators", p. 261.
19 Pierre Hadot, *Philosophy as a Way of Life*, trans. Michael Chase (Oxford: Blackwell, 1995), p. 88에 나온 호라티우스 재인용. 이어지는 내용에서 나는 아도가 에피쿠로스주의와 스토아주의를 다루는 방식과 대화하고 있다.
20 Karen Ho, *Liquidated: An Ethnography of Wall Street* (Durham, NC: Duke University Press, 2009), p. 233.
21 Hadot, *Philosophy as a Way of Life*, p. 209.
22 Ho, *Liquidated*, pp. 275-285를 보라.
23 여기와 다음 몇 문단에서 나는 Edward LiPuma and Benjamin Lee, *Financial Derivatives and the Globalization of Risk* (Durham, NC: Duke University Press, 2004), pp. 37, 116-117, 124, 127-129에서 제공하는 파생상품 분석을 따르고 있다.
24 Harvey, *Condition of Postmodernity*, pp. 229-230를 보라.
25 Jean-Pierre Durand, *The Invisible Chain: Constraints and Opportunities in the New World of Employment* (New York: Palgrave Macmillan, 2007), pp. 77-80를 보라.
26 Harvey, *Condition of Postmodernity*, p. 265를 보라.
27 Bluedorn and Harris, "Temporal Depth", p. 117를 보라.
28 Hadot, *Philosophy as a Way of Life*, p. 227.
29 Scott Lash and John Urry, *Economies of Signs and Space* (London: Sage, 1994), p. 242를 보라. 『기호와 공간의 경제』(현대미학사).
30 Zaloom, "Discipline of Speculators", p. 261.
31 Ho, *Liquidated*, p. 275.
32 같은 책, p. 279.
33 Mullainathan and Shafir, *Scarcity*, pp. 115-116를 보라.
34 따라서 우리는 캐런 호처럼 문화적 규범에 대한 헌신을, 궁극적으로 수익성 없는

주주 가치 경영 스타일에 기업이 계속해서 집착하는 것에 대한 설명으로 만들 필요가 없다.

35 나는 여기서 Luc Boltanski and Eve Chiapello, *The New Spirit of Capitalism*, trans. Gregory Elliott (London: Verso, 2007), pp. 360-372에 나오는 상대적 부동성을 이용해 일어나는 착취에 대한 일반 이론을 따르고 있다.

36 Mullainathan and Shafir, *Scarcity*, p. 150.

37 Miranda Joseph, *Debt to Society: Accounting for Life under Capitalism* (Minneapolis: University of Minnesota Press, 2014), p. 76.

38 Jacob S. Hacker, *The Great Risk Shift: The New Economic Insecurity and the Decline of the American Dream* (Oxford: Oxford University Press, 2008)을 보라. 그의 일차적 관심이 의료 제도, 보험, 퇴직 등과 관련한 정책 변화에 의해 발생하는 불안정에 있기는 하다.

39 Kathi Weeks, *The Problem with Work: Feminism, Marxism, Antiwork Politics, and Postwork Imaginaries* (Durham, NC: Duke University Press, 2011), pp. 197, 199. 『우리는 왜 이렇게 오래, 열심히 일하는가?』(동녘).

40 같은 책, p. 198.

41 Hadot, *Philosophy as a Way of Life*, p. 132.

42 Athanasius, *The Life of Anthony (and the Letter to Marcellinus)*, trans. Robert C. Gregg (Mahwah, NJ: Paulist: 1980), p. 45(고전 15:31에 대한 주해)를 보라. 『성 안토니우스의 생애』(키아츠).

43 신 15:9, 바실레이오스가 주해한 칠십인역 본문을 아도가 번역한 것을 따름; Hadot, *Philosophy as a Way of Life*, p. 130.

44 Mullainathan and Shafir, *Scarcity*, chapters 8-10을 보라.

45 Hadot, *Philosophy as a Way of Life*, pp. 259-260와 비교해 보라. 늘 그렇듯, 그는 영적 실천들 간의 차이보다는 유사성을 끌어내는 데 관심이 있다.

46 Augustine, *Confessions*, trans. R. S. Pine-Coffin (London: Penguin, 1961), book 11, section 15. 『고백록』(경세원).

47 스토아주의와 에피쿠로스주의에서 현재가 우리의 행복이 되는 방식과 비교하려면 Hadot, *Philosophy as a Way of Life*, pp. 222-228, 268를 보라.

48 Michel Foucault, *The Hermeneutics of the Subject*, trans. Graham Burchell (New York: Picador, 2005), p. 132에 나오는, "스툴티티아"(stultitia, 외부 세계로부

터 오는 것들에 의해 계속해서 흔들리는, 유동적이며 무질서한 상태-편집자)를 피하려는 스토아주의적 노력과 비교해 보라.

49　Augustine, *Confessions*, pp. 286, 287 (book 12, sections 9, 11); 또한 book 12, section 15도 보라.

50　Søren Kierkegaard, *Christian Discourses Etc.*, trans. Walter Lowrie (Princeton, NJ: Princeton University Press, 1974), p. 355를 보라.

51　Foucault, *The Hermeneutics of the Subject*, p. 133과 비교해 보라.

5장. 또 다른 세상?

1　현재의 미래와 미래의 현재 간의 구별은 Niklas Luhmann, *Risk: A Sociological Theory*, trans. Rhodes Barrett (New Brunswick, NJ: Aldine Transaction, 2008)를 보라. 이 구별을 금융상품과 시장에 적용한 것은 Joseph Vogl, *The Specter of Capital*, trans. Joachim Redner and Robert Savage (Stanford, CA: Stanford University Press, 2015), p. 111와 특별히 Elena Esposito, *The Future of Futures: The Time of Money in Financing and Society* (Cheltenham, UK: Edward Elgar, 2011)를 보라.

2　Fredric Jameson, *The Seeds of Time* (New York: Columbia University Press, 1994), p. xii.

3　여기와 다음 몇 문단에서 나는 Luhmann, *Risk*에 나오는, 위험(danger)과 위험 부담(risk)의 차이 면에서 보는 현대성 분석을 따른다.

4　Vogl, *Specter of Capital*, p. 111.

5　Esposito, *Future of Futures*와 Vogl, *Specter of Capital*에서 현대성에서의 위험 부담에 관한 루만의 설명을 금융에 적용한 것을 보라.

6　여기와 따라오는 내용에서 나는 André Orléan, *The Empire of Value: A New Foundation for Economics*, trans. M. B. DeBevoise (Cambridge: MIT Press, 2014), chapters 6-7에 나오는 금융 시장의 수요에 기초한 가치 평가 이해에 영향을 받았다.

7　여기와 따라오는 내용에서 나는 Nassim Nicholas Taleb, *The Black Swan: The Impact of the Highly Improbable* (New York: Random House, 2010)에 나오는 그러한 "블랙 스완" 사건들에 대한 분석에 영향을 받았다. 『블랙 스완』(동녘사이언스).

8   예를 들어 Esposito, *Future of Futures*, pp. 114-115, 136-137에 나오는 파생상품 가격 매기기 문제에 관한 논의를 보라.
9   이것이 Taleb, *Black Swan*의 주요 논지 중 하나다.
10 이 생각에 대한 비판들은 Orléan, *The Empire of Value*, pp. 191-196; Esposito, *Future of Futures*, pp. 141-151; Taleb, *Black Swan*, pp. 242-252를 보라.
11 예를 들어 Taleb, *Black Swan*, p. 276과 Orléan, *The Empire of Value*, p. 227에 나오는 1987년 10월의 주식 대폭락에 대한 논의를 보라.
12 Taleb, *Black Swan*, chapter 4에 나오는, 추수감사절에 대량으로 잡아먹히는 칠면조 비유를 보라. 추수감사절에 그들이 잡아먹히는 것은 이 시장의 정상적·기본적 특징이다. 그 일이 그 시점까지의 기름지고 행복한 삶을 놓고 볼 때 칠면조 자신의 관점에서는 전혀 예상할 수 없는 일일지라도 말이다.
13 Orléan, *The Empire of Value*, pp. 211-220에서 합의된 여론을 가격 책정 원리로 강조한 것을 보라.
14 Esposito, *Future of Futures*, pp. 143-144를 보라.
15 같은 책, pp. 147-148.
16 Orléan, *The Empire of Value*, p. 190를 보라.
17 이것이 Taleb, *Black Swan*의 주요 논지 중 하나다.
18 나는 여기서 Esposito, *Future of Futures*에서 발전시킨 이 요점을 따르고 있다.
19 Michel Foucault, *The Hermeneutics of the Subject*, trans. Graham Burchell (New York: Picador, 2005), pp. 321-323, 469-473에서 스토아주의를 다루는 내용을 보라.
20 자신의 통제 외부에 있는 일들에 대해 유보적 태도를 가지고 행동하는 것에 대한 이 설명은 Brad Inwood, *Ethics and Human Action in Early Stoicism* (Oxford: Clarendon, 1985), pp. 119-126를 보라.
21 내가 스토아주의와 이러한 비교를 하는 것은, 푸코가 제안하는 듯 보이는 것처럼 자본주의에 대한 대항 실천의 형태로서 스토아주의가 갖는 가능한 적실성이 아니라, 이전 장들에서도 그랬듯 자본주의의 현재 구성 방식과 스토아주의의 정합성을 보여 주기 위함이다.
22 미래의 가능성이 박탈당하는 그러한 많은 방식에 대한 설명은 Esposito, *Future of Futures*, pp. 72, 83-84, 116, 119-120, 130, 156, 174를 보라.
23 예를 들어 Kathryn Tanner, *Christ the Key*, chapter 2에서 논의한 니사의 그레고

리오스(Gregory of Nyssa)의 지옥의 알레고리를 보라.

24 Søren Kierkegaard, *Christian Discourses Etc.*, trans. Walter Lowrie (Princeton, NJ: Princeton University Press, 1974), pp. 76-77.

25 이런 종류의 움직임에 대해서는 Jürgen Moltmann, *Theology of Hope: On the Ground and the Implications of a Christian Eschatology*, trans. James W. Leitch (New York: Harper and Row, 1975)를 보라. 『희망의 신학』(대한기독교서회).

26 여기서 나는 Terry Eagleton, *Hope without Optimism* (Charlottesville: University of Virginia Press, 2015), pp. 28-43에서 다루는 발터 벤야민(Walter Benjamin)을 따르고 있으며, 몰트만이 *Theology of Hope*에서 현현적인 것(the epiphanic)을 비난하는 것에 반대하고 있다.

6장. 어떤 세상?

1 Juliet B. Schor, *The Overworked American: The Unexpected Decline of Leisure* (New York: Basic Books, 1993), p. 139.

2 오래된 개신교 노동 윤리가 갖는 개인에 대한 도덕주의적 관심이라는 특징에 관한 부가 논의는 Kathi Weeks, *The Problem with Work: Feminism, Marxism, Antiwork Politics, and Postwork Imaginaries* (Durham, NC: Duke University Press, 2011), pp. 51-57를 보라.

3 예를 들어 Frédéric Lordon, *Willing Slaves of Capital: Spinoza and Marx on Desire*, trans. Gabriel Ash (London: Verso, 2014), pp. 118-122, 128-130와 Luc Boltanski and Eve Chiapello, *The New Spirit of Capitalism*, trans. Gregory Elliott (London: Verso, 2007), pp. 382-384를 보라. 나는 이러한 비판들이 개인의 공로에 따라 급여가 정해진다는 생각 전체를 약화시키는 효과가 없다면 충분히 멀리 간 것이 아니라고 생각한다.

4 Paul du Gay, *Consumption and Identity at Work* (London: Sage, 1996), pp. 136, 164를 보라.

5 Daniel Defert, "'Popular Life' and Insurance Technology", in *The Foucault Effect: Studies in Governmentality*, ed. Gram Burchell, Colin Gordon, and Peter Miller (Chicago: University of Chicago Press, 1991), pp. 212-215, 231-232를 보라. 『푸코 효과』(난장). 드페르는 일차적으로 상조 사회에서 어떻게 국가

의 복지 제공이 그 자체로 도움의 비사회화의 일종인지 보여 주는 데 관심이 있다. 복지 국가에 의해 제공되는 사회적 보험으로부터의 전환으로 인해 개인 보험의 필요가 유발되는 방식에 대한 논의는 Pat O'Malley, "Risk and Responsibility", in *Foucault and Political Reason: Liberalism, Neo-Liberalism, and Rationalities of Government*, ed. Andrew Barry, Thomas Osborne, and Nikolas Rose (Chicago: University of Chicago Press, 1996), pp. 189-207.

6   François Ewald, "Insurance and Risk", in Burchell, Gordon, and Miller, eds., *Foucault Effect*, pp. 204-206를 보라.

7   O'Malley, "Risk and Responsibility", pp. 199-202. 또한 Nikolas Rose, "Governing 'Advanced' Liberal Democracies", in Barry, Osborne, and Rose, eds., *Foucault and Political Reason*, pp. 57-62를 보라.

8   O'Malley, "Risk and Responsibility", pp. 203-204.

9   Anne Gray, *Unsocial Europe: Social Protection or Flexploitation?* (London: Pluto Press, 2004)을 보라. 빌 클린턴 대통령 시절 미국에서 근로 복지 제도로의 전환이 갖는 특징은 잘 알려져 있다. 예를 들어 Linda Gordon, *Pitied but Not Entitled: Single Mothers and the History of Welfare* (Cambridge: Harvard University Press, 1995)를 보라. 경제 불평등이 시민의 권리에 스며들어 이를 위태롭게 하는 방식에 관해서는 T. H. Marshall and Tom Bottomore, *Citizenship and Social Class* (London: Pluto Press, 1992)를 보라.

10 Maurizio Lazzarato, *The Making of Indebted Man: An Essay on the Neoliberal Condition*, trans. Joshua David Jordan (Los Angeles: Semiotext[e], 2012), pp. 101-102, 198-199.

11 Rose, "Governing 'Advanced' Liberal Democracies", pp. 56-57와 특별히 O'Malley, "Risk and Responsibility", pp. 189-191를 보라. 두 연구 모두 Michel Foucault, *The Birth of Biopolitics*, trans. Graham Burchell (New York: Picador, 2008)에 나오는 논지의 기본 노선을 따르고 있다.

12 O'Malley, "Risk and Responsibility", pp. 199-202를 보라.

13 Ofer Sharone, "Engineering Overwork: Bell-Curve Management at a High-Tech Firm", in *Fighting for Time: Shifting Boundaries of Work and Social Life*, ed. Cynthia Fuchs Epstein and Arne L. Kalleberg (New York: Russell Sage, 2004), pp. 193-201를 보라.

14　이 비유는 다시 한번 Nassim Nicholas Taleb, *The Black Swan: The Impact of the Highly Improbable* (New York: Random House, 2010), chapter 4를 보라.

15　예를 들어 Robert H. Frank, Philip J. Cook, *The Winner-Take-All Society: Why the Few at the Top Get So Much More Than the Rest of Us* (New York: Penguin, 1996)를 보라.

16　위치적 장점의 의미에 대해서는 Fred Hirsch, *Social Limits to Growth* (Cambridge: Harvard University Press, 1976), chapter 3를 보라. 또한 히르쉬에 대한 아주 유익한 논의는 William E. Connolly, *Capitalism and Christianity, American Style* (Durham, NC: Duke University Press, 2008), pp. 95-103를 보라. 발끝으로 서는 것의 예는 그의 책 pp. 96-97에서 가져왔다.

17　Elena Esposito, *The Future of Futures: The Time of Money in Financing and Society* (Cheltenham, UK: Edward Elgar, 2011), chapter 8.

18　Karen Ho, *Liquidated: An Ethnography of Wall Street* (Durham, NC: Duke University Press, 2009), pp. 257-271와 David L. Collinson and Margaret Collinson, "The Power of Time: Leadership, Management and Gender", in Epstein and Kalleberg, eds., *Fighting for Time*, pp. 230-231를 보라.

19　자유주의 국가와의 이러한 대조는 Foucault, *Birth of Biopolitics*를 보라. 또한, 질서자유주의(ordo-liberalism)에 대한 설명은, Pierre Dardot and Christian Laval, *The New Way of the World: On Neoliberal Society*, trans. Gregory Elliott (London: Verso, 2013), chapter 3를 보라.

20　신자유주의에서 경쟁적 규범과 개인주의적 규범이 뒤섞인다는 것은 Dardot and Laval, *New Way of the World*의 주요 주장 중 하나다.

21　Somogy Varga, *Authenticity as an Ethical Ideal* (New York: Routledge, 2012), pp. 134-135를 보라. 그는 이 책에서 그가 표현적 진정성과 수행적 진정성이라고 부르는 것 간의 차이를 논하고 있다.

22　John Bellamy Foster and Robert W. McChesney, *The Endless Crisis: How Monopoly-Finance Capital Produces Stagnation and Upheaval from the USA to China* (New York: Monthly Review, 2012), pp. 77-84, 112-113.

23　André Orléan, *The Empire of Value: A New Foundation for Economics*, trans. M. B. DeBevoise (Cambridge: MIT Press, 2014), chapter 2를 보라.

24　같은 책, pp. 233-238.

25 I. I. Rubin, *Essays on Marx's Theory of Value*, trans. Milos Samardzija and Fredy Perlman (Delhi: Aakar Books, 2008), 그리고 Orléan, *Empire of Value*, pp. 30-34에 나오는 루빈에 대한 논의를 보라. 보통의 대조는 계획 경제와 이루어진다.
26 Varga, *Authenticity*, pp. 151, 153를 보라.
27 그중에서도 du Gay, *Consumption and Identity*, p. 84를 보라.
28 Orléan, *The Empire of Value*, pp. 220-226를 보라.
29 금융 지배 자본주의에서 자본을 소유한 사람들이 갖는 상대적으로 더 큰 독립성에 대한 일반적 요점은 Lordon, *Willing Slaves*, pp. 17-20, 41-48를 보라.
30 Taleb, Black Swan, p. 27에서 분명히 밝혔다.
31 같은 책, p. 106.
32 Melvin J. Lerner, *The Belief in a Just World: A Fundamental Delusion* (New York: Plenum Press, 1980)을 보라.
33 Ho, *Liquidated*, chapter 1을 보라.
34 P. D. Anthony, *The Ideology of Work* (Abingdon, UK: Routledge, 2001), chapter 1을 보라.
35 하나님의 은혜와 사유 재산의 이러한 대조를 더 보려면 Kathryn Tanner, *Economy of Grace* (Minneapolis: Fortress Press, 2005)를 보라.
36 Kathryn Tanner, "Why Are We Here?", *Why Are We Here? Everyday Questions and the Christian Life*, ed. Ronald F. Thiemann and William C. Placher (Harrisburg, PA: Trinity Press International, 1998), pp. 5-16를 보라. 인간만이 아니라 세상 전체와 관련된 하나님의 의도는 유사하게 비목적적이다. 동물 역시 근본적으로는 단순히 하나님의 영광을 반영하기 위해 창조되었다. 이는 그들이 단지 인간 기획에 사용되기 위해 창조된 것이 아님을 의미한다.
37 이것이 Anthony, *The Ideology of Work*의 주된 결론 중 하나다.
38 나는 여기서 Lordon, *Willing Slaves*에서 주장하는 해결책에 반대하고 있다.
39 Juliet B. Schor, *Plenitude* (New York: Penguin, 2010)를 보라. 『제3의 경제학』(위즈덤하우스).
40 이것은 푸코가 권한 것처럼 보일 것이다.
41 Paul Lafargue, *The Right to Be Lazy*, ed. Bernard Marszalek (Chicago: Charles H. Kerr and AK Press, 2011). 『게으를 수 있는 권리』(새물결).

42 Maurizio Lazzarato, *Governing by Debt*, trans. Joshua David Jordan (South Pasadena, CA: Semiotext[e], 2013), pp. 245-255를 보라.
43 예를 들어 Jean Baudrillard, *The Mirror of Production*, trans. Mark Poster (St. Louis: Telos, 1975)를 보라. 『생산의 거울』(백의). 그는 여기서 조르주 바타유(Georges Bataille)를 따르고 있다.
44 Du Gay, *Consumption and Identity*, p. 55(니콜라스 로즈 인용).
45 여기서 나는 Friedrich Schleiermacher, *The Christian Faith*, trans. H. R. MacIntosh (Philadelphia: Fortress Press, 1976)에 나오는 기독교 공동체에 대한 이해에서 아주 큰 영향을 받았다. 『기독교신앙』(한길사). 그러나 나는 그리스도의 주요한 보편적 유효성을 강조하기 위해, 슐라이어마허가 '마술적'이라고 부를 법한 방식으로 그의 설명을 보다 객관주의적인 방향으로 수정하고 있다.
46 Martin Luther, "God or Mammon: How Christians Should Not Be Anxious about Their Food and Raiment", in *The Complete Sermons of Martin Luther*, vol. 3, parts 1-2, ed. and trans. John Nicholas Lenker (Grand Rapids, MI: Baker Books, 2000), pp. 107-110를 보라.
47 참조. Jennifer A. Herdt, "Christian Civility, Courtly Civility and the Code of the Streets", *Modern Theology* 25, no. 4 (2009): pp. 556-557.
48 Defert, "Popular Life'", pp. 213, 231-232를 보라.
49 Bruce Lee Webb and Lynne Adele, *As Above, So Below: Art of the American Fraternal Society* (Austin: University of Texas Press, 2015)를 보라.
50 Jason David BeDuhn, *The Manichaean Body: In Discipline and Ritual* (Baltimore: Johns Hopkins University Press, 2002), p. 115(중국 자료 인용); 또한 p. 25를 보라.
51 Peter Brown, *Through the Eye of a Needle: Wealth, the Fall of Rome, and the Making of Christianity in the West, 350-550 AD* (Princeton, NJ: Princeton University Press, 2012), pp. 165, 166; 또한 pp. 157-160를 보라.
52 Baudrillard, *Mirror of Production*, pp. 65-66, 161-163, 164-165, 166에 나오는 이미지와 비교해 보라.

찾아보기

가난 44, 61-62, 115-116, 128, 141, 143-144, 150, 200
감시 84-85, 87, 89, 98, 103, 104
감축(삭감) 35, 41, 83, 94
개인의 책임 42-43, 194-195, 211-212, 223-224; 국가의 강요인 37, 39-40, 197-204; 기업의 요구인 39-40, 196-199; 에 대한 기독교적 유보 47, 230-232, 234
견유주의 22, 250
결핍 124-129, 147, 149; 과 효율성 124-126, 128; 의 시간적 효과 124, 126-130
경쟁 58, 196; 경쟁심 212-219; 과 국가 정책 211-212; 과 기업 경영 34, 210-211; 기독교의 경쟁 거부 232-233, 244, 245, 247; 철저한 210
공로 47, 224-226
구원 17, 19, 20, 46-47, 78, 182; 과 경제생활 17, 194-195, 228-230; 과 사유 재산 246; 불연속적 경로인 70; 신성을 모으는 것인 248; 에 대한 확신 186; 을 위해 그리스도로 충분함 70-71, 77, 78-79, 231; 인간이 영향을 줄 수 없음 69-71, 148; 인간적 잠재력의 완성인 185; 잃어버린 기원으로의 회귀인 66-68; 죄는 구원을 위협할 수 없음 79, 117, 149, 231; 하나님의 속성을 공유하는 것인 47, 184, 185; 해로부터의 보호인 47, 69

군중 행동 221; 과 수익을 위한 독립적 행동 222-223; 기독교적 대안 233-234

그리스도의 은혜 77, 111-112; 공유된 조건인 232-233; 성령을 부여하는 111, 117, 182, 183, 184, 185, 187, 189; 영구적인 148; 와 계속되는 죄성 79, 116, 117, 149, 231, 241; 와 인간의 변경된 하나님과의 관계 69-

71, 75, 76; 와 절대적 혹은 질적인 상태 변화 117, 232; 인간의 변화를 책임지는 184, 188, 189, 190, 230-232, 243; 인간의 삶에서 드러나는 77, 185, 190, 191, 232; 점증적 개선을 시작하는 게 아닌 77, 116, 232; 차고 넘치는 147, 149
금융 거래 87-88, 130-131, 132, 138-139, 224; 현재 몰두 44, 130-131, 138-139
금융 시장 28-31, 35, 53-54, 216-217, 221-222, 223, 225; 가격 움직임 26, 31, 132, 164, 165, 206-207, 215, 225; 과 합의된 여론 172, 216, 221; 관심 대상인 미래 45, 159-160, 163-182; 내부적으로 결정되는 가격 29-30, 164-165, 166-167, 168, 215-216; 무작위 행보 관점 130-131, 170; 붕괴 171, 174-175, 181-182, 206-207, 222; 이익 공유의 장애물인 207; 자기 충족적 예언 30, 45, 173; 피드백 고리 174, 181, 207. 또한 '변동성'을 보라.
기계적 반응성 87, 89, 110, 252주13
기독교: 개인을 형성하는 105-106; 사회적 세계인 196, 239-250; 와 개별성 존중 234, 235; 와 과거 65-79; 와 미래 182, 184-192; 와 반노동 윤리 45, 226-237; 와 시간의 불연속성 46-48, 66, 184-191; 와 현재 146-157; 의 서사 형태 70-75; 정체성으로서의 105, 110-113

노동 윤리 235; 개신교 16-18, 23, 42-43, 89-90, 194-195, 224, 228; 금융의 42-43, 194-195, 224, 228, 237; 시간 윤리인 194

단기성과주의 35, 44, 131-143
도나투스주의 242
돈 16, 32, 141-143, 179, 220; 하나님과 113-116, 245

레버리지 26, 143, 215
로르동, 프레데리크(Frédéric Lordon) 104
루만, 니클라스(Niklas Luhmann) 173
루터교 229

마니교 68, 247-249
마르크스주의 189, 236
모기지 29, 31, 32, 33, 52, 54
무의식적으로 시장 반영하기 129; 와 현재에 대한 관심 129-131

바실레이오스, 카에사리아의(Basilius of Caesarea) 147
바울(Saint Paul) 147
베둔, 제이슨 데이비드(Jason David BeDuhn) 248
베버, 막스(Max Weber) 15-21, 23, 24-25, 40-41, 194, 228

벨, 대니얼(Daniel Bell): 『자본주의의 문화적 모순』 86
변동성 26, 132, 134-136, 164, 167-168; 계산 168-172, 176-177; 극도의 165, 171. 또한 '일'의 하위 항목을 보라.
변형 가능성 113
보험 206; 개인 199-200, 224, 246; 국가 제공 198, 200, 246; 상조회 247. 또한 '파생상품'의 하위 항목을 보라.
복지 쇠퇴 36, 38, 62, 83, 94, 198-202, 203-204
부활의 생명(삶) 70, 182, 185-186. 또한 '영원한 생명'을 보라.
불안정성 39, 40-41, 144-146, 157
브레튼우즈 30-31
블레이크, 윌리엄(William Blake) 152
빚(부채) 34, 143, 209; 과 가차 없는 과거의 요구 44, 46, 49-51, 52-54, 59-64; 과 미래 무시 127-129; 과 신용등급 202; 국가에 대한 202; 기업의 28, 36, 63, 198; 소비를 위한 28, 39, 61-62, 141; 정부의 36-38, 62, 83, 198. 또한 '모기지', '소액 단기 대출'을 보라.
빡빡한 흐름 55-56, 86, 103, 123, 139

사모펀드 63-64
사업가적 자아 23, 93-94, 97, 98, 145, 201-202. 또한 '사업적 자아'를 보라.
사업적 자아 40, 121, 144, 224; 국가에 의한 강요 39-40, 201-202, 211; 기독교적 재구상 105, 120-121, 230-232, 234, 243; 와 기업 이해관계 41, 91-97, 98-99. 또한 '사업가적 자아'를 보라.
상업 시장 213-215, 217-219, 220
생산성 41, 57, 63, 81, 82, 85; 과 강도 높은 노동 35, 37; 에 대한 위협 86, 88; 에 대한 저항 237-238; 최대 생산성 요구 35
생산의 인류학 236-237
성과급 43, 197, 204-205, 226
성령 70, 79. 또한 '그리스도의 은혜'의 하위 항목을 보라.
세네카(Seneca) 120
세례 46, 77, 78, 79
소비주의 85-86
소액 단기 대출 28, 39, 49, 61, 128, 141, 150
소외 237
손실을 싫어함 145-146
스미스, 애덤(Adam Smith) 218
스토아주의 22, 182, 250; 와 우주에 순응하는 것 48, 120; 와 유보 조건과 함께 기꺼이 받아들임 180, 184; 와 자기 지배 120, 121, 156; 와 최악 예상 180; 와 통제 아래 있는 것에 대한 관심 133, 149
승자 독식 시장 196, 208-209, 226
시간 융해 43-45
시간적 깊이 131

시민권 202, 203-204

아도, 피에르(Pierre Hadot) 22, 46, 258주31
아우구스티누스(Saint Augustine) 152, 154, 247, 249-250; 『고백록』 72
에피쿠로스주의 133
영원한 생명(영생) 47, 184, 185, 188. 또한 '부활의 생명'을 보라.
영지주의 68
예수 그리스도 48, 70, 71, 72-74, 111-112, 231-232, 240; 몸 241, 244; 부활 70, 186; 성육신 183, 186; 와 다른 사람들에게 끼치는 영향력의 소통 240-243. 또한 '그리스도의 은혜'를 보라.
예정론 17, 20
예표론 72
외주 31, 35, 57-58, 208, 213
용서 112, 118, 148, 149, 182
우상 숭배 242
위치적 장점 208-209, 219
위험 부담 144-146, 176-178, 199-202; 관리를 위한 자본주의 전략 29, 54, 134-136; 을 덜어 줄 정부의 축소 37, 199-202; 평가 169, 172, 187. 또한 '파생상품'의 하위 항목을 보라.
유동성 28, 53-55, 142-144, 210, 216, 217, 223
유연성 42, 55, 90, 93, 112, 180, 212
유토피아 45, 250

이동성 55, 109-110, 141-142, 208
이상형 25
이스라엘 73, 74
인플레이션 29, 38
일(노동): 강도 높은 39, 41, 55-57, 59, 81-82, 237; 과 가치 없는 과거의 요구 49-52, 53, 55-57, 64-65; 과 보상 설계 58, 101-102, 197-198, 204-205, 208, 210-211, 213(또한 '성과급'을 보라); 과 이익 공유의 장애물 204-206, 218-219; 과 현재 몰두 123-125; 두려움을 동기로 사용함 41, 83-84, 85, 103; 변동성 52-53; 보상이 늘어날 수 있는 224-225; 에 대한 개인의 전적 헌신 41-42, 82, 88-89, 90-96, 97-99; 에 대한 보상 82, 85-86, 90; 을 위한 훈련 96, 141-142, 205; 인정 가로채기 197, 223-224; 층위를 제거한 관리 38-39, 85, 89-90, 96, 198-199. 또한 '빡빡한 흐름'을 보라.

자기 비움 87-88, 89, 103, 106, 107, 123
자본주의 15-18, 21-23, 92, 237, 243; 금융 지배 25-40; 금융에 훈육된 34-40; 부자연스러운 16; 산업(포드주의) 18, 25, 26, 27, 28, 33, 42, 82; 정신 22, 23-25, 40-43, 48, 194-196, 228(또한 '노동 윤리'를 보라); 포스트포드주의 54-55, 89, 90, 214, 218

적대적 인수 36
제임슨, 프레드릭(Fredric Jameson) 45, 160
종교: 경제적 행위에 끼치는 영향력 17-21, 22; 인간을 형성하는 22
종교개혁 122, 227
죄 120, 231; 거부되는 46, 69, 107; 공유하는 조건인 234; 그리스도인의 삶 안에 남아 있는 76, 78-79, 116, 117, 147, 182-183, 241-243; 빚인 70, 77-78; 세례 이후의 77-79; 완전한 상실인 69; 죽음과 같은 70; 하나님과의 관계 단절인 69-71. 또한 '그리스도의 은혜', '구원'의 하위 항목을 보라.
주주 가치 34-36, 134, 261주34; 와 기업의 최대 수익성 요구 34, 50, 57, 139-141, 205; 정의된 34. 또한 '효율성'의 하위 항목을 보라.

차익 거래 33, 44, 134, 137, 225
착취 142
초연함 118-119, 245

칼뱅주의 17, 18, 21
케인스, 존 메이너드(John Maynard Keynes) 30
콜센터 87, 88, 103
키르케고르, 쇠렌(Søren Kierkegaard) 188

파생상품 136-137, 205-206, 209; 가격 매기기 175-178; 돈을 거는 일인 32, 206; 미래 길들이기 177-178, 179-181; 보험 혹은 위험 대비책 30-33, 175-176, 178-179, 206; 이익 공유의 장애물인 205-206, 209-201; 정의 30; 종류 31-32, 175-176, 179
푸코, 미셸(Michel Foucault) 65, 120, 121-122, 239, 250; 기독교에 대한 견해 46, 76, 258주31; 영성에 대한 견해 22-23
플라톤주의 67-68, 120, 248

하나님 66-67, 71, 72, 74, 77-79, 148-149, 184; 공동체의 외부적 매개자인 244-246; 과 다른 것들에 대한 가치 평가 233-234, 235-238; 과 시간 인식 151-153, 155-156; 놀라움을 주는 방식 74; 누리는(향유하는) 대상인 246, 247, 248-249; 동인으로서의 47-48, 79, 105-106, 115-116, 117, 118, 120, 190-191, 195; 세상과 다른 48, 120, 191; 에 대한 헌신 104-120, 147-148, 153-154, 240; 의 일관성 154-156; 의존 108, 239-242, 243. 또한 '돈'의 하위 항목을 보라.
하비, 데이비드(David Harvey) 44
하청 52, 57-59, 208
핵심-주변부 모델 57-59

현대성: 과 사회적 역할과 과제들과의 거리 두기 109-110; 과 미래에 대한 관심 161-164
협조(협동) 220, 222; 기독교 기획에서의 239-240, 243-244
호, 캐런(Karen Ho) 133
호라티우스(Horace) 132
호모 에코노미쿠스 92
홀로코스트 183
환경의 역학 132
회심 46, 70, 75-77, 107-108, 116, 117, 157; 결별의 상태인 76, 107; 과 그 순간의 긴급성 146-149, 151; 과 기독교적 성품 75; 반복되는 116, 153; 장기 기획으로서의 151; 죽는 것과 같은 46, 70
효율성 37, 87, 94, 96, 137, 144; 개인의 문제인 39-40; 과 주주 가치 34; 두려움 유인의 41, 205; 빚 유인의 40, 63, 141. 또한 '결핍'의 하위 항목을 보라.

옮긴이 **백지윤**은 이화여자대학교 의류직물학과를 졸업하고, 서울대학교 미술대학원에서 미술이론을, 캐나다 리젠트 칼리지에서 기독교 문화학을 공부했다. 현재 캐나다 밴쿠버에 거주하면서, 다차원적이고 통합적인 하나님 나라 이해, 종말론적 긴장, 창조와 새 창조, 인간의 의미, 그리고 이 모든 주제가 문화와 예술과 갖는 관계 등에 관심을 가지고 번역 일을 하고 있다. 옮긴 책으로 『교회의 정치학』『땅에서 부르는 하늘의 노래, 시편』『모든 사람을 위한 신약의 기도』『세상에 생명을 주는 신학』『손에 잡히는 바울』『알라』『오늘이라는 예배』『이것이 복음이다』『일과 성령』『컬처 케어』『BST 스가랴』『BST 예레미야애가』(이상 IVP) 등이 있다.

기독교와 새로운 자본주의 정신

초판 발행_ 2021년 2월 22일
초판 3쇄_ 2024년 8월 30일

지은이_ 캐스린 태너
옮긴이_ 백지윤
펴낸이_ 정모세

펴낸곳_ 한국기독학생회출판부
등록번호_ 제2001-000198호(1978.6.1)
주소_ 04031 서울시 마포구 동교로 156-10
대표 전화_ (02)337-2257 팩스_ (02)337-2258
영업 전화_ (02)338-2282 팩스_ 080-915-1515
홈페이지_ http://www.ivp.co.kr 이메일_ ivp@ivp.co.kr
ISBN 978-89-328-1816-0

ⓒ 한국기독학생회출판부 2021

책값은 뒤표지에 있습니다.
무단 전재와 복제를 금합니다.